Ernest L. Rossi
&
David Nimmons

20 Minuten Pause
Wie Sie seelischen und körperlichen Zusammenbruch
verhindern können

Ausführliche Informationen zu jedem unserer lieferbaren und geplanten Bücher finden Sie im Internet unter www.junfermann.de. Dort können Sie auch unseren kostenlosen Mail-**Newsletter** abonnieren und sicherstellen, dass Sie alles Wissenswerte über das **JUNFERMANN**-Programm regelmäßig und aktuell erfahren.

Besuchen Sie auch unsere e-Publishing-Plattform www.active-books.de – mittlerweile über 300 Titel im Angebot, mit zahlreichen kostenlosen e-Books zum Kennenlernen dieser innovativen Publikationsmöglichkeit.

Übrigens: Unsere e-Books können Sie leicht auf Ihre Festplatte herunterladen!

Ernest L. Rossi
&
David Nimmons

20 Minuten Pause

Wie Sie seelischen und körperlichen Zusammenbruch verhindern können

Aus dem Amerikanischen von Dr. Bringfried Schröder

Junfermann Verlag • Paderborn
2007

Copyright © der deutschen Ausgabe: Junfermannsche Verlagsbuchhandlung, Paderborn 1993
6. durchgesehene Auflage 2007

Copyright © 1991 by Ernest Lawrence Rossi and David Nimmons

Originaltitel: The 20-Minute Break – Reduce Stress, Maximize Performance, and Improve Health and Emotional Well-Being Using the New *Science* of Ultradian Rhythms; originally published in the United States of America by Zeig, Tucker Theisen

Übersetzung aus dem Amerikanischen: Dr. Bringfried Schröder
© Coverfoto: Jostein Hauge FOTOLIA
Covergestaltung/Reihenentwurf: Christian Tschepp

Der Abdruck der Auflistung auf Seite 114ff. erfolgt mit freundlicher Genehmigung von Elizabeth Kaufmann, © 1989 by Elizabeth Kaufmann. Die Tabellen auf Seite 34 sowie 63 sind ursprünglich in der Zeitschrift »Psychological Perspectives« (Herbst 1990) erschienen.

Satz: JUNFERMANN Druck & Service, Paderborn

Bibliografische Information der Deutschen Bibliothek

Die Deutsche Bibliothek verzeichnet diese Publikation in der Deutschen Nationalbibliografie; detaillierte bibliografische Daten sind im Internet über http://dnb.ddb.de abrufbar.

ISBN 978-3-87387-670-5

Inhalt

Vorwort

Haben Sie schon einmal erlebt, dass Sie

⤳ sich mitten am Tag plötzlich ungeheuer müde gefühlt haben?

⤳ während eines Gesprächs oder einer Konferenz plötzlich ganz abwesend waren oder Tagträumen nachingen?

⤳ unerklärliche Fehler bei ganz einfachen Dingen gemacht haben?

⤳ sich plötzlich nicht mehr an einen ganz vertrauten Vorgang, Namen oder an ein bekanntes Wort erinnern konnten?

⤳ bestimmte Zusammenhänge übersehen und falsche Aussagen getroffen haben?

⤳ plötzlich das Gefühl hatten, den Tränen nahe zu sein, dass Sie deprimiert oder wütend waren, ohne zu wissen, warum?

Oder ist es Ihnen schon einmal passiert, dass Sie

⤳ sich besonders stark und gesund und mit der Welt im Einklang gefühlt haben?

⤳ ohne sich besonders anstrengen zu müssen, persönliche Bestleistungen erbracht haben?

⤳ sich besonders gut mit Ihrer Familie, den Freunden oder anderen Menschen verstanden haben?

⤳ sich nach einem Nickerchen ungewöhnlich ausgeruht und voller Energie gefühlt haben?

⤳ bei Tagungen oder geschäftlichen Meetings besonders gut zurechtgekommen sind?

⤳ schnell ein Problem gelöst haben, mit dem Sie vorher nicht weitergekommen sind?

⤳ ohne Schwierigkeiten kreative Problemlösungen gefunden haben?

Sie kennen wahrscheinlich beides, denn wir alle haben so etwas schon oft in unserem Leben erlebt. Bislang war den meisten Menschen allerdings nicht klar, woran das liegt. Sie wussten nicht, dass es sich um natürliche Höhen und Tiefen bestimmter Biorhythmen handelt, die wir ultradian nennen. Diese bilden einen 90- bis 120-minütigen Zyklus von Erregung, Spitzenleistungen, Stress und Ruhe, der vielen unserer wichtigsten physischen und psychischen Prozesse eigen ist.

Die Bedeutung der zirkadianen Rhythmen, die sich über 24 Stunden erstrecken, ist Ihnen womöglich bereits bekannt. Sie sind für den täglichen Schlaf-Wach-Rhythmus verantwortlich. Ultradiane Rhythmen bestimmen dagegen körperliche und seelische Zyklen, die mehr als einmal binnen 24 Stunden ablaufen. Im Gegensatz zu den zirkadianen ertreckt sich ein ultradianer Zyklus über zwölf, sechs oder zwei Stunden, manchmal sogar über noch geringere Zeitspannen. In diesem Buch geht es vor allem um die 90- bis 120-minütigen ultradianen Rhythmen.

Diese elementaren Zyklen von Ruhe und Aktivität beeinflussen zahlreiche wichtige psychische und körperliche Funktionen und Zustände wie geistige Wachheit, Stimmung, Kreativität, Energie, Appetit, körperliche Leistungsfähigkeit, Erinnerungsvermögen und sexuelle Erregung. In unserem Organismus wird sozusagen eine ultradiane Symphonie aufgeführt, in der unsere Drüsen, Muskeln, das Blut, die Hormone und das Immunsystem bis zu den einzelnen Zellen und Genen eine Rolle spielen. Mit unserem ganzen Wesen stehen wir jeden Tag unseres Lebens über ein Dutzend Mal unter dem Einfluss dieser 90- bis 120-minütigen Rhythmen.

In der ersten Stunde dieses Rhythmus schwingen wir uns auf einer Welle erhöhter körperlicher und geistiger Wachheit und Energie nach oben. Fähigkeiten (wie z.B. Lernfähigkeit) und Gedächtnisleistung erreichen dann Spitzenwerte, sodass wir unseren Alltag wunderbar meistern können. Das nenne ich die *ultradiane Periode der Spitzenleistungen.*

In den dann folgenden 15 bis 20 Minuten gleiten wir in ein Leistungstief und haben das Bedürfnis, uns auszuruhen. In dieser Phase versuchen viele psychische und körperliche Systeme, sich zu regenerieren und auf neue Leistungen vorzubereiten und sind so mehr nach innen gerichtet. Unser Bewusstsein muss sich offenbar von seinen äußeren Aufgaben lösen, damit die tieferen Schichten, Teile der Seele alles Erlebte zusammenfassen und verarbeiten können. Ich nenne diese Phase die *ultradiane Heilreaktion.*

Leider ignorieren und überspielen wir nur zu oft diese körperlichen und seelischen Signale, die uns anzeigen wollen, dass wir alle anderthalb Stunden dringend eine Pause von etwa 20 Minuten brauchen; die Reize der Außenwelt und ein vollgepackter Terminkalender sind daran schuld. Wir versuchen, diese natürliche 20-Minuten-Pause zu vermeiden, weil wir sie als lästig oder sogar als Zeichen der Schwäche betrachten.

Wenn wir dieses Bedürfnis Tage, Monate oder sogar über Jahre hinweg ständig ignorieren, unterbrechen wir die natürlichen ultradianen Rhythmen der Regeneration von Körper und Seele. Das kann zu körperlicher und geistiger Erschöpfung, Stress und psychosomatischen Störungen führen, wie Bluthochdruck, Magengeschwüren, einer allgemeinen Anfälligkeit für Krankheiten sowie Rücken-, Kopf- oder Muskelschmerzen. Seelisch können Depressionen oder ein Gefühl der Unfähigkeit, Minderwertigkeitsgefühle, Stimmungsschwankungen und Probleme in der Liebe, im Beruf, in der Freizeit entstehen. Das Ganze bezeichnen wir als *ultradianes Stresssyndrom.*

Das vorliegende Buch zeigt Ihnen, wie man die kritischen Symptome des ultradianen Stresses bei sich selbst erkennen und sie in eine ultradiane Heilreaktion umwandeln kann. Indem wir lernen, unsere natürlichen seelischen und körperlichen Rhythmen zu erkennen und die ultradiane Heilreaktion einzusetzen, lassen sich Stresspotenziale erfolgreich abbauen, tägliche Leistungen verbessern, Beziehungen erfreulicher gestalten und die Lebensfreude erheblich steigern. Hätten Sie gedacht, dass eine mehrmals am Tag eingehaltene simple Pause von 20 Minuten Dauer eine solche Wirkung haben könnte?

Neueste wissenschaftliche Untersuchungen

Obwohl die in diesem Buch beschriebenen Hypothesen und Gedanken unter Wissenschaftlern noch umstritten sind, entsprechen sie den neuesten Erkenntnissen der Humangenetik, Immunologie, Chronobiologie (der Biologie der Zeit) und anderer wichtiger Disziplinen. In unserer Beschreibung der ultradianen Heilreaktion werden wir in diesem Buch häufig über derzeit als gesichert geltende Erkenntnisse und Wahrheiten hinausgehen. Wir werden bis an die Grenzen der wissenschaftlichen Erkenntnisse über Körper und Seele vordringen, im Interesse der Gesundheit und eines besseren Lebens.

Dabei spielen die ultradianen Rhythmen eine zentrale Rolle. Indem wir ihre Bedeutung verstehen, können wir einen neuen Ansatz zur Lösung des klassischen Problems der Einheit von Körper und Seele entwickeln – die Antwort auf die Frage, wie Seele und Körper miteinander kommunizieren. Wie kann etwas, das so solide und materiell ist wie Fleisch und Knochen, mit etwas so Immateriellem wie Bewusstsein und Geist kommunizieren? In welcher Beziehung stehen Gesundheit und Krankheit der Seele und des Körpers zueinander?

Bis vor Kurzem war keine eindeutige Verbindung zwischen Seele und Körper bekannt. Unsere Erkenntnisse über die ultradianen Rhythmen legen einen neuen Gedanken nahe: Information ist der Schlüssel für die Verbindung von Geist und Materie. Wir wissen heute, dass Informationen, die in Form von Botenstoffen in unserem Gehirn und in unserem ganzen Körper übermittelt werden, unsere Seele, unser Gedächtnis, unsere Gefühle und auch die physiologischen Prozesse einer jeden lebenden Körperzelle beeinflussen können. Vor Kurzem wurde erkannt, dass viele der wichtigsten Botenstoffe, die Seele und Körper regulieren, in der Regel alle paar Stunden in ultradianen Rhythmen abgegeben werden.

Viele Forscher untersuchen zurzeit, ob etliche Heiltraditionen – z.B. die der Medizinmänner, Schamanen, Geistheiler und Hypnotherapeuten – unsere natürliche ultradiane Heilreaktion nutzen, ohne sich darüber im Klaren zu sein.

Auf den folgenden Seiten werden wir uns mit neuen, in der breiten Öffentlichkeit bislang noch nicht präsentierten Ideen beschäftigen. Viele der im Folgenden beschriebenen Ergebnisse entstammen Untersuchungen aus den Bereichen Genetik, Verhaltensforschung und Biologie, welche an verschiedenen Universitäten durchgeführt wurden. Andere Untersuchungen, bei denen es um die Grundlagen und Grenzen menschlicher Leistungsfähigkeit in kritischen Sicherheitsfragen geht, wurden im Auftrag des Militärs und der US-Regierung durchgeführt. Viele Arbeiten stammen aus der Ergonomieforschung, der Betriebs- und Arbeitspsychologie. Andere basieren auf meinen eigenen klinischen Beobachtungen aus meiner Tätigkeit als Psychotherapeut und auf den Erfahrungen von Hunderten von Psychiatern, Psychologen und Therapeuten auf der ganzen Welt, die das Prinzip der ultradianen Heilreaktion in ihrer Arbeit anwenden.

Viele Gedanken, die in diesem Buch vorgestellt werden, waren noch bis vor wenigen Jahren völlig unbekannt. Sowohl für praktizierende Ärzte als auch für viele wissenschaftlich arbeitende Biologen und Psychologen sind sie Neuland. Die wesentlichen Aspekte sind so neu, dass sie erst jetzt, während ich an diesem Buch arbeite, Eingang in die wissenschaftliche Literatur finden. Für den fachkundigen Leser findet sich am Ende des Buches eine ausführliche Literaturübersicht, wobei die Literatur jeweils den einzelnen Kapiteln zugeordnet wird.

Dieses Buch soll Sie mit der heilenden Kraft der ultradianen Heilreaktion vertraut machen und Ihnen zeigen, dass diese sich ausgezeichnet dazu eignet, den Gesundheitszustand und das Wohlbefinden zu verbessern. Im 1. und 2. Kapitel beschreibe ich, wie ich selbst die ultradiane Heilreaktion entdeckt habe und was die Wissenschaft inzwischen über unsere natürlichen Seele-Körper-Rhythmen weiß. Im 3., 4. und 5. Kapitel geht es darum, dass Sie entweder Opfer des ultradianen Stresssyndroms, psychosomatischer Störungen und Suchtkrankheiten werden können oder aber lernen, die ultradiane Heilreaktion so einzusetzen, dass Sie mit den ständig steigenden Anforderungen des modernen Lebens besser fertig werden. In den Kapiteln 6 und 7 wird beschrieben, wie Sie mithilfe der ultradianen Heilreaktion Ihre Ernährungsweise und Ihre Leistungsfähigkeit in Sport und Beruf verbessern können. Im 8. und 9. Kapitel geht es schließlich darum, wie wir lernen können, mithilfe unserer natürlichen seelisch-körperlichen Rhythmen mit anderen Menschen harmonisch zusammenzuleben, unser Familienleben und unser Sexualleben zu verbessern. In der abschließenden Zusammenfassung werden die tiefgreifenden Konsequenzen behandelt, die unser Verständnis der Seele-Körper-Rhythmen für eine umfassendere Theorie des Bewusstseins und des Sinns der menschlichen Existenz hat.

Bei jedem Quantensprung in der Erweiterung der Grenzen des menschlichen Wissens kommt es zu tief greifenden Veränderungen in vielen Bereichen unseren Lebens: wie

wir uns selbst sehen, wie wir unseren Alltag, unsere Beziehungen und unsere gesellschaftlichen Verhältnisse gestalten. Vor mehr als 100 Jahren versuchten Sigmund
Freud und seine Kollegen, die Arbeitsweise des Unbewussten zu erforschen. Überlegungen zu einem verborgenen Seelenleben grenzten damals noch an Magie und Dä-
monenglauben. Heute werden diese Dinge in jeder High-School gelehrt, Millionen
von Menschen erleben sie in der Psychotherapie, lesen darüber in populärwissen-
schaftlichen Büchern und Zeitungen oder hören davon in Fernseh-Talkshows. Auf
der Grundlage einer systematisch erarbeiteten Theorie des Unbewussten können wir
heute erfolgreich in dessen verborgene Mechanismen eingreifen und dadurch die psychische und soziale Funktionsfähigkeit von Menschen verbessern.

Ebenso hatten wir vor 50 Jahren eine nur verschwommene Vorstellung von den enormen Wirkungen, die Körpertraining, Ernährung und Stress auf unsere Gesundheit,
unsere Lebenserwartung und unser Wohlbefinden haben; wir wussten so gut wie
nichts über die Auswirkungen auf Körper und Seele. Man hätte sich damals kaum vorstellen können, dass Millionen von Amerikanern jeden Tag kilometerweit laufen würden, dass Gesundheitsläden in den Einkaufsstraßen wie Pilze aus dem Boden schießen
und Begriffe wie *low-impact aerobics* zum Smalltalk auf Cocktailpartys werden könnten. Die neuesten Erkenntnisse auf dem Gebiet der Ernährungswissenschaften haben
dazu geführt, dass viele Menschen ihre Ernährung umstellen, und unser heutiges Wissen über Stress veranlasst viele von uns, sich im Beruf und in der Freizeit anders zu verhalten als bisher. Jeder Zuwachs an Information hat unser Leben auf irgendeine Weise
verändert.

Ebenso kann das Wissen um die ultradianen Rhythmen auch jene Perioden des Tages
optimieren, in denen wir geistig und körperlich auf der Höhe sind. Durch die ultradiane Sichtweise können wir die Beziehung zwischen Körper und Seele ganz anders
wahrnehmen und erhalten so viele neue Möglichkeiten, gesünder und leistungsfähiger zu werden und uns weiterzuentwickeln.

Eine wichtige Anmerkung

Menschen, die zum ersten Mal etwas über ultradiane Rhythmen oder über die ultradiane Heilreaktion hören, fragen häufig: »Hat das etwas mit den Biorhythmen zu tun,
die am Tag unserer Geburt beginnen?« Damit hat es absolut nichts zu tun!

Es ist äußerst bedauerlich, dass der Begriff *Biorhythmus* infolge seiner Popularisierung
heute so allgemein missverstanden wird. Man verbindet mit diesem Ausdruck heute
im Allgemeinen, dass wir 23-tägigen körperlichen, 28-tägigen seelischen und 33-tägi-
gen geistigen Rhythmen unterworfen sind, die in irgendeiner astrologischen Weise

mit unserer Geburt zusammenhängen sollen. Solche Biorhythmen sind ein Mythos. Bücher, in denen detaillierte Biorhythmen auf der Grundlage des Tages der Geburt aufgelistet werden, entbehren jeder wissenschaftlichen Grundlage. Diese populäre aber falsche Theorie basiert u.a. auf der Arbeit des Wiener Arztes Wilhelm Fließ, der im 19. Jahrhundert die Behauptung aufstellte, diese Biorhythmen begännen mit der Geburt und zögen sich starr und unverändert durch das gesamte Leben eines Menschen. Es gibt jedoch keinerlei wissenschaftlichen Beweis dafür, dass wir unsere guten oder schlechten Tage voraussagen können. Trotz zahlreicher Untersuchungen konnte keine Korrelation zwischen diesen am Tag der Geburt beginnenden Biorhythmen einerseits und Stimmungen, Unfällen, Krankheiten oder den geistigen, seelischen und körperlichen Leistungen andererseits nachgewiesen werden. Eine der besten Zusammenfassungen dieser pseudowissenschaftlichen Theorie der am Geburtstag beginnenden Biorhythmen findet sich in einer Anthologie, herausgegeben von Dr. Frederick M. Brown, einem Professor an der Pennsylvania State University und Experten auf dem Gebiet der ultradianen Rhythmen:

> »Ein Hauptproblem der Pseudowissenschaft von den Biorhythmen besteht – abgesehen von fehlender Übereinstimmung mit irgendwelchen bekannten, natürlichen zyklischen Phänomenen – in der Verwirrung, die sie im Hinblick auf das Verständnis der echten rhythmischen Funktionen anrichtet, die tatsächlich wiederholt durch sorgfältige empirische Experimente in der Klinik und im Labor nachgewiesen werden konnten.«

Dr. Brown stellt außerdem fest, dass die neueren populären Bücher, die diesen Mythos wieder haben aufleben lassen, »das Verständnis der Leser für die tatsächlichen biologischen und psychologischen Rhythmen getrübt haben«. Im Gegensatz dazu basiert unser Verständnis der ultradianen Rhythmen auf Hunderten von wissenschaftlichen Untersuchungen, die weltweit an Universitäten sowie auch in medizinischen, militärischen und industriellen Laboratorien durchgeführt wurden. Wir wissen, dass unsere 90- bis 120-minütigen ultradianen Rhythmen einen großen Teil der seelich-körperlichen Systeme beeinflussen, die unser Leben, unsere Gesundheit und unsere Leistungsfähigkeit auf eine subtile, aber bedeutsame Art verändern. Ein Großteil dieser ultradianen Veränderungen, die immer wieder in zahlreichen biologischen und psychologischen Untersuchungen nachgewiesen wurden, soll in diesem Buch erläutert werden.

Gleich vorausgeschickt sei: Die ultradiane Heilreaktion hat nichts mit heute so populären Phänomenen wie Autosuggestion, Selbstprogrammierung oder Affirmationstechniken zu tun. Derartige Methoden der Kontrolle über die Psyche gehen von der falschen Annahme aus, wir könnten unserem Inneren vorschreiben, was es tun soll und wie. Aber wer von uns ist schon klüger als die Natur? Die ultradiane Heilreaktion hingegen lehrt uns, ein Gespür für die natürlichen Signale unserer Seele und unseres Körpers, die sich in Form von Körperreaktionen, Gefühlen, Stimmungen und Gedanken ausdrücken, zu entwickeln. Wenn wir lernen, diese Signale wahrzunehmen und besser zu verstehen, können wir auch die Beziehung zu uns selbst und zu anderen Menschen besser gestalten. Wir hoffen, dass Sie uns beim Lesen dieses Buches auf unserer ultradianen Odyssee nicht nur als passiver Beobachter, sondern als aktiver Teilnehmer begleiten werden. Wenn Sie lernen, sich Ihrer ultradianen Rhythmen bewusst zu machen und die ultradiane Heilreaktion zu nutzen, dann bewirkt das für Ihre Gesundheit genauso viel wie eine vernünftige Ernährung und regelmäßige sportliche Betätigung. Zur Unterstützung weiterer Untersuchungen über die ultradiane Heilreaktion ist am Ende des Buches ein Fragebogen abgedruckt. Wenn Sie diesen ausfüllen und uns darauf Ihre persönlichen Erfahrungen, Beobachtungen und Ergebnisse mitteilen, helfen Sie uns sehr in unserer weiteren Arbeit. Wir bitten Sie um Ihre Mitarbeit und wünschen uns, dass Sie unsere Hoffnung teilen, dass ein waches Bewusstsein für die ultradianen Rhythmen unser Leben nicht nur dramatisch verändern, sondern vor allem verbessern kann.

1 Einem wissenschaftlichen Geheimnis auf der Spur

Die ultradiane Heilreaktion wurde in zwei wissenschaftlichen Disziplinen entdeckt: von der Psychologie und der Chronobiologie, der Biologie der Zeit. Und wie bei so vielen wissenschaftlichen Rätseln wurde auch in diesem Fall das Gesamtbild erst nach und nach sichtbar.

Die Spur des ultradianen Rätsels führt bis in die Zeit zurück, als ich noch Schüler des prominenten amerikanischen Psychiaters Milton H. Erickson war, dem zu seinen Lebzeiten führenden Hypnotherapeuten und Begründer der American Society of Clinical Hypnosis. Erickson gilt heute als einer der einflussreichsten Denker in der Geschichte der modernen Psychotherapie.

Als Therapeut besaß Erickson die geradezu unheimliche Fähigkeit, die tiefsten Probleme, Stärken und Bedürfnisse von Klienten zu erkennen. Immer wieder gelang es ihm, Menschen zu helfen, denen vorher niemand hatte helfen können. Auf geradezu geheimnisvolle Weise vermittelte er seinen Patienten ein besonders feines Gespür für ihre eigenen Potenziale. Während seiner Behandlung entwickelten sie die ungewöhnliche Fähigkeit, Türen zu ihrem tiefsten Inneren und zu längst Vergessenem zu öffnen und dort einzigartige Heilungsmöglichkeiten zu finden.

Ericksons Bewunderer priesen seine ungewöhnliche Fähigkeit, eine therapeutische Hypnose einzuleiten, und das Geschick, mit dem er tief verwurzelte Probleme seiner Patienten löste. Seine Kritiker brandmarkten ihn als einen genialen Manipulator, einen Experten für subtile Veränderungen der menschlichen Seele. Das *Time Magazine* nannte ihn einmal »den Zauberer aus Phoenix«. Doch alle waren sich in der Ansicht einig, dass er ein bemerkenswerter Virtuose der menschlichen Seele war. 1972 war er ein alter Mann, der unter den Folgen einer Kinderlähmung und anderen körperlichen Gebrechen litt, und die Welt schien ihn vergessen zu haben.

Der Zauberlehrling

Ich hatte einige Jahre zuvor an der Temple University promoviert, meine Ausbildung zum klinischen Psychologen abgeschlossen und anschließend eine eigene Praxis eröffnet. Was ich über Dr. Erickson hörte, faszinierte mich. Deshalb schickte ich ihm ein Exemplar meines ersten Buches *Dreams and the Growth of Personality* und bat ihn um ein Gespräch. Damals war mir noch nicht klar, dass ich bereits auf dem besten Wege war, sein Schüler zu werden. In den letzten acht Jahren seines Lebens verbrachte ich jeweils eine Woche im Monat in seinem Haus in Phoenix und protokollierte die Therapiesitzungen mit seinen Patienten, zuerst als gelehriger Schüler, dann als Kollege und schließlich als wissenschaftlicher Mitarbeiter.

Mir fiel auf, dass Dr. Erickson, im Gegensatz zu den meisten anderen Therapeuten, die ihre Patienten in 50-minütigen Sitzungen behandelten, 90 Minuten oder länger mit ihnen arbeitete. In den mehr als 50 Jahren seiner therapeutischen Tätigkeit hatte er festgestellt, dass die Patienten dadurch auf eine ganz natürliche Weise, ohne Hilfe von außen, in sehr rezeptive Phasen kommen, in denen sie besonders offen für therapeutische Suggestionen sind. Deshalb arbeitete er mindestens anderthalb Stunden mit seinen Patienten. Erickson praktizierte mit seinen Patienten offenbar eine sehr subtile und indirekte Form der Hypnotherapie, bei der die Natur als gleichberechtigter Partner fungierte. *Wie* das vor sich ging, vermochte ich damals allerdings noch nicht zu begreifen.

Schon bald wurde mir klar, dass Dr. Erickson keineswegs der geniale Manipulator war, für den ihn viele hielten. Er war einfach ein genialer Beobachter. Während er sich hinter seinem großväterlichen, freundlichen Verhalten versteckte, beobachtete er seine Patienten wie ein Habicht und registrierte die kleinsten Veränderungen ihres körperlichen oder seelischen Zustands. Er achtete auf ihren Puls, den er an bestimmten Stellen im Gesicht, am Hals, an den Armen und Beinen erkennen konnte, wo andere ihn kaum wahrzunehmen vermögen. Und er sah, wie sich ihre Pupillen weiteten, wenn über ein wichtiges Thema gesprochen wurde. Während dieser längeren Sitzungen stellte er häufig fest, dass ein Patient oft ohne ersichtlichen Grund plötzlich zu nicken begann, dass er mit den Augenlidern blinzelte und dass sein Blick abwesend wirkte. Manchmal bewegte sich der Körper des Patienten überhaupt nicht mehr; Finger, Hände, Arme oder Beine schienen dann in einer unbequemen Haltung wie erstarrt zu sein. Gelegentlich tauchte ein glückliches Lächeln auf dem Gesicht des Patienten auf – meist jedoch waren die Züge passiv und schlaff. Erickson nannte diesen Ausdruck »glatt gebügelt«. Während der Lehrsitzungen wies er mich häufig auf die zitternden Augenlider, die gerunzelte Stirn, zitternde Lippen, ein zitterndes Kinn oder Tränen hin – äußere Anzeichen für die intensiven inneren Auseinandersetzungen des Patienten.

Erickson erkannte solche seelisch-körperlichen Signale als wichtige subtile Hinweise darauf, dass etwas Wichtiges angerührt wurde, auch wenn das den Betroffenen selbst nicht bewusst war. Ericksons großes Geheimnis schien in der ungeheuer scharfen Beobachtung solcher Signale zu liegen, die das Auftauchen eines seelischen Problems ankündigten.

Dr. Erickson nutzte die natürlichen Ebbe und Flut ähnlichen Bewegungen des Bewusstseins, durch welche im Laufe der Therapiesitzung Fenster geöffnet und wieder geschlossen wurden. Erst wenn er feststellte, dass sich ein Fenster öffnete und die körperlichen und seelischen Prozesse des Patienten sich beruhigt hatten, begann er mit der Induktion der hypnotherapeutischen Trance.

In den vielen Jahren seiner Arbeit mit Patienten hatte Erickson gelernt, dass seine Klienten während dieser Heilperioden, die in der Regel zehn bis 20 Minuten dauerten, einen besseren Zugang zu ihren Gefühlen, Intuitionen und zu ihren geheimsten Gedanken hatten. Mithilfe dieser Fenster, die ihm einen Einblick ins Innere seiner Patienten ermöglichten, brachte er ihnen bei, ihre Probleme selbst und auf ihre eigene Art und Weise zu lösen. Während dieser Heilperioden konnte Erickson seine effektivste Arbeit leisten, seinen Patienten Einsichten vermitteln und sie zu Verhaltensänderungen bringen, die ihnen zu einer anderen Zeit viel schwerer gefallen wären.

Die Alltagstrance

Erickson nannte diese natürlichen Entspannungs- und Heilperioden *Alltagstrance*, weil es sich um ein spontan auftretendes Phänomen handelt, das im Alltagsleben genauso wie im Behandlungsraum auftreten kann. Wir alle erleben im Laufe des Tages einen Bewusstseinszustand, der zwischen Schlaf und Wachsein liegt. Der Manager, der sich während einer langen Besprechung nicht mehr konzentrieren kann, die Hausfrau, die am späten Vormittag abwesend in ihre Kaffeetasse stiert, der Student, der während der Vorlesung einen abwesenden Blick bekommt, der Autofahrer, der überrascht feststellt, dass er sein Ziel erreicht hat, obwohl er sich nicht mehr daran erinnern kann, was in den letzten 20 Minuten vorgefallen ist – all diese Menschen demonstrieren das Phänomen der Alltagstrance.

Obgleich diese kurzen Perioden, in denen die Konzentration nach innen gerichtet ist, tagtäglich auftreten, sind sie doch etwas Besonderes. In solchen stillen Momenten werden unsere Träume und Fantasien – das Rohmaterial für unsere Weiterentwicklung, sowohl im Alltagsleben wie auch in der Psychotherapie – ungewöhnlich lebendig, wenn das Fenster zwischen unserem Bewusstsein und unserem Unbewussten sich einen Spaltbreit öffnet. In solchen Augenblicken sind wir unserer Seele am nächsten und können besser als sonst mit unserem inneren Selbst kommunizieren. Da die Seele die Quelle unseres tiefsten Wissens ist, sind manche Menschen in solchen meditativen Augenblicken besonders kreativ, sie haben Einsichten, fantasievolle Einfälle und es gelingt ihnen, auf intuitive Weise Querverbindungen herzustellen. Ein solches Fenster ermöglicht es außerdem, dass wir uns an Dinge erinnern, die für unser Leben wichtig sind, an die wir jedoch für gewöhnlich nicht herankommen.

Erickson war der Meinung, dass junge Hypnotherapeuten unbedingt lernen sollten, diese natürlichen Variationen des menschlichen Bewusstseins im Alltag zu erkennen. Durch seine therapeutischen Erfolge angeregt, hoffte ich, diese Erfahrungen in meiner eigenen Arbeit verwenden zu können. Deshalb stellte ich eine Liste zusammen, mit all diesen subtilen Zeichen, mit deren Hilfe ich die Alltagstrance erkennen konnte. Um mich zu schulen, beobachtete ich im Laufe der Jahre viele Menschen in Alltagssituationen: wenn sie irgendwo warteten, im Flugzeug oder im Behandlungszimmer saßen. Dabei stellte ich fest, dass viele Merkmale der Alltagstrance bei einzelnen Menschen in einer verwirrenden Vielfalt von Varianten auftreten. In manchen Fällen zeigt sogar ein und dieselbe Person in einer Situation verschiedene Verhaltensmuster. So zum Beispiel:

- entspannter, ruhiger oder leerer Gesichtsausdruck, abwesender, leerer Blick
- Gähnen, tiefe Atemzüge oder unwillkürliches Seufzen, Verlangsamung der Reflexe bis zur Schwerfälligkeit
- Bedürfnis, sich zu recken, aufzustehen und sich zu bewegen, Magenknurren, plötzlicher Hunger, Schluckauf oder Rülpser, Bedürfnis, auf die Toilette zu gehen
- abwesendes Herumspielen mit Körperteilen
- tiefere Stimmlage
- abwesendes Kritzeln
- vorübergehender Verlust des Gehörs oder Abschalten der Außenwelt, Schläfrigkeit und Tagträumen

Während ich lernte, diese natürlichen Perioden heilsamer Ruhe und Aufnahmebereitschaft zu erkennen, wurde mir immer klarer, worauf Ericksons sogenannte Wunderheilungen beruhten. Er verfügte über eine außergewöhnlichen Sensibilität für die spontanen Veränderungen, die bei seinen Patienten auf vielen verschiedenen Bewusstseinsebenen stattfanden. Je länger ich Erickson bei seiner Arbeit beobachtete, umso stärker wurde meine Überzeugung, dass ein Geheimnis seines therapeutischen Erfolgs darin bestand, jene natürlichen Perioden der Alltagstrance geschickt zu nutzen. Für Erickson waren diese Augenblicke der Schlüssel zu den Erfahrungen der Heilung und Veränderung seiner Klienten.

Nach und nach entschlüsselten wir das Geheimnis des Übergangs von der Krankheit zur Gesundheit und zum Wohlbefinden. Es geht darum, die körperlich-seelischen Hilfsquellen eines Menschen, die während dieser kurzen natürlichen Zeit-Fenster im Laufe des Tages periodisch auftauchen, zu erkennen und zu fördern. Da das Unbewusste die

Quelle der Kreativität, der Gefühle und der Intuition ist, nahmen wir an, dass man diese Fenster zum Unbewussten dafür nutzen könnte, die seelische Entwicklung eines jeden Menschen zu fördern und schwierige persönliche Probleme zu lösen.

Doch wie so oft bei wissenschaftlichen Neuentdeckungen warfen unsere neugewonnenen Erkenntnisse genauso viele Fragen auf wie sie beantworteten. Ob wir es nun Alltagstrance, Hypnose, Entspannung, Meditation, Tagträumen usw. nannten, unbeantwortet blieb die Frage, was in diesen Perioden passiert. Warum treten sie auf? Hatten andere sie auch schon beobachtet? Wie könnte man sie sonst noch nutzen? Weder Erickson noch sonst jemand wusste das.

Es kam mir vor, als wären wir mit diesem Geheimnis in einer Sackgasse gelandet, und ich hätte mir nie träumen lassen, dass die Ergebnisse aus vielen anderen wissenschaftlichen Disziplinen schon so bald die Fragen beantworten würden, die Ericksons Arbeit aufgeworfen hatte.

Ultradian, auch wenn es anders genannt wird

Diese Mechanismen zu verstehen lernen, mit deren Hilfe Erickson so erfolgreiche therapeutische Arbeit leistete, war für mich so spannend wie ein Kriminalroman. Die folgenden Jahre, in denen ich nach weiteren, frühen Entdeckern dieser Ideen suchte, wurden für mich persönlich zu einer Odyssee. Je mehr ich las, umso klarer wurde mir, dass viele Erforscher der menschlichen Seele zumindest schon vor einem Jahrhundert die Merkmale und Möglichkeiten der Alltagstrance beobachtet und untersucht hatten.

So fand ich zum Beispiel in vielen Arbeiten der Begründer der Tiefenpsychologie – bei dem französischen Neurologen Jean-Martin Charcot, bei Pierre Janet, dem Pionier der Hypnose, bei Sigmund Freud und bei C. G. Jung – Hinweise darauf, dass sie etwas über die natürlichen Rhythmen unseres Bewusstseins und der Heilung wussten. Leider war zu ihrer Zeit die Biologie noch nicht genügend fortgeschritten, sonst hätte man schon damals – sehr zum Nutzen der Forschung – die subtilen Rhythmen der Seele und des Körpers entdecken können. Doch es gab noch nicht all jene wissenschaftlichen und technischen Möglichkeiten, derer wir uns heute bedienen können, beispielsweise Elektroden und EEG-Apparaturen, mit denen man Hirnströme messen kann. Trotzdem haben jene Pioniere etwas Wichtiges entdeckt: die subtilen Veränderungen des Bewusstseins, die auf die Gesundheit und das Wohlbefinden einwirken.

Der Erste, der einen Zusammenhang zwischen periodisch auftretendem Stress und Heilung entdeckte, war Charcot, der um 1850 als Arzt für Neurologie und Psychiatrie tätig war. Er glaubte, dass Menschen in gewissen zeitlichen Abständen einen Bewusstseinszustand zwischen Wachsein und Schlaf erleben, den er hypnoid nannte. Er hielt diesen Zustand für eine Art Hypnose, die ganz spontan im alltäglichen Leben auftreten könne.

Charcot wusste nicht, wodurch dieser hypnoide Zustand ausgelöst wurde, stellte aber die Hypothese auf, dass das Erlebnis mit einem nächtlichen Traum zu vergleichen sei. Weiter postulierte er, in solch einem Zustand könne sich jeder starke seelische Reiz auf ungesunde, neurotische Weise in die Seele einprägen. Vor allem, wenn wir uns nicht ausruhen können, werden wir anfällig für intensive seelische Zustände wie Ängste, Reizbarkeit und Depression. Da die Wissenschaft jener Zeit noch nicht sehr weit entwickelt war, führte Charcots Suche nach einer biologischen Grundlage für jene hypnoiden Zustände zu keinem befriedigenden Ergebnis.

Der Nächste, den dieses Phänomen verblüffte, war Pierre Janet, ein Schüler Charcots. Auch er stellte fest, dass beim Menschen zu verschiedenen Tageszeiten periodische Fluktuationen seiner geistigen Energie auftreten. Er nannte diese Fluktuationen *abaissement du niveau mental* – ein Absinken der geistigen Energie. Die meisten Menschen fühlen sich in solchen Perioden müde und können nicht so gut denken oder arbeiten wie sonst. Wenn in einer solchen *Abaissement*-Periode der Stress durch ein traumatisches oder zumindest starkes seelisches Erlebnis verstärkt wird, kann die Seele das Ereignis nicht deuten und in der üblichen Weise in ein sinnvolles, gesichertes Ganzes einordnen. In solchen Momenten sind wir seelisch verletzbar und leicht zu erschüttern; wir können die Erlebnisse zwar registrieren, aber nicht richtig verarbeiten. Wenn wir zum Beispiel herbe Kritik einstecken müssen, geht es uns schlecht, wenn unsere Verteidigungsmechanismen schwach sind und wir nichts gegen die Kritik vorbringen können. Das Stresserlebnis bleibt unbearbeitet in uns – und blockiert so die Mechanismen unserer Seele.

Janet stellte die Hypothese auf, dass solche unverarbeiteten Erlebnisse mit der Zeit zu Zwangsvorstellungen, Phobien und zu psychischen oder psychosomatischen Krankheiten führen könnten. Er glaubte, dass derartige Störungen auf die andauernden, vergeblichen Versuche der Einheit von Körper und Seele zurückzuführen seien, dem ursprünglichen störenden Erlebnis einen Sinn zuzuordnen. Obwohl die Wissenschaft damals noch nicht in der Lage war, die physiologische Grundlage jener *abaissements* zu finden, blieb Janet bei seiner Überzeugung, dass eine solche Ursache existieren und dass diese mit Stress und Erschöpfung in Zusammenhang stehen müsse. Ein zeitgenössischer Medizinhistoriker fasste Janets Ansichten zusammen:

> »Janet ... ging offenbar davon aus, dass man diese [physiologischen Kräfte] eines Tages messen könne. Er war der Ansicht, dass sie mit dem Zustand des Gehirns und der Organe zusammenhängen müssten ... Offenbar ist es möglich, diese Kräfte auf irgendeine Weise zu regenerieren ... Einer der wirksamsten Faktoren bei diesem Regenerationsprozess ist der Schlaf ... Ebenso wirksam sind verschiedene Entspannungstechniken, *über den Tag verteilt Pausen zu machen,* im Laufe eines Monats Ruhetage einzulegen und einen Jahresurlaub zu machen ...« [Kursivsetzung nachträglich hinzugefügt].

Mit seiner Ansicht über regenerierende »Pausen im Tagesverlauf« hat Janet meines Erachtens die wertvollen therapeutischen Möglichkeiten der natürlichen seelisch-körperlichen Zeiten der Regeneration, die ich ultradiane Heilreaktion nenne, vorweggenommen. Viele von Janets Gedanken wurden eine Generation später von Freud übernommen, der davon ausging, dass der hypnoide Zustand sowohl mit abnormen Zuständen des Bewusstseins als auch mit gewöhnlichen »Absencen« zusammenhängt. Freud zufolge gibt es viele verschiedene Zustände, die zu einer Art »Abwesenheit« führen ... Ein Forscher, der sich tief in ein Problem vergraben hat, so schreibt er, sei zweifellos bis zu einem gewissen Grad anästhesiert und habe alle möglichen Empfindungen, die er nicht bewusst wahrnehme; das Gleiche gelte für jeden, der seine schöpferische Fantasie aktiv einsetze.

Ähnlich wie Freud beschreibt auch Jung eine spontane Bewusstseinsveränderung, von der er annahm, dass sie sowohl bei psychischen Störungen als auch bei der schöpferischen Arbeit eines gesunden Menschen auftreten könne. Bis zur Entdeckung der seelisch-körperlichen Rhythmen war Jungs Beschreibung dieser rhythmischen oder wellenartigen Veränderungen über mehr als 50 Jahre die klarste Definition dieses Phänomens:

> »Bestimmte experimentelle Untersuchungen weisen darauf hin, dass die Intensitäts- oder Aktivitätskurve einen wellenförmigen Charakter mit einer ›Wellenlänge‹ von Stunden, Tagen oder Wochen hat.«

Am auffälligsten zeigt sich der Fortschritt im Denken der genannten vier Pioniere im Hinblick auf das Wesen und den Zweck der Alltagstrance. Während der hypnoide Zustand für Charcot noch eine Quelle psychischer Störungen war, erweiterte Janet das Konzept, weil er erkannt hatte, dass das Bewusstsein in Phasen mit niedrigem Energiepegel keine Informationen verarbeiten kann, da die Einheit von Körper und Seele Ruhe braucht. Freud entwickelte Janets Gedanken noch weiter, indem er die Hypothese aufstellte, dass die Grenzzustände zwischen Bewusstheit und Schlaf in Wirklichkeit Tore sowohl zur Kreativität als auch zur Psychopathologie seien, je nachdem, wie man diese Bewusstseinsveränderung betrachte. Jung schließlich tat den letzten Schritt: Für ihn waren jene Grenzzustände der Keim für eine dauerhafte Bewusstseinserweiterung, für eine spirituelle Veränderung und den Durchbruch schöpferischer Ideen. Meine Beschäftigung mit diesen vier Pionieren hat mich schließlich in einer großen Kreisbewegung wieder zu meinen Arbeiten mit Erickson und den speziellen Fenstern der Heilung, die er Alltagstrance nannte, zurückgebracht.

Die Biologie der Zeit

Der nächste Schritt in Richtung Lösung des ultradianen Rätsels hat etwas mit der Biologie der Zeit zu tun. Seit den 1950er-Jahren haben Biomediziner und in Forschungseinrichtungen der Armee tätige Wissenschaftler zahlreiche subtile innere Rhythmen des Körpers und des Gehirns entdeckt. Sie haben zunächst den Schlaf und die Träume untersucht und dabei zahlreiche Rhythmen gefunden, die miteinander in Beziehung stehen. Mehrere dieser Rhythmen wiesen einen Rapport von etwa 90 bis 120 Minuten auf, wobei ihre Muster ganz verschieden waren. Die Wissenschaftler nannten sie ultradiane Rhythmen, da sie mehrmals am Tag auftreten.

Diese verborgenen Rhythmen waren so interessant, dass die US-Regierung Millionen ausgab, um sie weiter untersuchen zu lassen. Die von der Regierung beauftragten Wissenschaftler waren vor allem an Erkenntnissen über menschliche Leistungsschwächen interessiert: Flugzeugunglücke, die auf einen Pilotenfehler und nicht auf mechanische Ursachen zurückzuführen waren, Fehler von Fluglotsen, die in einer Krise entweder zu langsam oder nicht so reagierten, wie sie es gelernt hatten, Launenhaftigkeit, Reizbarkeit, falsche Einschätzung einer Situation und sogar psychosomatische Erkrankungen bei Menschen in Schlüsselpositionen, die über lange Zeiträume hinweg wach und aufnahmebereit sein müssen.

Die Wissenschaftler stellten einen für all diese Situationen gemeinsamen Faktor fest, den man Dauerstress nennen könnte. Sie fanden heraus, dass Menschen im Tagesverlauf ultradiane Rhythmen von 90 bis 120 Minuten Dauer erleben, in denen sowohl Phasen der Ruhe als auch der Aktivität enthalten sind. Diese Kurven weisen einen Gipfel erhöhter Wachsamkeit und Leistungsfähigkeit und ein Tal der Ermüdung auf, in welchem die meisten Menschen das Gefühl haben, eine Pause einlegen zu müssen. Diese ultradianen Rhythmen haben erheblichen Einfluss auf geistige und körperliche Aktivitäten und Leistungen: auf die Erkenntnisfähigkeit, die Konzentration, das Lernen, das Kurzzeitgedächtnis, die Kreativität, die Koordination von Auge und Hand, auf sportliche Fähigkeiten, Reflexe und den Energiehaushalt.

Als man in den 1970er- und 1980er-Jahren einen größeren Fundus wissenschaftlicher Untersuchungsergebnisse zu diesem Forschungsgebiet zusammengetragen hatte, wurde eine unglaubliche Vielzahl unterschiedlicher ultradianer Rhythmen entdeckt, die sich bisher hinter den sogenannten Alltagstätigkeiten verborgen hatten. Man entdeckte zahlreiche seelische und körperliche Aktivitäts- und Ruherhythmen, die sich regelmäßig im Abstand von 90 bis 120 Minuten wiederholten. Es schien, als ob die Menschen tatsächlich alle anderthalb Stunden unbedingt eine Pause machen müssten, um sich zu erholen und die Spitze ihrer Leistungsfähigkeit wieder erreichen zu können. Diese offensichtliche Notwendigkeit hatte weder etwas mit Faulheit noch mit den Forderungen der Gewerkschaften zu tun. Die Arbeiter hatten das Gefühl, die

Arbeit unterbrechen und sich ausruhen zu müssen, sie wollten Kaffee oder eine Cola trinken oder eine Kleinigkeit essen, um anschließend wieder konzentriert arbeiten zu können.

Diese Untersuchungen über ultradiane Rhythmen sind wissenschaftlich außerordentlich bedeutsam, obwohl sie nicht sehr bekannt sind. Leider gilt auch hier, dass die Entdeckungen, die in einigen wissenschaftlichen Disziplinen gemacht wurden, in anderen unbekannt sind. Deshalb profitierten Psychologen und Psychotherapeuten erst Jahre später von den wertvollen Informationen, die die Biologen zusammengetragen hatten.

Des Rätsels Lösung

Als ich mich in die neu gewonnenen Forschungsergebnisse vertiefte, kam mir an diesen ultradianen Rhythmen mit ihren Gipfeln und Tälern irgendetwas bekannt vor. Eines Tages dachte ich über die Komponenten der Aktivitäts- und Ruhephasen der einzelnen Rhythmen nach und mir wurde plötzlich klar, was es war: Die Verhaltensweisen, die wir während der Ruhephase der ultradianen Rhythmen erleben, entsprachen jenen, die ich zusammen mit Erickson etwa sechs Jahre vorher als Alltagstrance erkannt und beschrieben hatte. Hier gab es eine eindeutige und erstaunliche Parallele zu den ultradianen Rhythmen von Seele und Körper!

Konnte das ein Zufall sein? Die Täler unserer ultradianen Körperrhythmen und die Fenster zu unserem Unbewussten treten beide spontan etwa alle anderthalb Stunden auf. Beide sind mit einer 20-minütigen Periode eines offensichtlichen Abfalls der Wachheit und Aufmerksamkeit verbunden. Und beide zeigen, dass wir alle anderthalb oder zwei Stunden das Gefühl bekommen, unseren normalen Arbeitsrhythmus durch eine Pause unterbrechen zu müssen. Wenn man die grafische Darstellung dieser Rhythmen betrachtet (siehe Abb. 1), erkennt man, dass die Alltagstrance in der 15- bis 20-minütigen Übergangszeit zwischen dem unteren Ende einer 90- bis 120-minütigen ultradianen Aktivitäts-Ruhe-Periode und dem Beginn der nächsten auftritt.

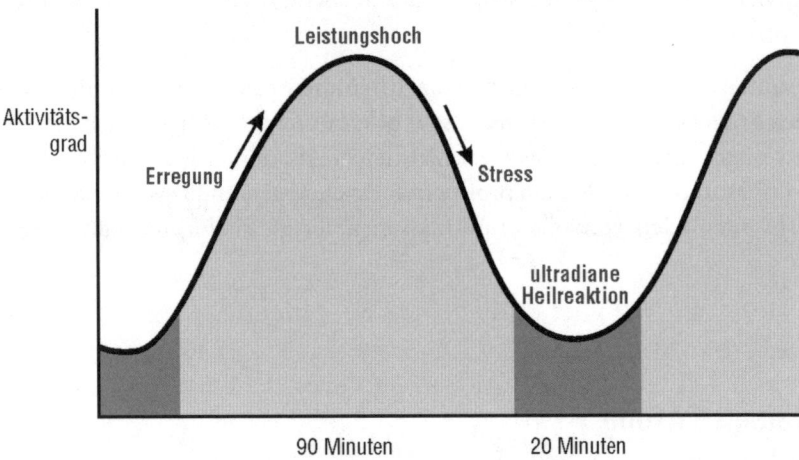

Der ultradiane Leistungsrhythmus

Abb. 1.: Die Kurve des ultradianen Leistungsrhythmus besteht aus einer etwa 90- bis 120-minütigen Aktivitätsphase und einer 20-minütigen Erneuerungsphase, weist aber eine große Varianz auf, die im Hinblick auf den zeitlichen Ablauf dieser Rhythmen bei einzelnen Menschen und in bestimmten Situationen erheblich sein kann. Die Rhythmen verändern sich, um uns die Anpassung an veränderte Umweltbedingungen zu ermöglichen.

Als ich den 78-jährigen Erickson ein Jahr vor seinem Tod auf diese Ähnlichkeit zwischen dem Verhalten in den Ruhephasen der ultradianen Rhythmen und der Alltagstrance aufmerksam machte, war er von der Möglichkeit fasziniert, dass zwischen beidem ein Zusammenhang bestehen könnte. Er gab allerdings zu, dass er nie auf den Gedanken gekommen wäre, dass seine hypnotherapeutischen Therapiemethoden sich verifizierbare, messbare Rhythmen der Einheit von Körper und Seele zunutze machten. Er hatte seine Methode immer schon als naturalistisch bezeichnet, dabei aber nicht geahnt, wie naturgemäß sie tatsächlich war.

Die ultradiane Heilreaktion

Diese Erkenntnisse wurden zum Ausgangspunkt einer völlig neuen Theorie über Stress, Gesundheit und Heilung. Übermäßige und chronische Hyperaktivität verursachen Stress und führen zu Symptomen, denn sie stören unsere normalen zirkadianen und ultradianen Rhythmen der Aktivität und Ruhe. Die 20-minütige ultradiane Heilreaktion lindert die Stresssymptome, indem sie den natürlichen Rhythmen unserer Einheit von Körper und Seele Gelegenheit gibt, sich wieder zu normalisieren. Mit anderen Worten: Das 20-minütige Tal unseres grundlegenden Ruhe-Aktivitätszyklus stellt eine natürliche Periode dar, in der eine körperliche und psychische Erneuerung sowie eine Erholung von Alltagsbelastungen erfolgen kann. Deshalb habe ich diese Phase ultradiane Heilreaktion genannt.

Und diese ultradiane Heilreaktion hat erhebliche Auswirkungen auf viele Lebensbereiche.

···⟩ Ultradiane Rhythmen sind wichtige Kommunikationsmuster zwischen Seele und Körper, über die ein Dutzend Mal pro Tag zahlreiche physiologische und psychologische Prozesse koordiniert werden.

···⟩ Auf dem Gipfelpunkt eines jeden ultradianen Zyklus versetzt die Natur uns in die Lage, zu arbeiten und uns dabei wohlzufühlen, vorausgesetzt wir erkennen diese Perioden, in denen wir ein Leistungshoch erreichen, und wissen sie zu nutzen.

···⟩ Alle 90 bis 120 Minuten bietet die Natur uns für 20 Minuten ein Fenster an, um unserem Geist, unserem Körper und unserer Psyche Gelegenheit zu geben, trotz der ständigen Veränderungen und Herausforderungen des Alltags im Gleichgewicht zu bleiben. Wir können lernen, auf diese ultradiane Aufforderung zur Regeneration und Erholung zu achten und den Weg vom Stress zur Gesundheit, von der Ineffizienz zur Produktivität und von der Schwäche zur Stärke zu finden.

All das lässt den Schluss zu, dass die ultradiane Heilreaktion bei den meisten ganzheitlichen Methoden der Seele-Körper-Heilung im Verborgenen wirksam ist. Entspannungstechniken, Meditation, Imaginationsübungen, Biofeedback, Hypnose, spirituelle Rituale, ja sogar das Handauflegen, alle diese Methoden gehen davon aus, dass der Patient eine Pause von ungefähr 20 Minuten Dauer einlegt, um die beste Heilwirkung zu erzielen.

Im nächsten Kapitel wollen wir uns detaillierter mit dem Wesen der ultradianen Rhythmen und mit ihrer tief greifenden Wirkung auf die Systeme unserer Seele und unseres Körpers befassen.

2 Die seelisch-körperlichen Rhythmen der Selbstregulation

Nicht zu wissen, dass man eine Zeitstruktur hat, ist so, als wüsste man nicht, dass man ein Herz oder eine Lunge hat. In jedem Aspekt unserer Physiologie und unseres Lebens erkennen wir, dass wir der Ordnung unterworfen sind, die wir Zeit nennen.
Dr. Gay Gaer Luce
Report of U.S. Department of Health, Education, and Welfare

Dass praktisch jeder Organismus – vom Pantoffeltierchen bis zum Dickhäuter – geboren wird, sein Leben lebt und stirbt und dabei von komplexen rhythmischen Strukturen beeinflusst wird, die der Zeit unterworfen sind, ist lange bekannt. Rhythmus ist eine Konstante der Natur. Fruchtfliegen und Topfpflanzen, Nacktschnecken und Atomphysiker – alle Lebewesen sind dem stündlichen, täglichen und jahreszeitlichen Rhythmus von Aktivität und Ruhe unterworfen.

Unsere kosmische Mutter Erde, die uns als rhythmische Geschöpfe erschaffen hat, erzeugt ständig ein Mandala miteinander verbundener Zyklen. Ihre jährliche Reise um die Sonne, die Neigung ihrer Achse, durch die wir Jahreszeiten haben, und ihre täglichen Umdrehungen beeinflussen unser Leben und unsere Umwelt weitaus mehr als wir ahnen.

Jeden Tag sammeln die Bienen im Garten ihren Nektar und folgen dabei den Rhythmen, die in ihren Genen programmiert sind. Über ihnen suchen die Stare ihre Nahrung, füttern ihre Jungen, suchen dann weiter, und das alles in einem festen, deutlich erkennbaren Sechsminutenrhythmus. Der überwinternde Bär, der wandernde Wal und die laichenden Fische, alle richten sich nach täglichen, monatlichen und jahreszeitlichen Rhythmen von Aktivität und Ruhe. Ameisen und Flusskrebse, Ratten und Hamster zeigen auch dann deutlich voneinander abgegrenzte Perioden, in denen sie aktiv sind, schlafen, nisten und fressen, wenn man sie in einer kontrollierten Laborsituation vom Tageslicht abschirmt.

Seit über 200 Jahren wissen wir, dass sich die Blätter der Pflanzen in einem etwa 24-stündigen Rhythmus öffnen und schließen, heben und senken – und dies sogar in tiefen Höhlen, in denen sie kein Sonnenlicht bekommen. Für die Wissenschaft war das eine Überraschung, denn es bedeutete, dass dieser Rhythmus in der Pflanze selbst angelegt ist und nicht vom Auf- und Untergehen der Sonne abhängt, wie man bei oberflächlicher Betrachtung meinen könnte. Erst 1985 wurde dieses Phänomen und seine genetische Ursache von Forschern an der Rockefeller University entdeckt. Das Sonnenlicht kann diese genetische Uhr allerdings verstellen, sodass sie schneller oder langsamer geht, um sich an den Rhythmus der Jahreszeiten anzupassen.

Obwohl es kaum jemandem bewusst ist, haben auch wir Menschen eine genetische Uhr, die durch den Rhythmus der Jahreszeiten beeinflusst wird. Geburten, Todesfälle, Energie und Spannkraft, ja sogar Stimmungen können von der Jahreszeit abhängen. Man hat festgestellt, dass Leistungsfähigkeit und Konzentration sowohl bei Frauen als auch bei Männern einem monatlichen Rhythmus unterworfen sind. Unsere geistige Spannkraft, unsere seelische Befindlichkeit, die Blutchemie, Muskelkraft, Koordination zwischen Auge und Hand, ja sogar die Widerstandskraft gegen Krankheiten verändern sich im Laufe eines Tages in voraussagbaren Rhythmen.

Diese Rhythmen sind so bedeutsam und allgegenwärtig, dass die Wissenschaftler ihnen Namen gegeben haben. Biologische Rhythmen, die im Laufe eines Tages einen Gipfel und ein Tal haben, werden *zirkadian* genannt (*circa dies* – »ungefähr ein Tag«). Wenn sie länger als ein Tag sind, wie zum Beispiel der Menstruationszyklus, nennt man sie *infradian* (*infra dies*). Wenn solche Rhythmen sich mehrmals am Tag wiederholen, wie zum Beispiel Hunger und sexuelle Erregung, nennt man sie *ultradian* (*ultra dies* – »mehrmals am Tag«).

Bevor wir untersuchen, warum unsere ultradianen Rhythmen einen so tief greifenden und umfassenden Einfluss auf Leistung, Stress und Heilung haben, müssen wir zunächst wissen, welche Rolle die längeren infradianen und zirkadianen Rhythmen spielen.

Unsere jahreszeitlichen Rhythmen: die infradianen Rhythmen

Der bekannteste infradiane Rhythmus ist der Menstruationszyklus der Frau, der sich über etwa 28 Tage erstreckt. Der dramatische Einfluss, den dieser Monatsrhythmus sowohl auf seelische als auch körperliche Funktionen hat, ist inzwischen oft genug nachgewiesen worden. Wenn der Östrogenspiegel kurz vor dem Eisprung seinen monatlichen Höhepunkt erreicht und in den zehn Tagen vor Beginn der Menstruation verbessern sich bei Frauen die sprachlichen Leistungen. Außerdem erbringen sie bessere motorische Leistungen, schlechtere dagegen bei Aufgaben, die eine räumliche Orientierung erfordern. Wenn der Östrogenspiegel sinkt, verkehren sich diese Ergebnisse ins Gegenteil.

Es ist kaum bekannt, dass auch Männer einem monatlichen Rhythmus unterworfen sind. In einer Untersuchung entdeckte Dr. Franz Halberg von der medizinischen Fakultät der University of Minnesota, dass der Pegel bestimmter hormoneller Botenstoffe im Urin seiner männlichen Versuchspersonen einen deutlich erkennbaren 30-Tage-Rhythmus aufwies. Das erklärt auch die Ergebnisse einer Untersuchung, die Dr. Rex Herser von der University of Pennsylvania an einer Gruppe von gesunden männlichen Fabrikarbeitern durchgeführt hat. Alle Männer erlebten regelmäßige monatliche Rhythmen, die zu Stimmungsveränderungen von einer dumpfen Depression bis zu unternehmungslustigem Optimismus reichten. Andere Untersuchungen haben gezeigt, dass Gewalttätigkeiten, Aggressionen, Verbrechen und psychotische Krisen bei Männern in einem ziemlich regelmäßigen monatlichen Muster auftreten.

Ein weiterer, wenig bekannter infradianer Zyklus ist die sogenannte SAD (*seasonal affektive disorder*) – die Winterdepression oder »February blahs« –, von der jeder Zehnte betroffen ist. Wenn es in den kalten Klimazonen im Winter weniger Tageslicht gibt, erleben viele Menschen ein Nachlassen ihrer Energie, sie neigen zu Depressionen und haben Schwierigkeiten, mit ihren täglichen Aufgaben fertig zu werden. Einige Wissenschaftler haben die Hypothese aufgestellt, dass dieses seelisch-körperliche Tief dem Winterschlaf der Bären ähnelt und ein genetisches Überbleibsel aus einer Zeit ist, in der die Menschen sich im Winter noch in ihre Höhlen zurückgezogen haben.

Es wurden noch viele andere seelisch-körperliche Rhythmen beim Menschen entdeckt, die dem Einfluss der vier Jahreszeiten unterliegen. So werden zum Beispiel im Mai, Juni und Dezember mehr Zwillinge geboren; Magengeschwüre treten vornehmlich in der ersten Hälfte des Jahres, Diabeteserkrankung häufiger im Winter auf; im Januar sterben mehr Menschen an Arteriosklerose, und im Mai und September liegt die Selbstmordrate höher. Wahrscheinlich gibt es noch mehr infradiane Rhythmen, die erst noch entdeckt werden müssen. Es wird immer noch erforscht, welche Ursachen sie haben und wie sie uns beeinflussen, doch kann schon heute als zweifelsfrei erwiesen gelten, dass sie eine Kraft darstellen, die unser Sein und unser Bewusstsein prägt.

Unsere Tagesrhythmen: die zirkadianen Rhythmen

Über drei Etappen gelangte man bis zum heutigen Wissenstand über die Beziehung zwischen den zirkadianen und den ultradianen Rhythmen. Ursprünglich glaubte man, die zirkadianen Rhythmen bezögen sich lediglich auf den Schlaf-wach-Rhythmus. In den 1950er-Jahren fand man dann heraus, dass unser Schlaf in 90- bis 120-minütigen ultradianen Rhythmen verläuft, die sich aus Traum- und Tiefschlafphasen zusammensetzen (Etappe 2). Die dritte Etappe war erreicht, als man in den 1970er-Jahren entdeckte, dass wir auch im Wachzustand natürliche 90- bis 120-minütige ultradiane Bewusstseinsveränderungen erleben (siehe Abb. 2). Heute geht man davon aus, dass unser täglicher zirkadianer Zyklus in Wirklichkeit aus einer Folge von 90- bis 120-minütigen ultradianen Zyklen besteht.

Stufe eins: Der tägliche Wach-Schlaf-Rhythmus

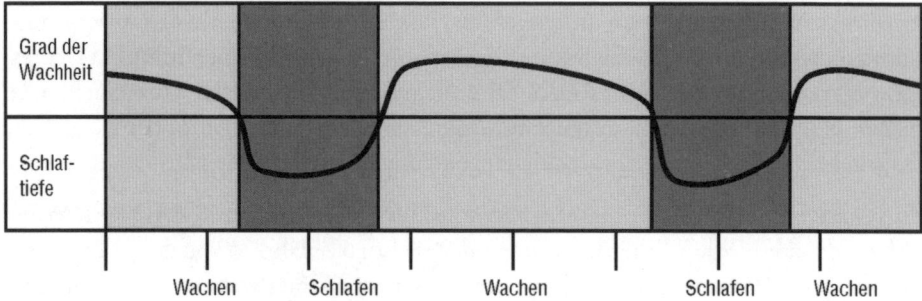

Stufe zwei: Ein ultradianer Rhythmus des Traumschlafs (REM-Schlaf)
(Aserinsky, Kleitman, 1953)

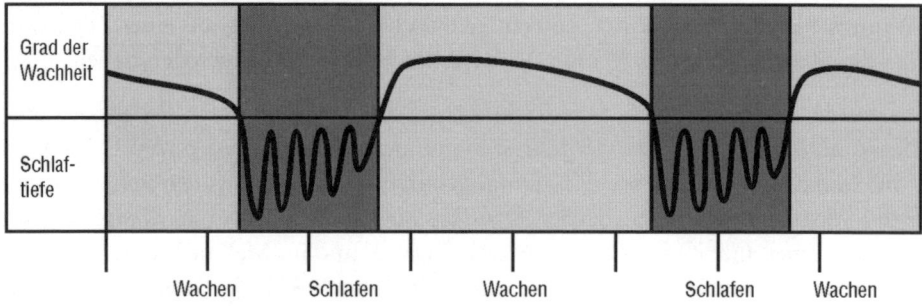

Stufe drei: Das neue Modell der ultradianen Natur des
menschlichen Bewusstseins (Wever, 1985)

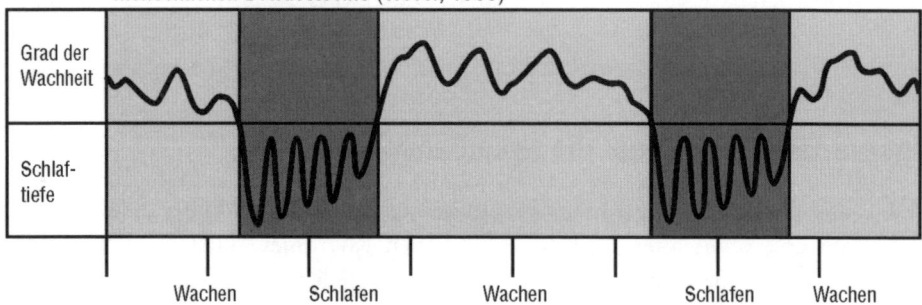

Abb. 2.: Drei Stufen der Evolution des gegenwärtigen Modells der ultradianen Natur des Bewusstseins (übernommen aus Wever, 1988).

Viele Menschen erleben, dass sich regelmäßig im Laufe eines Tages ihre Spannkraft und ihre Stimmungslage periodisch verändern, wobei die Dauer der einzelnen Aktivitätszyklen bei verschiedenen Menschen sehr unterschiedlich sein kann. Manche – man nennt sie auch Lerchen – sind morgens früh besonders wach und leistungsfähig, während andere – die Nachteulen – ihre beste Zeit abends haben. Nach Untersuchungen besteht für die meisten Menschen ein typischer Tag aus folgenden zirkadianen/ultradianen Verlaufsmustern:

Mitternacht

Die Vorbereitung auf den nächsten Tag beginnt in den ersten ein bis zwei Stunden des Schlafs, wenn die Cholesterinsynthese in der Leber ihren Spitzenwert erreicht. Obwohl hohe Cholesterinwerte gefährlich sein können, ist das Cholesterin doch auch eine lebensnotwendige Substanz, die Basis für die tägliche Produktion einer Vielzahl wichtiger Hormone und anderer Botenstoffe, die unter anderem den Sexualtrieb, die Stimmungslage, den Energiehaushalt und die Produktivität beeinflussen.

2.00 Uhr

In den ersten beiden Stunden des Schlafs werden Wachstumshormone ausgeschüttet, die den Aufbau und die Regeneration von Geweben im ganzen Körper einleiten. Während wir schlafen, schüttet die Epiphyse im Gehirn Melatonin aus, ein wichtiges Hormon, das Wachstum, Schlaf, Traummuster, das Immunsystem und den Alterungsprozess steuert.

3.00 bis 4.00 Uhr

Fast alle geistigen und körperlichen Systeme, dazu gehören auch Wachheit, unser Gedächtnis, die Organtätigkeit und die Körpertemperatur, erreichen um diese Zeit den niedrigsten Wert – ganz gleich, ob wir wach sind oder schlafen. Folglich machen Menschen um diese Zeit die schlimmsten Fehler; das gilt für Schichtarbeiter, Piloten, Taxi- und Lastwagenfahrer ebenso wie für alle anderen, die nachts arbeiten müssen. Allerdings können »Nachteulen« und Menschen mit starker zirkadianer Flexibilität in dieser Zeit einigermaßen gute Leistungen erbringen.

5.00 Uhr

Mit Tagesanbruch werden unsere Traumschlafperioden länger und unsere Träume verständlicher. Mitunter wachen wir am frühen Morgen mit einer neuen Erkenntnis auf, die wir in einem Traum gewonnen haben und die mit einem Problem zu tun hat, mit dem wir am kommenden Tag konfrontiert sein werden. Wird man besonders früh wach, bedeutet das häufig, dass man sich innerlich mit der Lösung eines wichtigen psychischen Problems beschäftigt hat.

6.00 bis 9.00 Uhr

Wenn der Spiegel unserer Energiehormone seinen höchsten Stand erreicht, wachen wir auf. Sogar die Konsistenz unseres Blutes wird angereichert, damit wir für die Aufgaben des Tages gerüstet sind. Ein paar Stunden nach dem Wachwerden sind wir bereit für unsere erste ultradiane Heilperiode.

10.00 Uhr bis Mittag

Für die »Lerchen« ist das sehr oft der produktivste Teil des Tages. Gedächtnis und Lernfähigkeit – im Grunde alle Seele-Körper-Systeme, die etwas mit Arbeit und Leistung zu tun haben – nähern sich ihrem Maximum. Viele kreative Menschen betrachten diese Stunden als die beste Zeit, um schwierige Probleme zu lösen und wichtige Entscheidungen zu treffen.

Mittag bis 14.00 Uhr

Fast jeder Mensch erlebt nach dem Mittagessen ein Leistungstief. In vielen Kulturen sind die frühen Nachmittagsstunden die Zeit der Siesta. Schöpferisch tätige Menschen machen häufig um diese Zeit einen Mittagschlaf und gehen anschließend oft erfrischt und voller neuer Ideen wieder an die Arbeit. Winston Churchill hat das vermutlich am treffendsten ausgedrückt:

> »Sie sollten zwischen dem Mittagessen und dem Abendessen ein wenig schlafen und dabei keine halben Sachen machen. Ziehen Sie sich richtig aus und gehen Sie ins Bett. Ich mache das immer so. Und glauben Sie nicht, Ihre Arbeit würde darunter leiden, dass Sie am Tag schlafen. So denken nur dumme Menschen, die keine Fantasie haben. Sie erledigen die Arbeit von zwei Tagen – na ja, sagen wir von anderthalb Tagen – an einem Tag, davon bin ich überzeugt. Als der Krieg begann, musste ich tagsüber schlafen, sonst hätte ich all die verantwortungsvollen Aufgaben nicht lösen können.«

15.00 bis 16.00 Uhr

Wissenschaftler haben diese Periode als Wendepunkt bezeichnet. Danach beginnt die Kurve unseres zirkadianen Bewusstseins, die bis zu diesem Punkt angestiegen ist, sich nach unten zu bewegen. Das gesamte Seele-Körper-System orientiert sich neu und schaltet von der Leistungssphäre zum Schlaf, zur inneren Welt der Versorgung, Heilung und Erneuerung um.

17.00 bis 19.00 Uhr

Um diese Zeit findet sich die Familie zusammen – im Guten wie im Schlechten. Wenn man zu einer glücklichen, unterstützenden Familie nach Hause kommt, so kann das ein erholsames Erlebnis sein. Es ist die günstigste Zeit, etwas für uns selbst und die anderen zu tun. Wenn wir allerdings tagsüber bei der Arbeit die ultradiane Forderung nach Erneuerung ignoriert haben und gestresst und erschöpft nach Hause kommen, kann diese Periode von Missverständnissen, Streitereien, seelischen und sogar körperlichen Misshandlungen geprägt sein.

20.00 bis 22.00 Uhr

In dieser Zeit bereitet sich der Körper auf den Schlaf und eine grundlegende Erneuerung vor. So erreicht beispielsweise die Zellteilungsgeschwindigkeit einen Höhepunkt, wodurch gegen 22.00 Uhr der natürliche Prozess der Zellerneuerung und Heilung gefördert werden kann.

Unsere stündlichen Rhythmen: die ultradianen Rhythmen

Der Begriff *ultradian* bezeichnet Rhythmen, die sich mehrmals am Tag zyklisch wiederholen und in Stunden, Minuten, ja sogar Sekunden gemessen werden können. So schlägt zum Beispiel unser Herz in einem ultradianen Rhythmus und zwar 86 000-mal am Tag. Wir atmen etwa 22 000-mal am Tag ein und aus. Weitere, z.T. mehrmals binnen einer Minute schnell ablaufende ultradiane Rhythmen, die sich gut beobachten lassen, sind zum Beispiel das Schlucken und der Lidschlussreflex.

Wir spüren etwa zwölf- bis 16-mal am Tag die Wirkung der vielen 90- bis 120-minütigen ultradianen Rhythmen, die die Aktivitäts- und Ruhephasen unseres gesamten psychischen und körperlichen Systems regulieren. Dieser allgegenwärtige Rhythmus, der sich aus 90 bis 120 Minuten Aktivität und 15 bis 20 Minuten Ruhe zusammensetzt, hat eine so entscheidende Bedeutung, dass man ihn den *basic rest-activity cycle* (BRAC) [grundlegenden Ruhe-Aktivitäts-Zyklus] genannt hat.

Wie schon erwähnt, haben Wissenschaftler diesen grundlegenden Ruhe-Aktivitäts-Zyklus zuerst in der Schlaf- und Traumforschung entdeckt. 1953 berichteten Eugene Aserinsky und Nathaniel Kleitmann von der University of Chicago, dass schnelle Augenbewegungen (REM) während der gesamten Schlafperiode etwa alle 90 Minuten auftreten. In diesen Perioden finden in unserem Seele-Körper-System intensive Kommunikations- und Aktivitätsentladungen statt. Während des REM-Schlafs strömt auch tatsächlich mehr Blut zum Gehirn, und die Hirnstromkurven sind denen im Wachzustand ähnlich. Sauerstoffverbrauch, Atmung, Blutdruck, Pulsfrequenz und gastrointestinale Aktivitäten steigen an.

Weitere Untersuchungen haben gezeigt, dass wir während dieser REM-Phasen träumen. Offenbar haben die meisten Erwachsenen solche REM-Träume alle 90 bis 120 Minuten, unabhängig davon, ob sie sich am nächsten Morgen an die Träume erinnern können.

Forschungsarbeiten an der medizinischen Fakultät der Boston University bestätigten sehr bald, dass diese rhythmischen Veränderungen der Psyche und des Körpers sich nicht nur im Schlaf beobachten lassen, sondern dann nur besonders auffällig sind.

Seele-Körper-Aktivitäten, die von ultradianen Rhythmen beeinflusst werden	
Seele	**Körper**
Dominanz der rechten linken Hirnhälfte	rechte/linke nasale Dominanz
Aufmerksamkeit	vegetatives Nervensystem
Konzentration	Stoffwechsel der Gene
Lernen	endokrines System
Gedächtnis	Immunsystem
Empfindungen	Stillen
Wahrnehmungen	Hunger und Sex
Gefühle	Verdauung
Träumen	Arbeit und Sport
Fantasie	Stressreaktionen
Imagination	psychosomatische Reaktionen
Kreativität	Zellstoffwechsel
transpersonale Empfindung	Neigung zur Drogensucht

Wir können diesen 90- bis 120-minütigen Ruhe-Aktivitäts-Zyklus, der sich über die 24 Stunden des Tages laufend wiederholt, bei uns selbst beobachten. Er reguliert den Verlauf von Erregungszuständen, Spitzenleistungen, Stress und Erholung, die wir alle paar Stunden erleben. So wie wir im Schlaf durchschnittlich alle 90 bis 120 Minuten eine Traumperiode von 20 Minuten durchlaufen, erleben wir eine ähnliche Periode, wenn wir eine Neigung zu Tagträumen, zum Fantasieren, zur Verinnerlichung und zur inneren Erneuerung haben.

In den letzten drei Jahrzehnten kamen Hunderte von Forschungsarbeiten zu dem Ergebnis, dass in unserem Seele-Körper-System unglaublich viele Subsysteme solche 90- bis 120-minütigen ultradianen Rhythmen hoher Aktivität, auf die dann eine Periode der Ruhe und Erholung folgt, durchlaufen. Die Ergebnisse weisen sogar darauf hin, dass alle für die Selbstregulierung zuständigen Systeme – das vegetative Nervensystem (Aktivität und Ruhe), das endokrine System (Hormone und Botenstoffe) und das Immunsystem (Abwehr) – über wichtige 90- bis 120-minütige grundlegende Ruhe-Aktivitäts-Zyklen verfügen. BRAC-Entdecker Nathaniel Kleitman glaubt, dass dieser Rhythmus ein wesentliches Merkmal des Lebensprozesses ist. Zum BRAC, so schreibt er, »gehören Hungerkontraktionen des Magens und sexuelle Erregung, Prozesse, die der Selbsterhaltung und der Erhaltung der Art dienen« – daher der Zusatz »*basic*« – »grundlegend«.

Wenn so grundlegende menschliche Prozesse wie Lernen und Leistung, Verdauung und Regeneration des Körpers, außerdem Sex und Persönlichkeit alle dem Ruf dieser 90- bis 120-minütigen Rhythmen folgen – wenn sogar unsere Muskeln, Drüsen, unser Kreislauf und unsere Organe mit ihnen mitschwingen und sich selbst unser Gehirn und unsere seelische Befindlichkeit an ihnen orientieren – dann müssen diese Rhythmen ein umfassendes Kommunikationsmuster zwischen Körper und Seele widerspiegeln. Aber wie geschieht das?

Botschaften, Moleküle und Seele-Körper-Kommunikation

Wir wissen, dass die Antwort auf diese Grundfrage bei den Botenstoffen der Einheit von Seele und Körper zu finden ist. Alle wichtigen Systeme werden von Botenstoffen gesteuert, die den ganzen Tag über in ultradianen Rhythmen alle 90 bis 120 Minuten ausgeschüttet werden. Zu diesen Botenstoffen gehören Sexualhormone wie Testosteron und die Östrogene, Energiefaktoren wie Glukose und Insulin und Stressfaktoren wie Kortisol, Adrenalin und Beta-Endorphin, die die seelischen Zustände der Erregung und Entspannung beeinflussen. Viele Forscher glauben heute, dass diese Botenstoffe die entscheidenden Kommunikationskanäle zwischen Seele und Körper sind.

Da sie Signale innerhalb der gesamten Seele-Körper-Einheit übertragen und alles zu einem Ganzen koordinieren, werden diese Botenstoffe auch *Informationssubstanzen (informational substancesy)* genannt. Sie sagen uns, wann wir hungrig oder satt, gestresst oder entspannt sind, wann wir Energie freisetzen und wann wir uns ausruhen und erholen müssen. Sie steuern unseren Energiehaushalt, unsere Schmerzempfindlichkeit, den Sexualtrieb, Durst, Wachheit, Zorn oder Vergnügen und unsere gesamte Befindlichkeit. Diese Informationssubstanzen (Botenstoffe) »schmeißen« sozusagen »den ganzen Laden«.

Die Tatsache, dass unsere seelisch-körperlichen Aktivitäten durch die periodische Ausschüttung von Botenstoffen gesteuert werden, bedeutet allerdings nicht, dass wir von unseren Hormonen kontrolliert werden. Wir wissen, dass unsere Gedanken, Einstellungen und Gefühle die Freisetzung und den Fluss dieser Botenstoffe ebenso beeinflussen können, wie sie ihrerseits unser Denken, Fühlen und Verhalten beeinflussen. Wenn uns etwas Gutes widerfährt, reagiert die Seele-Körper-Einheit, indem sie Botenstoffe aussendet, die das Gefühl der Freude und des Vergnügens verstärken. Genauso ist es, wenn wir einen unerwarteten Rückschlag erleben: Dann setzt unsere Seele-Körper-Einheit die Botenstoffe frei, die das Gefühl der Traurigkeit und Enttäuschung vertiefen.

Die Kommunikation zwischen Seele und Körper kann in beide Richtungen verlaufen. So wie der Körper mit der Seele über die Botenstoffe kommunizieren kann, kann nach neuesten Erkenntnissen die Seele über den gleichen Kanal mit unserem Körper Verbindung aufnehmen. Vor Kurzem hat Candace Pert, die ehemalige Leiterin der Abteilung für die Biochemie des Gehirns am National Institute of Mental Health, diese Botenstoffe »Biochemie der Gefühle« genannt. Im Zusammenhang mit den Botenstoffen und ihren Rezeptoren auf Zellebene stellte Frau Pert die Hypothese auf, dass Rezeptoren und Botenstoffe ein psychosomatisches Netzwerk bilden, das die Grundlage der seelisch-körperlichen Kommunikation bildet.

Der Ursprung der ultradianen Zyklen: die Verbindung zwischen der Seele und den Genen

Auch wenn ein Zusammenhang zwischen den Botenstoffen und dem 90- bis 120-minütigen Aktivitäts-Ruhe-Zyklus der Seele-Körper-Einheit erkannt wurde, ist die Grundlage dieser Verbindung erst vor Kurzem systematisch untersucht worden. Nach neuesten Erkenntnissen über die Molekularbiologie der Zelle entstehen die Botenstoffe der ultradianen Rhythmen aus der grundlegenden Informationsmatrix des Lebens selbst – aus unseren Genen.

Untersuchungen an Pflanzen und Tieren, von der Hefe bis zu Bäumen, von Schnecken bis zu Mäusen, haben bei allen Lebensformen zur Entdeckung ultradianer Rhythmen auf der Ebene der Zelle und der Gene geführt. Die genetische Grundlage der 90- bis 120-minütigen BRAC lässt sich im elementarsten Lebensprozess feststellen: bei der Zellteilung und beim Zellwachstum. Es hat sich gezeigt, dass eine Zelle, die sich zu teilen beginnt, dem Zeitplan des BRAC folgt. Eine Periode von 20 Minuten wird zum Aufbau einer optimalen Konzentration des Cyclin, eines Botenstoffes, der den Prozess der Zellteilung unterstützt, benötigt. Der gesamte Prozess dauert etwa 90 bis 120 Minuten.

Neuere Untersuchungen dieser genetischen Grundlage der 90- bis 120-minütigen ultradianen Rhythmen lassen auch den Umstand, dass die Kommunikation zwischen Seele und Körper in beiden Richtungen erfolgen kann, in einem neuen Licht erscheinen. Ein Mensch hat schätzungsweise 100 000 Gene. Der größte Teil reguliert sich in bestimmten Körpergeweben rein physisch und biologisch selbst und kann in der Seele-Körper-Kommunikation nicht eingesetzt werden. Ungefähr 30 000 Gene werden jedoch Haushaltsgene genannt, weil sie ständig mit den Signalen aus der Umwelt in Verbindung stehen und offensichtlich auf die psychosoziale Welt reagieren, in der wir leben. Offenbar steht die Seele ständig in Kontakt mit einem Drittel unserer Gene.

Bislang haben wir nur wenig Einblick in diese Verbindung zwischen der Seele und den Genen erhalten und es bedarf noch eingehender Untersuchungen, bevor wir wissen werden, wie sich der gesamte Prozess im Detail vollzieht.

Ultradiane Rhythmen und Leistung

In der 20-minütigen Regenerationsphase des grundlegenden Ruhe-Aktivitäts-Zyklus holt unsere Seele-Körper-Einheit einen großen Teil der »Hausarbeit« nach und sorgt dafür, dass unsere komplexen Systeme reibungslos zusammenarbeiten können. Botenstoffe befördern Signale zwischen Seele und Körper, um wichtige Heil- und Wachstumsprozesse zu integrieren. Im Inneren unserer Knochen werden in jeder Sekunde Millionen neuer Blutzellen gebildet, die jede einzelne Zelle mit Sauerstoff und Nährstoffen versorgen. Die Milliarden von Zellen, aus denen der Körper besteht, füllen winzige Bläschen (vesiculae) an ihren Innenwänden wieder auf und lagern dort Botenstoffe ab. Diese Speicher werden geleert, wenn in der Aktivitätsphase Instruktionen an das Gehirn, das zentrale Nervensystem und die Organe weitergeleitet werden. Der Körper ist in jenen Ruhephasen damit beschäftigt, die Energievorräte in der Hypophyse, im Hypothalamus, in den Nebennieren und im endokrinen System aufzufüllen, damit wir in der Lage sind, während der nächsten aktiven Phase unseres Grundzyklus aus Aktivität, Regeneration und Heilung wieder unser Bestes zu geben.

Das lässt darauf schließen, dass die 20-minütige Regenerationsphase des grundlegenden Aktivitäts-Ruhe-Zyklus entscheidend für die optimale Leistung aller wichtigen Selbstregulationssysteme ist. Die Regenerationsphase des 90- bis 120-minütigen ultradianen Zyklus ist eine dringend notwendige Pause von den psychischen Belastungen der Umwelt mit ihren ständigen Anforderungen, die es uns ermöglicht, uns den unerledigten seelisch-körperlichen Aufgaben zu widmen. Unser Geist wendet sich in diesen Zeiten stärker nach innen, um Ereignisse aus der Vergangenheit zu verarbeiten und neue Erkenntnisse und Bedeutungen daraus abzuleiten, während unser Unbewusstes versucht, das Ganze zusammenzufassen und darin einen Sinn zu erkennen.

Im Alltag wirkt sich der ultradiane Ruhe- und Aktivitätszyklus am stärksten auf unsere geistige und körperliche Leistungsfähigkeit aus, auf das Lernen und auf die Fähigkeit, Probleme zu lösen. Deshalb ist der Zusammenhang zwischen den ultradianen Rhythmen und der Leistungsfähigkeit für uns alle von tief greifender Bedeutung, angefangen vom Schüler im Unterricht bis zum Manager, der in einer Konferenz eine Entscheidung treffen muss.

Zu den Schlüsselfaktoren, die Leistung, Kreativität und Lernen beeinflussen und die während des 90- bis 120-minütigen BRAC-Musters ansteigen und wieder abnehmen, gehören:

Sprachliche Fähigkeiten und räumliche Orientierung

Es hat sich gezeigt, dass Leistungen bei sprachlichen Tests und bei Tests, die das räumliche Vorstellungsvermögen messen, sich im Laufe des Tages in einem voraussagbaren 90- bis 100-minütigen Rhythmus verändern, während wir von einer BRAC-Phase zur nächsten wechseln – ein Ergebnis der ultradianen Verschiebungen zwischen den beiden komplementären Hirnhälften.

Körperliche Aktivitäten

Im Rahmen einer Studie der US-Armee wurden bei einer Gruppe von Freiwilligen im College-Alter spontane körperliche Aktivitäten untersucht. Wenn man sie in einem spärlich möblierten, ruhigen Raum allein ließ, bewegten sie sich und veränderten ihre Position in einem eindeutigen 113-Minuten-Rhythmus.

Koordination zwischen Auge und Hand und Gedächtnis

Psychiater der Harvard- und der Cornell-University untersuchten die Geschicklichkeit bei Videospielen. Bei den Versuchspersonen konnten in bestimmten Abständen eindeutige Spitzenleistungen festgestellt werden: alle 86 Minuten bei Anforderungen, die die Koordination zwischen Auge und Hand ansprachen, und alle 88 Minuten bei Aufgaben, die die Lernfähigkeit und das Kurzzeitgedächtnis forderten.

Geistige Wachheit

In einem anderen Experiment mussten die Versuchspersonen komplizierte Aufgaben lösen, die ein hohes Maß an geistiger Wachheit erforderten. Auch in diesem Fall variierten die Leistungen in 90- bis 120-minütigen ultradianen Rhythmen.

Kreativität

In psychologischen Tests, bei denen die Kreativität gemessen wird, beispielsweise beim Rorschach-Test, variierten die Reaktionen der Versuchspersonen etwa alle 90 Minuten.

Die Bedeutung all dieser Untersuchungen liegt auf der Hand. Wenn wir lernen, uns unsere ultradianen Rhythmen bewusst zu machen, können wir mithilfe dieser natürlichen Zyklen unsere Gesundheit, unsere Leistungsfähigkeit und die Fähigkeit, Stress zu kontrollieren, positiv beeinflussen – genauso wie jede andere Funktion des Aktivität-Ruhe-Zyklusses unserer Seele-Körper-Einheit.

Wenn wir lernen, zu Beginn einer aktiven Phase des ultradianen Leistungsrhythmus auf die Ankündigungs-Signale zu achten, können wir unsere Leistungsfähigkeit insgesamt steigern, indem wir uns immer dann bestimmten Aufgaben oder Anforderungen stellen, wenn die Kurve unserer Energie und Konzentration ansteigt. Und wenn wir lernen die Zeichen zu beachten, die uns den Beginn einer 20-minütigen Phase der Ruhe und Regeneration ankündigen, können wir uns optimal erholen, sodass wir später, wenn die Kurve unserer Energie und Konzentration erneut ansteigt, wieder ein Leistungshoch erreichen.

In den nächsten beiden Kapiteln werden Sie lernen, Ihre persönlichen ultradianen Rhythmen zu erkennen, das ultradiane Stresssyndrom zu vermeiden und die ultradiane Heilreaktion zu nutzen.

3 Stress: Wenn die ultradianen Rhythmen nicht beachtet werden

Weil Uhren und Terminpläne gesellschaftlicher Aktivitäten
ökonomischer Effizienz oder Zweckmäßigkeit dienen,
wird der Einzelne lernen müssen, seine eigenen Zyklen wahrzunehmen,
um sich im Interesse seiner Gesundheit nach ihnen richten zu können.
Dr. Gay Gaer Luce, National Institute of Mental Health

Vor langer Zeit, als unsere Vorfahren noch in der Wildnis lebten, gab es viele Gefahren, beispielsweise Raubtiere, und es gab auch andere Notsituationen, die es den damaligen Menschen unmöglich machten, alle 90 Minuten einfach alles stehen und liegen zu lassen, um sich ihren ultradianen Rhythmen zu widmen. Deshalb hat die Evolution diese Rhythmen so flexibel gestaltet, dass wir uns an veränderte Umweltbedingungen anpassen können. Wird uns zu einer bestimmten Zeit eine besondere Anstrengung abverlangt, dehnen sich unsere ultradianen Rhythmen aus, sodass unsere geistige Wachheit und körperliche Kraft uns in einer Notsituation das Überleben garantieren – und das sogar während des 20-minütigen Leistungstiefs. Auch wenn wir grundsätzlich in dieser Phase eine Erholungspause einlegen sollten, muss diese nicht unbedingt exakt alle 90 Minuten stattfinden. Der menschliche Organismus ist flexibel genug und kann hin und wieder sogar eine Erholungsperiode überschlagen – vorausgesetzt, wir halten in Zeiten ohne echte Notlage die Erholungspausen mit einer gewissen Regelmäßigkeit ein.

Jahrtausendelang haben unsere Vorfahren in direktem Kontakt mit den Rhythmen der Natur gelebt. Sie sind bei Sonnenaufgang aufgewacht, haben sich bei Sonnenuntergang zum Schlafen gelegt und sich tagsüber immer dann ausgeruht, wenn sie das Bedürfnis danach verspürten. Das verhältnismäßig entspannte Tempo des Lebens in der Natur sorgte dafür, dass unsere Vorfahren weitgehend auf ultradiane Signale reagieren konnten.

Über fast die gesamte Zeitspanne der menschlichen Evolution, also ungefähr 135 Millionen Jahre lang, funktionierte dieses System gut. Erst in den letzten 10 000 Jahren –

angesichts des gesamten Zeitraumes ein flüchtiger Augenblick – wurde dieses natürliche Gleichgewicht gestört.

Im Laufe einiger tausend Jahre hat die Zivilisation uns so geformt, dass wir nicht mehr unseren natürlichen Rhythmen, sondern den Rhythmen der Gesellschaft gehorchen. Kulturelle und politische Konventionen zwingen uns in Tagesabläufe und Arbeitszeiten hinein, die unserem natürlichen Bedürfnis nach ultradianer Erholung zuwiderlaufen und von uns verlangen, dass wir immer noch mehr leisten. Telekommunikation und Verkehrsstaus, Termine und überzogene Konten versetzen uns in einen chronischen Stresszustand. Je mehr das elektrische, also künstlich erzeugte Licht unsere Aktivitätsperioden verlängert, umso weniger schlafen wir. Wir entspannen uns immer weniger, weil wir in Städten leben, in denen wir von einer Vielzahl von Zerstreuungsmöglichkeiten umgeben sind, die uns permanent in einem Zustand extremer Überstimulation halten, bis wir schließlich von der völligen Erschöpfung überwältigt werden.

Sehr schnell hat die immer lauter werdende Kakofonie von Zivilisation und Stress die relativ leise ultradiane Stimme in unserem Inneren übertönt. Die Flexibilität, die ursprünglich eine so wichtige Bedeutung für unser Überleben hatte, hat sich zu einem schädlichen Faktor entwickelt. Was die Natur als Ausnahme vorgesehen hatte – dass wir uns über die ultradianen Signale hinwegsetzen können, um kurzzeitig Notsituationen gewachsen zu sein –, wurde zur Regel. Verschwunden sind die in einem natürlichen Rhythmus auftretenden Perioden der stillen Reflexion und Erneuerung, deren Funktion es ist, unseren inneren Haushalt regelmäßig wieder in Ordnung zu bringen. Stattdessen wird das menschliche Bewusstsein mit immer mehr Reizen, Ablenkungen und Forderungen überschüttet, die immer größere Leistungen in der Außenwelt verlangen. Es wird uns zunehmend leichter gemacht, ja sogar von uns gefordert, die inneren Signale unserer ultradianen Heilreaktion zu vernachlässigen und nicht zu beachten.

Je weniger wir unsere natürlichen ultradianen Rhythmen beachten, umso weniger sind sie uns bewusst. Die meisten Menschen haben mittlerweile den Kontakt zu dem natürlichen Bedürfnis nach körperlicher Regeneration und nach Wiederherstellung des seelischen Gleichgewichts vollständig verloren, und das, obwohl die Evolution mehr als hundert Millionen Jahre gebraucht hat, um diese Zyklen geistig, körperlich und auch genetisch bei uns zu verankern.

Doch unser angeborenes Bedürfnis nach Erholung ist nicht einfach so verschwunden. Zunächst begann es sich in Form von Störungen zu äußern: Ein großer Teil der natürlichen Rhythmen wurde asynchron, wie Wissenschaftler das nennen. Es war von der Natur nicht vorgesehen, dass das Säugetier Mensch ständig mit einem hohen Pegel an Stresshormonen lebt. Eine Zeit lang können wir das wohl aushalten, aber wenn der Stress chronisch wird, fügen wir uns selbst Schaden zu. Stress nimmt uns Kraft und reduziert die Botenstoffe, die überall im Körper gespeichert sind. Stress überflutet den Körper mit Erschöpfungstoxinen, die zahlreiche Störungen auslösen.

Übersehen wir die ersten Hinweise, dass wir eine Pause machen sollten, beginnt ein solcher Stresszyklus. Wenn wir uns dann zwingen weiterzuarbeiten, glaubt der Körper, es gäbe einen wichtigen Grund dafür und hilft uns, indem er zusätzliche Stress-Botenstoffe aussendet und die Regenerationsphase aufschiebt. Wenn wir ständig die Forderung unserer Seele-Körper-Einheit nach einer Periode ultradianer Heilung missachten, akkumulieren sich Stress und Erschöpfung und wir fallen schließlich dem ultradianen Stresssyndrom zum Opfer.

Das ultradiane Stresssyndrom

Das ultradiane Stresssyndrom umfasst zahlreiche lebensbeeinträchtigende psychosomatische Symptome, die entstehen, weil wir ständig die ultradianen Hinweise ignorieren, eine Ruhepause einzulegen. Ultradianer Stress kann zu Gedächtnis- und Lernstörungen, zu Unfällen, Erschöpfungszuständen und selbstzerstörerischen Tendenzen führen. Er beeinträchtig die Leistungsfähigkeit, das Wohlbefinden und die persönlichen Beziehungen eines Menschen. Alle seine Symptome haben eine Ursache: Das natürliche Bedürfnis nach Regeneration wird vernachlässigt, was zu körperlicher und seelischer Erschöpfung führt. Doch auch wesentlich ernstere stressbedingte Störungen sind möglich, beispielsweise Herzkrankheiten, Schlaganfälle und eine Vielzahl von psychosomatischen Symptomen wie Kopfschmerzen, Rückenschmerzen, Bluthochdruck, Magengeschwüre, Asthma, Hautkrankheiten, Depressionen, Angstzustände, Schlaflosigkeit, Übergewicht und zwanghaftes Essverhalten, Abwehrschwäche und eine Anfälligkeit für Erkältungen, Grippe und alle möglichen anderen Infektionskrankheiten, die dem Betroffenen oft sehr gelegen kommen. Einige Fachleute glauben sogar, dass durch aufgestauten Stress entstandene Blockaden des Immunsystems bei Krebs und AIDS eine Rolle spielen.

Halten Sie sich wieder an die notwendigen Erholungspausen, funktionieren glücklicherweise auch wieder die Prozesse der Selbstregulation Ihrer Einheit von Körper und Seele. Die Produktion der lebenswichtigen Botenstoffe läuft erneut an und das optimale gesunde Gleichgewicht wird regeneriert. Geschieht dies, können sogar langwierige Störungen, die durch ultradianen Stress verursacht wurden, wieder geheilt werden.

Leiden Sie unter dem ultradianen Stresssyndrom?

Sich mit den Signalen und verschiedenen Stadien des ultradianen Stresssyndroms zu beschäftigen ist vor allem dann sinnvoll, wenn Sie nach Wegen und Möglichkeiten suchen, Stress zu vermeiden. Durch Beantwortung der folgenden zehn Fragen können Sie herausfinden, ob Sie unter dem ultradianen Stresssyndrom leiden:

1. Leiden Sie unter stressbedingten Gesundheitsproblemen, zum Beispiel Rückenschmerzen, Spannungskopfschmerzen, Magenerkrankungen oder Verdauungsstörungen, Hautkrankheiten, Asthma oder hohem Blutdruck?

2. Leiden Sie unter Anfällen von Depression und mangelndem Selbstvertrauen oder fühlen Sie sich tagsüber psychisch erschöpft?

3. Vergessen Sie, wenn Sie übermüdet sind, häufig Namen oder bestimmte Wörter oder kommt es häufig vor, dass Sie dann nicht mehr wissen, wo Sie etwas hingelegt haben?

4. Leiden Sie zu bestimmten Tageszeiten unter Stimmungsschwankungen, Reizbarkeit, Ungeduld, vorübergehender schlechter Laune, Nervosität oder sogar unter Weinkrämpfen?

5. Leiden Sie unter einer Essstörung, die Sie nicht unter Kontrolle bringen können? Neigen Sie dazu, am späten Nachmittag oder frühen Abend zu viel zu essen, oder naschen Sie den ganzen Tag über Süßigkeiten?

6. Sind Sie süchtig nach Alkohol, Zigaretten, Kaffee, Schokolade, Cola-Getränken oder anderen möglicherweise schädlichen Substanzen, mit denen Sie Ihre Stimmung verbessern oder sich beruhigen wollen?

7. Leiden Sie unter nervösen Angewohnheiten, wie zum Beispiel Nägelkauen und nervösen Zuckungen, oder ziehen Sie sich häufig an den Haaren oder lutschen an den Fingern?

8. Nehmen Sie Beziehungen zu anderen Menschen als stressig und konfliktträchtig wahr? Haben Sie häufig das Gefühl, dass Sie in Gesellschaft etwas nicht begreifen oder andere Menschen missverstehen?

9. Sind Sie ein sogenannter Unglücksrabe? Stoßen Sie sich an allem? Werfen Sie Gegenstände um oder vergießen Sie Ihr Getränk? Machen Sie bei Arbeiten, die akribische Feinarbeit verlangen, nach ein, zwei Stunden viele Fehler, auch wenn Sie sich vorher gut konzentrieren konnten?

10. Schlafen Sie in der Regel schlecht ein oder wachen Sie morgens auf und haben das Gefühl, nicht wirklich ausgeschlafen und erfrischt zu sein?

Wenn Sie eines dieser Symptome bei sich selbst erkennen, kann das mit den Auswirkungen des ultradianen Stresssyndroms zusammenhängen. Die Umwelt hat Sie so überfordert, dass Sie das Signal für eine ultradiane Heilperiode überhört haben. Ohne es zu merken, haben Sie zugelassen, dass die lebenswichtigen Rhythmen der Kommunikation zwischen Seele und Körper asynchron geworden sind, und dadurch haben Sie sich selbst die Chance zu einer natürlichen Regeneration und Heilung genommen.

Die vier Stadien des ultradianen Stresses

Nach meinen Erfahrungswerten als Therapeut entwickelt sich ultradianer Stress in vier Stadien. Einzelne Aspekte jedes dieser Stadien werden auch Sie aus persönlicher Erfahrung kennen. Doch selbst wenn Sie solche Anzeichen häufig gespürt haben, haben Sie wahrscheinlich nicht verstanden, was sie Ihnen signalisieren wollten.

Erstes Stadium: Mach-mal-Pause-Signale

Die Mach-mal-Pause-Signale sind die ersten Hinweise der Seele und des Körpers, dass Sie sich Zeit für eine innere Erneuerung nehmen und den Stresszyklus durchbrechen sollten, in den Sie durch Ihre Aktivitäten geraten sind. Ihr Körper hat seine Energiereserven und die vielen Botenstoffe, die Seele und Körper in einem Zustand harmonischen Gleichgewichts halten, weitgehend aufgebraucht. Wenn Ihre Einheit von Körper und Seele die ersten Mach-mal-Pause-Signale aussendet, um Ihnen mitzuteilen, dass die 20-minütige Ruhe- und Erholungsperiode des ultradianen Rhythmus beginnt, haben Sie immer noch die Möglichkeit, die krank machenden Effekte des ultradianen Stresssyndroms zu vermeiden. Aber Sie sind wahrscheinlich in diesem Augenblick gerade besonders aktiv und in Ihre Arbeit vertieft. Sie fühlen sich wohl, also machen Sie weiter. Und eine Zeit lang geht auch alles gut.

Dann wird das Signal stärker. Sie spüren plötzlich das Bedürfnis, sich zu recken und zu gähnen. Vielleicht knurrt auch Ihr Magen oder Sie möchten die Beine ausstrecken oder auf die Toilette gehen. Womöglich seufzen Sie einmal tief, machen einen kleinen Flüchtigkeitsfehler oder ertappen sich dabei, dass Sie ein und denselben Satz mehrmals lesen. Sie würden am liebsten eine Pause machen, sich bewegen, ein Glas Wasser trinken, eine Kleinigkeit essen oder rauchen. Sie haben den plötzlichen Drang, mit einem Freund zu reden. Sie fühlen sich zwar wohl, würden aber gern vorübergehend etwas kürzer treten. Wenn Sie auf die Uhr schauen, werden Sie feststellen, dass Sie vor ungefähr 90 bis 120 Minuten angefangen haben zu arbeiten.

Sie werden durch ein sanftes, aber dennoch deutliches Signal daran erinnert, dass Sie eine Pause machen müssen, damit Ihre Einheit von Körper und Seele sich von der Anspannung der Arbeit erholen kann.

Mach-mal-Pause-Signale

⇢ Das Gefühl, sich recken, umherlaufen oder eine Pause machen zu wollen
⇢ Gähnen oder seufzen
⇢ Sie stellen fest, dass Sie trödeln und nicht mehr in der Lage sind, zügig zu arbeiten.
⇢ Sie stellen fest, dass Ihr Körper verspannt und erschöpft ist.
⇢ Sie bekommen plötzlich Hunger.
⇢ Sie stellen fest, dass Sie urinieren müssen.
⇢ Sie fühlen sich irgendwie »daneben«; es fällt Ihnen schwer, sich zu konzentrieren, Sie schweifen immer wieder ab.
⇢ Sie sind deprimiert oder fühlen sich seelisch verletzlich.
⇢ Sie sind zerstreut und haben Tagträume, die möglicherweise sexueller Natur sind.
⇢ Sie haben leichte Gedächtnisstörungen. Sie vergessen Wörter, obwohl Sie das Gefühl haben, dass sie Ihnen »auf der Zunge liegen«.
⇢ Sie machen in der Rechtschreibung Flüchtigkeitsfehler, Tippfehler oder verrechnen sich.
⇢ Sie erleben einen krassen Leistungsabfall.

Wenn Sie auf diese Signale für eine notwendige Erholungspause eingehen, können Sie ultradianen Stress und Erschöpfung vermeiden und sich selbst (Ihrer Einheit von Körper und Seele) die Gelegenheit geben, die beiden Hirnhälften und das Nervensystem wieder ins Gleichgewicht zu bringen, Abfallstoffe aus dem Zellgewebe abzutransportieren und den Vorrat an Botenstoffen in allen Zellen wieder aufzufüllen. Psychologisch helfen Ihnen solche ultradianen Perioden, in denen Sie sich auf Ihr Innenleben konzentrieren, das bis jetzt Erlebte, Ereignisse und Gefühle zu einem sinnvollen Ganzen zusammenzufassen. Die ultradiane Heilreaktion bietet Ihrer Seele die Möglichkeit, sich zu reorganisieren, damit Sie Ihre Erlebnisse in einen sinnvollen Zusammenhang stellen und das, was um Sie herum geschieht, ordnen können und eine neue Sinnebene und ein neues Verständnis erreichen.

Wenn Sie Ihrer Seele diese Möglichkeit vorenthalten, können unerledigte Vorgänge in Ihr Unbewusstes gelangen und dort den Keim für seelische Störungen, Zwangsvorstellungen, Phobien und Angstzustände legen. Die Seele muss dann ihre Arbeit tun, ohne über ihre volle Kapazität verfügen zu können.

Gehen wir einmal davon aus, dass Sie, wie so viele von uns, sich zwanghaft mit der Aufgabe beschäftigen, die vor Ihnen liegt, und dass Sie einfach versuchen weiterzuarbeiten. Nehmen wir an, Ihr innerer Projektleiter ist sehr streng mit Ihnen: »Schau her, du hast eine sehr wichtige Arbeit vor dir, also hör auf herumzutrödeln; jetzt ist keine Zeit, sich auszuruhen!« Oder Ihre inneren Mach-mal-Pause-Signale werden Ihnen nicht einmal bewusst. Sie zucken die Achseln, recken sich einmal, schütteln den Kopf, als müssten Sie Spinnweben abschütteln, und zwingen sich weiterzuarbeiten.

Sie haben gerade Ihre erste Chance für eine Erholungspause verpasst. Sie haben die Möglichkeit der ultradianen Heilreaktion verpasst. Der heilende Augenblick geht ungenutzt vorüber, und das ultradiane Stresssyndrom nimmt seinen Lauf.

Obwohl sich bereits etwas verändert hat, geht zunächst alles weiter wie zuvor. Tief in den Falten Ihres Gehirns, in einer Region, die sich limbisch-hypothalamisches System nennt, haben Stress-Botenstoffe damit begonnen, Notsignale zu jedem Punkt Ihres Körpers und Ihrer Seele zu senden. Diese Signale erreichen sehr schnell alle Organsysteme Ihres Körpers und führen Sie in das zweite Stadium des ultradianen Stresssyndroms.

Zweites Stadium: »high« von den eigenen Hormonen

In der Natur gibt es selten etwas umsonst. Die natürlichen Rhythmen unserer Seele und unseres Körpers lassen sich leicht von wichtigen sozialen oder anderen Umweltreizen beeinflussen. Die ultradianen Rhythmen sind flexibel, damit wir uns an die Anforderungen der Außenwelt anpassen können. Doch diese Anpassung hat ihren Preis. Wir zahlen dafür mit einem Überschuss an Stresshormonen.

Solche Stressboten waren ursprünglich als wirksame, kurzfristige Lösung für eine unmittelbar lebensbedrohliche Situation gedacht. Wenn einer unserer Vorfahren von einem Raubtier bedroht wurde, führte das zu einer Überflutung mit Stress-Botenstoffen. Dadurch wurden die Reflexe seines Nervensystems beschleunigt, er geriet in erhöhte Alarmbereitschaft, die Sauerstoffversorgung seiner Muskeln verbesserte sich in Erwartung der Anstrengung, die Energievorräte in der Leber wurden freigesetzt, was die Muskeln auf Kampf oder Flucht vorbereitete. Stress-Botenstoffe versetzten den Körper in die Lage, alle Leistungsreserven zu aktivieren, um auf diese Weise in kurzzeitig gefährlichen Situationen bestehen zu können.

Doch was in jener Frühzeit des Menschen hilfreich war, kann heute schädlich sein. Heutzutage bedeutet Stress nicht mehr eine kurzzeitige Konfrontation auf Leben oder Tod. Unser Stress ist selten lebensbedrohlich, sondern eher chronisch. Er nagt an uns mit all den Irritationen, die unser geschäftiger Alltag so mit sich bringt. Das Klingeln des Telefons, der wütende Chef, der Berufsverkehr, die unbezahlten Rechnungen – all das ist nicht lebensbedrohlich. Doch da unser Körper das nicht weiß, schüttet er angesichts einer scheinbaren Notsituation Stress-Botenstoffe aus.

Wenn alle diese Stresshormone, vor allem Adrenalin, freigesetzt sind, spüren wir schon nach wenigen Minuten das, was wir »zweite Luft« nennen. Sie haben das Gefühl, neue Kraft zu haben, und begeben sich wieder an Ihre Arbeit. Wahrscheinlich sind Sie sogar stolz darauf, dass es Ihnen gelungen ist, die Müdigkeit abzuschütteln. Sie sind erfrischt und wach, Sie fühlen sich plötzlich wieder stark, kreativ und leistungsfähig. Sie sind hellwach und ganz bei der Sache. Sie fühlen sich wohl, Erschöpfung und Schmerzen sind durch eine Vielzahl von natürlichen Opiaten betäubt. Zu Letzteren zählt das Beta-Endorphin, ein Botenstoff, der dafür sorgt, dass Sie sich auch dann noch wohlfühlen, wenn Sie unter Stress stehen.

In diesem Fall spiegelt unsere Sprache das Erleben exakt wider, denn so etwas nennen wir »Energieschub«. Sie sind »high« von Ihren eigenen Hormonen. Ohne dass es Ihnen bewusst wird, erleben Sie bereits die schädliche Wirkung des ultradianen Stresssyndroms. Es kann sein, dass Sie sich noch eine Zeit lang wohlfühlen und glauben, Sie wären besonders leistungsfähig – in einem gewissen Sinn stimmt das ja auch. Sie haben sich selbst in einen Zustand gebracht, den man »high« nennt und der mitunter an einen Rausch oder sogar an eine Sucht erinnert.

In diesem zweiten Stadium treten folgende Symptome des ultradianen Stresssyndroms in Erscheinung: Beschleunigung, Hyperaktivität, manisches Verhalten, überhastete und durch übermäßigen Druck gekennzeichnete Interaktionen, Reizbarkeit, Ungeduld, Wutausbrüche und egozentrisches, narzisstisches Verhalten.

Wenn wir uns in einem derartigen Zustand befinden, wissen wir oft nicht mehr, wie und wann wir aufhören müssen. Wir haben womöglich das Gefühl, die Größten zu sein, während wir in Wirklichkeit einem Betrunkenen ähneln, der selbst nicht merkt, wie ausfallend sein Verhalten geworden ist. Andere Menschen merken, wie hastig, egozentrisch und ungeduldig wir geworden sind, aber wir selbst sind blind für unsere Symptome.

Wer hat noch nie einen hyperaktiven Workaholic erlebt: den zerstreuten Chef, der in einem Wirbel von Aktivität an uns vorbeisaust, der nicht merkt, dass er vollkommen unsinnige Forderungen stellt, während seine Assistenten einander verzweifelte Blicke zuwerfen? Bei Menschen, die von den eigenen Hormonen »high« sind, treten in der Regel Spannungen, Feindseligkeiten, Misstrauen, Groll und Ressentiments auf, und sie fühlen sich leicht in ihren Gefühlen verletzt. Wenn diese Symptome des ultradianen Stresssyndroms chronisch auftreten, kann dies unsere Beziehungen zu Arbeitskollegen, Freunden und zur eigenen Familie gravierend beeinträchtigen. Wenn Menschen sich auf Dauer an das faszinierende Gefühl gewöhnen, das ein solcher Hormonschub auslöst, können sie süchtig danach werden – darüber sind sich viele medizinische Experten einig. Arbeit unter großem Druck, die die Betroffenen »high« werden lässt, kann – ähnlich wie Erschöpfung und Depression – Menschen veranlassen, zu Drogen zu greifen. Möglicherweise greifen wir nur deshalb zu Drogen oder anderen schädlichen Substanzen, weil wir noch intensivere Gefühle erleben wollen als diejenigen, die unsere natürlichen Hormone uns vermitteln. Manche Menschen nehmen Zuflucht zu Kaffee, Alkohol, Zigaretten, Kokain oder anderen – teilweise auch rezeptpflichtigen – Drogen. Wenn ein Mensch solche Substanzen regelmäßig und im Übermaß konsumiert, können sie bei ihm das ultradiane Stresssyndrom verschlimmern und einen Teufelskreis in Gang setzen, in dessen Verlauf der Betreffende die Dosis des künstlichen Anregungsmittels immer weiter erhöhen muss. Man kann das Problem der Sucht in unserer Gesellschaft in mancher Hinsicht als eine Reaktion auf den überwältigenden Stress betrachten, der uns immer wieder zwingt, energetisch über unsere Verhältnisse zu leben – weil wir ständig die leisen, zarten Signale der Natur überhören und unser Bedürfnis nach einer ultradianen Erholungspause ignorieren.

Drittes Stadium: an der Schwelle der Funktionsstörung

Inzwischen braucht unser Körper dringender denn je eine Erholungsphase. Die winzigen Vorräte in vielen Zellen unseres Gehirns und des restlichen Körpers an wichtigen Botenstoffen wie Adrenalin sind fast erschöpft. In diesem Fall schreien unsere Körperzellen geradezu nach einer Pause, in der sie diese Vorräte auffüllen und sich wieder in einen Zustand des Gleichgewichts bringen können. Aber Sie denken gar nicht daran aufzuhören – Sie sind süchtig nach dem hormonellen Schub, und das Gefühl ist zu schön, als dass Sie bereit wären, jetzt schon Schluss zu machen. Sie sind von dem hohen Spiegel an Stresshormonen in Ihrem Blut und von der damit verbundenen Stimmungsveränderung so berauscht, dass Sie die immer stärker werdenden ultradianen Signale, die Ihnen mitteilen wollen, dass Ihr Körper dringend Ruhe braucht, nicht wahrnehmen. Sie werden durch die Beta-Endorphine, die Ihnen Glücksgefühle vermitteln, so betäubt, dass Sie Ihr Bedürfnis nach einer Periode der Ruhe und Erholung einfach ignorieren.

Dadurch haben Sie sich allerdings auf direkten Kollisionskurs mit den unabdingbaren Forderungen Ihrer Seele-Körper-Einheit gebracht: Sie befinden sich jetzt auf dem Weg zum ultradianen Stresssyndrom. Sie haben die natürliche 20-minütige Erholungsphase des ultradianen Rhythmus zerstört und stehen nun vor einem Kampf, aus dem Sie als Verlierer hervorgehen werden.

Sie haben Ihr Erholungsbedürfnis unterdrückt und das dritte Stadium erreicht. Ihr Gehirn, Ihr Körper und Ihr Nervensystem reagieren darauf mit Funktionsstörungen. Die hormonellen Botenstoffe, die Gedächtnis, Wahrnehmung und Leistung koordinieren, sind verbraucht. Ohne dass Sie es merken, geraten Sie in einen Stresszustand und entwickeln Funktionsstörungen. Dann beginnt das normalerweise gut funktionierende Seele-Körper-System Fehler zu machen, die ernste soziale und persönliche Konsequenzen haben können. Im dritten Stadium des ultradianen Stresssyndroms kommt es hauptsächlich zu fehlerhaften Beurteilungen und körperlichen Fehlleistungen, die mehr oder weniger folgenschwer sein können.

In dieser Phase der Funktionsstörungen scheint es, als hätten Sie Ihre normalen Fähigkeiten verloren – sei es Lesen, Schreiben, Denken oder sogar Sprechen. Ihre Sinneswahrnehmung, Sehen, Hören und Fühlen, ist stärker beeinträchtigt, als Ihnen bewusst ist. Ihre Reaktionsgeschwindigkeit ist unter den Durchschnitt gefallen, wodurch Sie bei der Arbeit und beim Sport Gefahr laufen, Unfälle zu produzieren. Ihr Gedächtnis lässt Sie in kläglichster und peinlichster Weise im Stich. Sie werden wütend auf sich selbst und haben keine Geduld mit anderen Menschen. Nichts klappt mehr. Zu den wissenschaftlich dokumentierten psychischen und geistigen Funktionsstörungen zählen:

⋯⟩ Neigung zu Unfällen, Ungeschicklichkeit; man verschüttet Getränke, stößt sich an allen möglichen Gegenständen

⋯⟩ Beurteilungsfehler und Fehlentscheidungen, die wider besseres Wissen getroffen werden,

⋯> wiederholte Rechtschreibfehler, Tippfehler, Rechenfehler,

⋯> schwere Gedächtnisstörungen, die dazu führen können, dass man vergisst, was man gerade sagen wollte oder was man gerade sucht,

⋯> Versprecher und falsche Wortwahl,

⋯> dem Betroffenen entgehen wichtige geschäftliche Zusammenhänge, und er versteht Witze und Wortspiele nicht mehr,

⋯> Anfälle von Ungeduld und Reizbarkeit,

⋯> Taktlosigkeiten und *Fauxpas* im zwischenmenschlichen Bereich.

Wahrscheinlich dachte der französische Psychiater Pierre Janet an diesen ultradianen Stresszustand, als er bemerkte, dass wir mehrmals am Tag unsere Fähigkeit zur Synthese verlieren – unsere Fähigkeit, auf effektive Weise mit der Realität umzugehen und unsere alltäglichen Pflichten ordentlich zu erledigen. Jeder von uns, der vorher die Signale für eine Erholungspause missachtet hat, hat schon einmal dieses dritte Stadium erreicht.

Erlebt man Tag für Tag regelmäßig einen solchen Zustand, mit derartigen Funktionsstörungen, kann das Gefühl der Inkompetenz chronisch werden, und schließlich betrachtet man sich als Versager. Wenn ein Mensch tief im ultradianen Stress gefangen ist, sind seine seelischen Reserven und Abwehrmechanismen schwach, denn es fehlt die Kraft, die notwendig wäre, sie aufrechtzuerhalten. Unsere Urteilsfähigkeit leidet, wir wissen nicht mehr genau, was wahr ist und was nicht, und es kann dann leicht passieren, dass wir von uns selbst das Schlechteste denken. Wir sagen uns dann womöglich kopfschüttelnd und voller Verachtung: »Nun schau dir dieses Durcheinander an! Ich bin tatsächlich völlig unfähig!« Wenn wir uns Tag für Tag dem ultradianen Stresssyndrom aussetzen, kann es zu derartigen negativen Selbsteinschätzungen kommen.

In einer solchen Phase sind Sie äußerst empfindlich und Ihr Unbewusstes kann dafür sorgen, dass Sie jedes nicht ganz gefüllte Glas nur noch als halb leer betrachten. Ihnen fehlt ganz einfach die seelische Energie, um die Lösung des Problems, mit dem Sie gerade konfrontiert sind, zu erkennen. Und wenn dieser Stresszustand anhält und die negativen Selbstgespräche chronisch werden, verlieren Sie Ihr Selbstwertgefühl und werden depressiv.

Vielleicht finden Sie sich in einer meiner Klientinnen wieder, einer erfolgreichen Architektin, die in ihrem Beruf sehr gefordert wurde und die deshalb ständig kurz vor schwerwiegenden Funktionsstörungen stand. Nach einem aufreibenden Arbeitstag nahm sie noch an Veranstaltungen teil, weil sie dort möglicherweise neue Kunden gewinnen konnte. Da sie immer tagsüber ihr Bedürfnis nach Ruhe und Erholung missachtete, hatte sich ihre Situation leider so weit zugespitzt, dass sie unter chronischem Stress litt. Die Folge war, dass ihre Reserven, sowohl die seelischen als auch die körperlichen, fast völlig aufgebraucht waren. In einer Therapiesitzung klagte sie, dass sie am

Ende eines anstrengenden Tages verschiedenen leitenden Angestellten einer bedeutenden Firma – einem potenziellen Kunden – vorgestellt worden war und sich zu ihrem Entsetzen schon wenige Augenblicke später nicht mehr an ihre Namen erinnern konnte. »Mein Gott, bin ich dämlich! Ich passe einfach nicht auf!«, sagte sie sich und musste feststellen, dass sich ihr Konkurrent offenbar alle Namen gemerkt hatte. Sie fühlte sich noch inkompetenter und beschimpfte sich selbst: »Ich kann mir einfach keine Namen merken!« Dadurch verspannte sie sich natürlich noch mehr, was dazu führte, dass sie sich in Zukunft Namen noch schlechter merken konnte.

In der urbanen Leistungsgesellschaft mit ihren harten Geschäftsmethoden und der großen Bedeutung sichtbaren Erfolgs werden Therapeuten und Unternehmensberater ständig mit diesem Paradox konfrontiert. Menschen, die außerordentlich leistungsmotiviert sind – dazu zählen u.a. Manager, Führungskräfte, Journalisten, Rechtsanwälte, Ärzte und Ingenieure – alle sogenannte »Leistungsträger«, haben oft ein geringes Selbstbewusstsein und halten sich für Versager. Das sind genau die Menschen, die sich ständig selbst in die Funktionsstörungen des ultradianen Stresssyndroms hineintreiben. Versagen sie dann zwangsläufig bei einer Aufgabe, weil sie körperliche und geistige Bedürfnisse nach Ruhe und Erholung missachtet haben, ist das für sie ein Beweis für ihre Schwäche oder Faulheit und zeigt ihnen, dass sie eben im entscheidenden Moment versagen. Das erklärt womöglich auch, warum so viele Menschen, die in ihrem Beruf ein hohes Ansehen genießen, Störungen entwickeln und depressiv werden oder mitunter sogar selbstmordgefährdet sind.

Viertes Stadium: der Körper rebelliert

Leider kommen nicht alle Menschen zur Besinnung, bevor solche Funktionsstörungen auftreten. Manche missachten die Forderungen ihrer Seele-Körper-Einheit nach Ruhe und einer Erholungspause und überfordern sich immer weiter, weil sie glauben, dass die Umwelt das von ihnen erwartet. Diese unglücklichen Menschen treten in das letzte, äußerst destruktive Stadium des ultradianen Stresssyndroms ein, in dem der Körper zu rebellieren beginnt. Menschen, die sich ständig über ihre ultradianen Rhythmen hinwegsetzen, indem sie ihr natürliches Bedürfnis nach regelmäßigen Ruheperioden ignorieren, obwohl sie die eindeutigen Signale der Funktionsstörungen des dritten Stadiums erlebt haben, entwickeln zwangsläufig psychosomatische Erkrankungen.

Wenn wir das Bedürfnis nach einer natürlichen, ultradianen Heilung nicht beachten, kann unsere Einheit von Körper und Seele die normalen Abnutzungs- und Verschleißerscheinungen nicht ausgleichen und baut ganz einfach ab. Eine derartige Vernachlässigung hat fatale Folgen mit kumulativem Charakter und kann zu zahlreichen ernsten Symptomen und Krankheiten führen.

Die Symptome werden durch die kumulative Wirkung des chronisch hohen Pegels an Stress-Botenstoffen verursacht. Hans Selye, ein kanadischer Neurophysiologe und Pionier der Stressforschung, hat nachgewiesen, dass ein abnorm hohes Maß an Stress zu seelischen und körperlichen Schäden führt. Heute wissen wir, dass ein Überschuss an Stresshormonen die für das Gedächtnis und das Lernen zuständigen Gehirnzellen zerstören kann. Auch psychosomatische Störungen wie Magengeschwüre, Kopfschmerzen, Rückenschmerzen, Muskelschmerzen, Herzkrankheiten, Erkrankungen der Atemwege wie Bronchitis und Asthma werden mit einem Übermaß an Stress in Verbindung gebracht. Stress blockiert darüber hinaus das Immunsystem, sodass wir für eine Vielzahl von Infektionen anfällig werden, z.B. für Erkältungen und Grippe. Aber auch für lebensbedrohliche Krankheiten wie Krebs haben wir u.U. nicht mehr genügend Abwehrkräfte.

Erst in den letzten Jahren wurde das ultradiane Teilstück dieses Stresspuzzles gefunden. Unterdrücken wir alle anderthalb Stunden unser natürliches Bedürfnis nach ultradianer Erholung, schaffen wir eine der entscheidenden Ursachen für chronischen Stress. Das ultradiane Stresssyndrom kann sogar zu körperlichen und seelischen Symptomen führen, wenn wir permanent unseren natürlichen, elementaren Zyklus von Aktivität und Ruhe unterbrechen. Dr. Stanley Friedman vom Institut für Psychiatrie an der Mount Sinai Hospital School of Medicine der City University of New York zeigte, dass bei einer psychosomatischen Erkrankung die geheimnisvolle Brücke zwischen Seele und Körper eine Rolle spielt. Daraus lässt sich ableiten, dass ultradiane Ruhe und Erholung zur Besserung oder vollständigen Heilung psychosomatischer Störungen, die mit Stress zusammenhängen, führen können.

Es tauchen ständig neue Beweise für die Hypothese auf, dass alle unsere Seele-Körper-Systeme der Selbstregulierung durch eine ständige Missachtung der ultradianen Rhythmen und unseres Bedürfnisses nach regelmäßigen ultradianen Pausen ernsthaft beeinträchtigt werden können. Das vierte Stadium des ultradianen Stresssyndroms führt in vier Bereichen zu ernsthaften Störungen.

Schlafstörungen: Menschen, die sich chronisch in diesem vierten Stadium befinden – vor allem solche, deren Arbeitsrhythmus sich ständig verändert und die deshalb ständig zu anderen Zeiten schlafen und wach sein müssen –, stören ihre zirkadianen und ultradianen Rhythmen ganz erheblich. Schichtarbeiter und Schichtarbeiterinnen machen nachweislich mehr Fehler und leiden in höherem Maß unter Bluthochdruck, Magenkrankheiten, Atemnot, Menstruationsstörungen und seelischen Störungen. Eine Untersuchung einer Gruppe von Schiffsmaschinisten mit Bereitschaftsdienst, die jederzeit damit rechnen mussten, aus dem Schlaf geweckt zu werden, zeigte auch dann signifikante Störungen der Hirnstromwellen, des EKGs und der Schlafqualität, wenn die Testpersonen nicht aufgeweckt worden waren. Die Autoren der Studie schlossen daraus, dass die Schlafstörungen »auf die Spannungen und das ungute Gefühl, womöglich von einem Alarm aus dem Schlaf gerissen zu werden, zurückzuführen sind«.

Diese Ergebnisse haben für Ärzte, Krankenschwestern, Pfleger, Polizisten, Feuerwehrleute, Geschäftsleute und Boten, die ständig durch ihren Piepser kontrolliert werden, eine große Bedeutung. Bereitschaftsdienst verursacht Stress. Angemessene ultradiane Erholungsperioden, in denen man nicht auf Abruf bereit sein muss, sind für Gesundheit und Wohlbefinden unerlässlich.

Magen-Darm-Störungen: Seit den ersten Untersuchungsergebnissen, dass sich der Magen in einem 90- bis 120-minütigen Rhythmus kontrahiert, wurden viele Belege für einen Zusammenhang zwischen diesen ultradianen Rhythmen und emotionalen und psychosomatischen Störungen gefunden. Das flaue Gefühl im Magen ist oft das erste Anzeichen dafür, dass wir Angst haben, uns verkrampfen und seelisch stark engagiert sind. Diese Reaktion des Magens ist ein frühes Warnzeichen, das den Beginn des ultradianen Stresssyndroms ankündigt. Magen-Darm-Störungen gehören deshalb auch zu den Problemen, die von Schichtarbeitern und Menschen, die unter dem sogenannten *Jetlag* leiden, am häufigsten genannt werden.

In jüngster Zeit hat man Zusammenhänge zwischen einer Vielzahl von hormonellen Botenstoffen, die in ultradianen Rhythmen ausgeschüttet werden, und Essstörungen wie *Anorexia nervosa* (Magersucht), *Bulimie* (Esssucht) und Fettleibigkeit beobachtet. So wurde zum Beispiel festgestellt, dass die Fähigkeit des Wachstumshormone freisetzenden Hormons (GHRH), tatsächlich solche Hormone freizusetzen, sowohl von der Tageszeit als auch vom Hunger der betreffenden Person abhängig ist.

Normalgewichtige Frauen reagieren anders als fettleibige oder magersüchtige: Ihre Nahrungsaufnahme hat eine angemessene Hemmwirkung auf die Ausschüttung des Wachstumshormons durch das GHRH; bei fettleibigen oder magersüchtigen Frauen ist dies hingegen nicht der Fall.

Die ultradianen Zusammenhänge zwischen dem Fasten und der Freisetzung des Wachstumshormons sind kürzlich sowohl bei Männern als auch bei Frauen nachgewiesen worden. Es sind jedoch noch weitere Untersuchungen erforderlich, um herauszufinden, in welchem Maße ein regelmäßiges Essverhalten im Einklang mit unseren natürlichen Magenrhythmen Verdauungs- und Essstörungen zu beseitigen vermag. Doch auch ohne solche Untersuchungen ist offensichtlich, dass wir unser Wohlbefinden steigern können, wenn wir uns an ultradianen Bedürfnissen nach Nahrung orientieren, zur richtigen Tageszeit essen und dabei auch auf die angemessene Menge achten. Im 7. Kapitel wird im Einzelnen ausgeführt, wie man mithilfe der ultradianen Heilreaktion das Gewicht kontrollieren und die Essgewohnheiten positiv verändern kann.

Herz-Rhythmusstörungen: Lang andauernder ultradianer Stress kann zu Störungen der Herztätigkeit führen. Das haben Untersuchungen an der University of Oklahoma und am Walter Reed Army Institute of Research ergeben. Die Wissenschaftler berichten, dass »der stabile ultradiane Herzrhythmus das erste ist, was in einer Stresssituation gestört wird«. Wenn der Stress andauert, versucht der Ryhthmus sich wieder zu normalisieren, bleibt aber unregelmäßig und weist Ausschläge auf, die größer als normal sind.

Niedrigere Lebenserwartung: Die Vernachlässigung unseres periodisch auftretenden Bedürfnisses nach ultradianer Ruhe und Erholung kann lang anhaltende, ernste Auswirkungen haben. Forscher an der medizinischen Fakultät der University of Minnesota haben eine Gruppe von Mäusen einem ständig wechselnden Hell-Dunkel-Rhythmus ausgesetzt, um so deren innere zirkadiane und ultradiane Rhythmen aus dem Gleichgewicht zu bringen. Die Lebenserwartung der Tiere verkürzte sich dadurch um 6 %.

Auf menschliche Verhältnisse übertragen wären das viereinhalb Jahre. Dr. Franz Halberg wies darauf hin, dass beispielsweise Piloten und Flugbegleiter, die Langstrecken fliegen und deren innere Rhythmen dadurch ständig aus dem Gleichgewicht gebracht werden, tatsächlich schneller altern.

All diese Untersuchungsergebnisse und Belege machen eines klar: Es ist gefährlich, die ultradianen Signale zu missachten.

Wie man den Teufelskreis des ultradianen Stresssyndroms durchbricht

Nachdem Sie jetzt das ultradiane Stresssyndrom und seine bekanntesten Symptome kennengelernt haben, können wir uns der Problemlösung zuwenden. Statt die ultradianen Signale zu ignorieren, müssen wir lernen, unsere angeborenen Aktivität-Ruhe-Rhythmen als das zu akzeptieren, was sie tatsächlich sind: ein wunderbares Geschenk der Natur, die Leistungsforderungen der Außenwelt mit unserem inneren Bedürfnis nach Erholung, Heilung und Selbsterneuerung in Einklang zu bringen. Beachten wir das erste Mach-mal-Pause-Signal, können wir die zerstörerischen Aspekte des ultradianen Stresssyndroms vermeiden.

Im nächsten Kapitel soll gezeigt werden, wie man den Teufelskreis des ultradianen Stresssyndroms durchbrechen und sich die ultradiane Heilreaktion zunutze machen kann.

4 Die 20-Minuten-Pause – die ultradiane Heilreaktion

Untersuchungen der Biorhythmen und des menschlichen Bewusstseins lassen den Schluss zu, dass man im Interesse einer Steigerung der eigenen Bewusstheit den natürlichen Veränderungen des Körpers mehr Aufmerksamkeit schenken und sie in harmonischer Weise mit der Umwelt in Einklang bringen sollte.
Dr. Roger Broughton

Die ultradiane Heilreaktion ist die naturgegebene Lösung unserer Seele-Körper-Einheit für alle Probleme des ultradianen Stresssyndroms. Ganz gleich, wie sehr Sie Ihre ultradianen Rhythmen in der Vergangenheit missachtet haben oder wie viel Stress Sie aufgebaut haben: Jetzt haben Sie die Möglichkeit, die Situation schon binnen der nächsten 90 bis 120 Minuten zu verbessern. Hören Sie einfach ab sofort auf die Signale der Natur, die Ihnen den Weg zur Heilung und Wiederherstellung des Gleichgewichts weisen. Sie können lernen, Ihren Körper und Ihre Seele wieder eins werden zu lassen und in sich persönliche, schöpferische und heilende Potenziale entdecken, von denen Sie bislang nichts geahnt haben.

Die ultradiane Heilreaktion

Ähnlich wie für das ultradiane Stresssyndrom lassen sich auch für die ultradiane Heilreaktion vier Stadien ausmachen, die allerdings eher als lockere Leitlinie zu betrachten sind. Zuerst wollen wir uns anschauen, was in jedem einzelnen dieser Stadien geschieht und welche Gefühle damit verbunden sind. Danach gibt es sogenannte »ultradiane Tipps« – Vorschläge, wie Sie Seele und Körper schneller heilen können. Anschließend werden wir uns mit einigen der weitreichenderen Vorteile der ultradianen Heilreaktion für die Leistungsfähigkeit, die Kreativität und das Bewusstsein beschäftigen.

Erstes Stadium: Erkennungszeichen

Die ultradiane Heilreaktion beginnt mit den gleichen Mach-mal-Pause-Signalen, die das erste Stadium des ultradianen Stresssyndroms kennzeichnen. Dann entscheidet sich, ob es zu einer Heilreaktion oder zum Stress kommt. Haben Sie bislang diese frühen Warnungen ignoriert, erkennen Sie sie jetzt als das, was sie wirklich sind: die ersten leisen, zarten Andeutungen Ihrer Seele-Körper-Einheit, die Ihnen sagen wollen, dass Sie eine Pause machen und sich in den Genuss der erholsamen ultradianen Heilreaktion bringen sollten. Lernen Sie, diese Zeichen als Hinweise zu deuten, dass Sie sich heilen und regenerieren sollen. Sie dürfen sie nicht als ein Zeichen der Schwäche, der Unzulänglichkeit oder des Versagens betrachten. Wenn Sie die Signale in diesem positiven Licht sehen, werden Sie sie mit einem Gefühl des Wohlbehagens begrüßen.

Es folgt nun eine Liste der Signale, von denen jedes einzelne eine positive, lebenswichtige und natürliche Botschaft der Einheit von Körper und Seele darstellt.

Erkennungssignale

⤳ Sie möchten sich recken oder Ihre Muskeln entspannen.
⤳ Sie gähnen oder seufzen behaglich.
⤳ Sie bemerken, wie Ihr Körper ruhig wird und sich entspannt.
⤳ Sie haben Appetit auf einen kleinen Imbiss oder das leichte Bedürfnis zu urinieren.
⤳ Ihnen fallen angenehme Dinge ein und Sie denken an glückliche Zeiten.
⤳ Sie haben ein Gefühl der Dankbarkeit, horchen in sich hinein und vertrauen darauf, dass Sie Ihre Arbeit gut gemacht haben.
⤳ Sie fühlen sich wohl und sind zufrieden.
⤳ Sie haben angenehme Fantasien und/oder fühlen sich sexuell leicht erregt.
⤳ Sie stellen fest, dass Ihr Arbeitstempo langsamer wird und Sie Zugang zu Ihrem inneren Heilungsprozess gewinnen.

Wenn Sie diese Signale erkennen und sofort darauf reagieren, können Sie sie als Einladung zu einer erholsamen, entspannenden inneren Erneuerung betrachten. Sie brauchen nichts Besonderes zu tun. Ohne jede Anstrengung gleiten Sie von selbst in die ultradiane Heilreaktion hinein. Denken Sie immer daran: Solange Sie nicht versuchen, das Ganze bewusst zu umgehen, handelt es sich um ein natürliches Phänomen, zu dem Ihre Seele-Körper-Einheit unmittelbaren Zugang hat.

Ultradianer Tipp

Sobald Sie eines dieser Mach-mal-Pause-Signale des ersten Stadiums bemerken, begrüßen Sie es von nun an als Anzeichen für die ultradiane Heilreaktion. Entspannen Sie sich und lassen Sie sich in den natürlichen Zustand der Heilung von Seele und Körper gleiten, der sich in den nächsten 20 Minuten ohne bewusste Anstrengung einstellen wird.

Selbst wenn wir sehr erfahren sind und uns gut auf unsere Seele-Körper-Signale einstellen können, dauert es doch eine gewisse Zeit, bis wir das Stadium erreicht haben, in dem wir diese Signale wirklich erkennen können. Weil unser Verstand versucht, körperliche und seelische Ablenkungen auszublenden, um sich besser auf seine Aufgaben konzentrieren zu können, benötigt unser Bewusstsein schon einige Minuten, um diese subtilen Signale zu erkennen.

Ein Mensch, der sich seiner ultradianen Rhythmen bewusst ist, fragt sich in dieser anfänglichen Phase: »Wollen mir diese Signale sagen, dass ich eine Pause machen soll?« Die Antwort lautet in der Regel: »Ja«. Ihr Unbewusstes lässt in diesem Stadium eine solche Frage oft wie einen Versuchsballon in Ihr waches Bewusstsein steigen. Allein der Umstand, dass eine solche Frage auftaucht, lässt darauf schließen, dass sich das Gleichgewicht zwischen Bewusstsein und Unbewussten leicht zugunsten der natürlichen ultradianen Heilreaktion verschoben hat. Wenn Sie eine möglichst ruhige Umgebung aufsuchen, in der Sie nicht gestört werden, können Sie den Beginn der ultradianen Heilreaktion unterstützen. Der Mangel an Außenreizen fördert die natürliche Tendenz der Seele und des Körpers, sich nach innen zu wenden. Im Idealfall haben Sie vielleicht einen ruhigen Platz, wo Sie sich hinlegen können, sonst schließen Sie einfach die Tür Ihres Büros und entspannen sich in einem bequemen Sessel. Auch ein kurzer Spaziergang im Park oder an einem anderen ruhigen Ort kann Ihnen helfen, sich zu entspannen. Das Ziel sollte sein, die klingelnden Telefone, die lauten Gespräche und all die anderen belastenden Forderungen eines typischen Arbeitsalltags so gut wie möglich auszuschalten.

Das Telefon kann warten und die Arbeit ist auch noch da, wenn Sie zurückkommen. Sie brauchen diese ultradiane Erholungsperiode jetzt, um sich zu entspannen, zu heilen und innerlich zu regenerieren. Ihre Seele-Körper-Einheit möchte ihren inneren Haushalt in Ordnung bringen, um die Stoffwechselprozesse, die die Erneuerung und Erholung begleiten, zu optimieren und die Botenstoffdepots und Energiespeicher wieder aufzufüllen.

Lernen Sie, den Botschaften Ihrer Seele-Körper-Einheit zu vertrauen. Kritiker von Selbsthilfe-Therapiemethoden und -Lebensphilosophien halten diese für narzisstisch und egozentrisch. Wenn man jedoch bewusst eine 20-minütige Pause einlegt, um der ultradianen Heilreaktion eine Chance zu geben, den Stress, unter dem Seele und Körper leiden mussten, zu heilen, handelt man nicht aus Eitelkeit oder Egoismus. Ein solches Verhalten ist natürlich und lebenswichtig, wenn man seelisch und körperlich fit bleiben will. Die Natur hat diesen Grundzyklus von Aktivität und Ruhe entwickelt, um uns zu bremsen, damit wir Zeit haben, uns um uns selbst zu kümmern. Kulturell geprägte Vorurteile, dass es schlecht sei, sich selbst etwas Gutes zu tun, sind ein Grund dafür, dass wir unsere ultradianen Rhythmen oft ignorieren. Bedauerlicherweise sind die meisten von uns so programmiert, dass sie eine negative Einstellung gegen Ruhepausen und einige Momente der Entspannung haben. Wir neigen dazu, die normalen Signale unseres Körpers, mit denen er uns sagen will, dass er in die ultradiane Heilreaktion eintritt, als Zeichen von Schwäche und Nachgiebigkeit uns selbst gegenüber zu deuten. Schon die Worte *Erschöpfung und Ruhen* haben eine abwertende Färbung; sie suggerieren einen unerwünschten Zustand. Versuchen Sie das einmal anders zu sehen: Wenn wir dem Ruf unserer ultradianen Rhythmen gehorchen, begeben wir uns in einen Zustand der inneren Erneuerung, Erholung, Restauration, Revitalisierung und Regeneration – alles Begriffe, die eine positive Bedeutung haben und einen natürlichen Heilungsrhythmus bezeichnen, der der Quelle des Lebens selbst entspringt und in unseren Genen kodiert ist.

Ultradianer Tipp

Machen Sie sich keine Selbstvorwürfe und glauben Sie nicht, Sie seien schwach, nur weil Sie eine Ruhepause benötigen. Verwandeln Sie diese negative Selbstbewertung in einen positiven, natürlichen Heilungsprozess. Reden Sie sich selbst gut zu, sagen Sie sich: »Ich trete jetzt in meine natürliche ultradiane Heilreaktion ein. Ich lehne mich zurück, stimme mich ein und lasse der Natur ihren Lauf, damit sie mich in meinem tiefsten Inneren heilen und revitalisieren kann. Meine Seele-Körper-Einheit hat mir in den letzten Stunden sehr dabei geholfen, meine Alltagsaufgaben zu lösen, dass ich ihr zum Dank den Gefallen tue und mir selbst die innere Heilung und Erholung gönne, die ich jetzt brauche.«

Dass wir den Ruf unserer ultradianen Rhythmen so oft überhören, hängt auch damit zusammen, dass wir die Veränderungen, die sie auslösen, nicht einmal dann bemerken, wenn sie stattfinden. In der 20-minütigen Phase der Ruhe und Erholung begeben wir uns in einen Zustand der Verinnerlichung, in dem wir nichts mehr wahrnehmen. Diese Tatsache stellte eine Forschungsgruppe, die ein gemeinsames Projekt der Veteran's Administration und der University of California durchführte, vor ein Rätsel: Die Untersuchten schienen die ultradianen Veränderungen selbst dann nicht zu bemerken, wenn diese ziemlich auffällig waren. »Die Versuchspersonen nahmen nicht eine einzige der rhythmischen Veränderungen in sich wahr, selbst dann nicht, wenn sie ihre eigenen Zyklen protokollierten. Es ist nicht klar, wie derart tief greifende Veränderungen des Erlebens wache Versuchspersonen beeinflussen können, ohne dass ein introspektives Erkennen stattfindet«, heißt es in dem Bericht.

Da die Signale der ultradianen Heilreaktion so subtil sind, dass sie sich leicht an die veränderten Umweltbedingungen anpassen können, werden sie oft von den stärkeren Reizen der Außenwelt übertönt. Je mehr man jedoch auf sie achtet, umso besser wird man sie mit der Zeit erkennen und auf sie reagieren können.

Ultradianer Tipp

Manche Menschen benötigen Tage, andere wieder Wochen, bevor sie ihre ultradiane Heilreaktion erkennen und sich auf diese einstellen können. Jeder von uns hat sein persönliches Tempo, es gibt in dieser Hinsicht keine absoluten Werte. Man sollte sich dabei nie nach der Uhr oder dem Kalender, sondern nur nach seinem Gefühl und der eigenen Erfahrung richten.

Zweites Stadium: Zugang zu einer tieferen Atmung

Wenn Sie gelernt haben, auf das erste Erkennungssignal zu reagieren und Sie sich Zeit für die ultradiane Heilreaktion nehmen, werden Sie sehr bald feststellen, dass sich Ihre Atmung verändert. Spontan, natürlich und unwillkürlich atmen Sie ein- oder zweimal tief durch, seufzen genüsslich oder gähnen. Dabei wird das rhythmische Heben und Senken Ihres Brustkorbs flacher und beruhigt sich langsam. Das zeigt Ihnen, dass Sie die zweite Stufe der ultradianen Heilreaktion erreicht haben, den Zugang zu einer tieferen Atmung.

Diese Veränderung der Atmung kündigt an, dass sich das sympathische Nervensystem, das Erregung und Aktivität steuert, etwas zurückzieht und das parasympathische Nervensystem, das für Entspannung und Heilung zuständig ist, die Kontrolle übernimmt. Eine langsamere, tiefere Atmung bringt Ihren Körper in einen entspannten Zustand. Die gleiche Veränderung der Atmung findet auch dann statt, wenn sich Ihre Seele-Körper-Einheit abends auf den Schlaf vorbereitet.

Es ist kein Zufall, dass Hypnotherapeuten wie Milton Erickson schon seit langer Zeit die tiefe Atmung zur Unterstützung in die Induktion der therapeutischen Trance einbezogen haben. Sie sagen ihren Patienten zum Beispiel: »Sie werden jetzt tief durchatmen, die Augen schließen und in einen hypnotischen Zustand gelangen.« In diesem Sinne fördert die therapeutische Hypnose die natürliche Tendenz in uns, entspannter zu atmen, um einen Zugang zu den tieferen Ebenen unserer natürlichen ultradianen Heilreaktion zu finden.

Ultradianer Tipp

Wenn Sie spüren, dass Sie in die ultradiane Heilreaktion eintreten, dann achten Sie nur auf Ihre Atmung und darauf, wo in Ihrem Körper das Gefühl des Wohlbehagens am stärksten spürbar ist. Dieses wohltuende Gefühl können Sie dann auf Ihren ganzen Körper ausweiten. Genießen Sie einfach jenes beruhigende Gefühl, durch das Sie Zugang zu Ihrer natürlichen ultradianen Heilreaktion bekommen.

Biologen nennen diese Abstimmung der natürlichen Rhythmen der Seele und des Körpers *entrainment*. Dazu bedarf es jedoch keiner äußeren Suggestion. Wir können lernen uns selbst zu helfen, indem wir die ultradiane Heilreaktion erkennen und geschehen lassen. In dieser Phase der ultradianen Heilreaktion brauchen Sie nichts zu tun. Jeder natürliche, ruhige Atemzug hilft Ihnen, in die nächste Phase der ultradianen Heilung zu gelangen, in der sich die inneren Türen Ihrer Seele-Körper-Einheit öffnen.

Lernen Sie, diese über den ganzen Tag ablaufenden wohltuenden Heilungsperioden zu begrüßen und zu genießen, denn es sind Augenblicke, in denen Sie weder denken noch reagieren, weder sich verteidigen noch darauf achten müssen, die Kontrolle nicht zu verlieren. Ihr gesteigertes Wohlbefinden ist ein Signal der Natur, dass viele Arten von Botenstoffen (wie zum Beispiel die Endorphine) durch Ihre Einheit von Körper und Seele strömen, Ihre Heilung fördern und für Ihr Wohlbefinden sorgen.

Drittes Stadium: Seele-Körper-Heilung

In diesem Stadium erreichen Sie das Herz der ultradianen Heilreaktion, die Stelle, an der die tief greifendsten seelisch-körperlichen Heilungsprozesse ablaufen. Lassen Sie sich gehen, entspannen Sie sich, genießen Sie einfach das angenehme Gefühl und überlassen Sie Ihrer Einheit von Körper und Seele die Heilung und Erneuerung. Sie werden feststellen, dass sich Ihr Wohlbefinden auf eine ganz natürliche Weise steigert, so wie es vor dem Einschlafen der Fall ist, wenn Sie sich hinlegen, um ein Nickerchen zu machen. Sie brauchen sich nicht bewusst anzustrengen, genießen Sie einfach das schöne Gefühl, das die ultradiane Heilreaktion in Ihnen auslöst, und überlassen Sie alles Weitere den natürlichen Rhythmen Ihrer inneren Seele-Körper-Einheit.

Jeder von uns erlebt diese dritte Stufe auf eine andere Weise. Analytische, logische Menschen neigen von Natur aus dazu, sich mit Erinnerungen, Gedanken und unerledigten Dingen zu beschäftigen. Künstlerische, intuitive Typen, bei denen die rechte Hirnhälfte dominiert, haben eher Gefühlserlebnisse und bildhafte Vorstellungen. Manche erleben ein Kaleidoskop an visuellen Fantasien, die in ihrer Intensität an Traumbilder erinnern, oder sie glauben, in einem beruhigenden Vakuum ohne Gefühle, Gedanken oder Sinneseindrücke zu schweben. Beim Erleben des dritten Stadiums kann man nichts richtig oder falsch machen. Es geht nicht darum, ein bestimmtes Ziel zu erreichen. Sie sollten sich einfach dem angenehmen Gefühl hingeben und Ihrer Einheit von Körper und Seele die Kontrolle überlassen, damit sie das tun kann, was im Interesse Ihrer Regeneration und Revitalisierung getan werden muss.

Das wichtigste Merkmal dieses dritten Stadiums (Vergleichbares findet sich in vielen esoterischen Praktiken) besteht darin, dass Sie nichts tun: Sie lassen Ihre Einheit von Körper und Seele die Arbeit auf ihre Art und Weise tun und beobachten bestenfalls ruhig und objektiv, welche Veränderungen stattfinden, ohne sich einzumischen oder in irgendeiner Weise auf sie zu reagieren. Dieser innere Zustand der objektiven Beobachtung und die daraus gewonnenen Einsichten führen bei vielen Menschen dazu, dass sie ein Gefühl für ihre eigene innere Wahrheit bekommen.

Ultradianer Tipp

Menschen, die geistig besonders aktiv sind, lassen sich bei ihrer ersten Begegnung mit der ultradianen Heilreaktion von Gedanken und Sorgen wegen irgendwelcher unerledigter Arbeiten ablenken. Das ist jedoch kein großes Problem. Wenn so etwas geschieht, gestatten Sie sich ganz einfach, das wahrzunehmen, was geistig in Ihnen vorgeht, und machen Sie sich mit den Gedanken, die Sie bedrücken, vertraut. Nehmen Sie dann diesen Gedanken gegenüber eine distanzierte, beobachtende Einstellung ein. So können Sie sich etwas von ihnen lösen und werden sich anschließend ganz wie von selbst wohler fühlen. Wenn Sie nach etwa 20 Minuten erfrischt wach werden, werden Sie überrascht sein, dass Sie vergessen haben, wie diese Verschiebung vom geschäftigen Geist zum inneren Wohlbefinden stattgefunden hat. Das ist ein sicheres Zeichen dafür, dass Sie erfolgreich waren und einen Zugang zu dem heilenden Zauber gefunden haben, der darin besteht, nichts zu tun.

In der Phase der ultradianen Heilreaktion, in der unser aktiver, bewusster Geist sich zurückzieht, wird die eigentliche Arbeit ganz automatisch auf einer tieferen Ebene geleistet. Während dieser ruhigen, aber zutiefst heilenden Minuten sorgt die Einheit von Körper und Seele dafür, dass ihre vielen Rhythmen und Systeme wieder synchron laufen. Oxidations-Abfallprodukte und freie Radikale, die sich in den Leistungs- und Stressperioden angesammelt haben, werden aus den Zellen entfernt. Die Speicher der Botenstoffe, die für die Kommunikation zwischen Seele und Körper so lebenswichtig sind, werden wieder aufgefüllt und die Energiereserven ergänzt.

Auf der psychischen Ebene versucht Ihr Verstand, die Erlebnisse des Tages zu verarbeiten und einzuordnen. Alte Erfahrungen, Gefühle und Ereignisse werden zu einem übersichtlichen, stressfreien Ganzen zusammengefasst, wodurch eine neue Ebene der Sinnfindung und des Verständnisses erreicht wird. Das gelingt dann am besten, wenn Sie sich entspannen und nichts Anstrengendes tun.

Diese Phase Ihres ultradianen Rhythmus ist ein in der Tiefe verborgenes Fenster, durch das Sie einen Zugang zu Ihrer schöpferischen und regenerativen Fähigkeit, dem Wesenskern der ultradianen Heilreaktion, finden können. In der Regel dauert das etwa 20 Minuten, kann aber von Mensch zu Mensch – oder auch bei ein und derselben Person zu verschiedenen Zeiten – unterschiedlich lang dauern. Vertrauen Sie ganz auf den natürlichen Verlauf.

Wenn die Sinne Ihrer Seele-Körper-Einheit sich wieder völlig erholt haben und sich den Aktivitäten und dem Stress des Lebens wieder stellen können, werden Sie feststellen, dass Sie ganz leicht und mühelos das letzte Stadium der ultradianen Heilung erreichen: Sie wachen innerlich erneuert und erfrischt auf.

Viertes Stadium: innere Erneuerung und Aufwachen

Wenn Sie das vierte Stadium, das Stadium der inneren Erneuerung, erreichen, neh-men Sie wieder Kontakt mit dem normalen Wachzustand Ihres Geistes auf: Sie sind wieder hellwach, aber ruhig und erfrischt. Sie öffnen die Augen, recken sich genüsslich und atmen womöglich ein- bis zweimal tief durch.

Achten Sie darauf, wie beweglich und gelassen Sie sind und wie wohl Sie sich fühlen. Dadurch signalisiert die Einheit von Körper und Seele, dass Erholung und Heilung stattgefunden haben. Mit diesem guten Gefühl sagt die Natur uns, dass wir etwas rich-tig gemacht haben.

In diesem vierten Stadium ernten Sie die Früchte, für die Sie auf der Reise durch Ihr Inneres die Saat gelegt haben. Eine natürliche Heilungsperiode ist jetzt beendet und Ihre Einheit von Körper und Seele beginnt einen neuen, von optimaler Leistung und Aktivität gekennzeichneten Zyklus. Ihr Körper ist jetzt wieder erfrischt und energie-geladen. Sie haben Ihrer Seele Gelegenheit gegeben, sich zu regenerieren, und wachen deshalb mit einem Gefühl großer Klarheit und gesteigerter Intuition auf. Vielleicht wissen Sie die Lösung zu einem Problem, das Ihnen zuvor unlösbar erschien. Sie be-trachten sich jetzt wahrscheinlich objektiver, weil die aufgestauten seelischen Belas-tungen, die Sie mit in die ultradiane Heilungspause genommen haben, Ihnen nicht mehr den Blick verstellen.

Manche Menschen genießen dieses Gefühl so sehr, dass sie in Versuchung geraten, sich umzudrehen, um gleich noch eine ultradiane Heilreaktion anzuschließen. Sie sa-gen sich, dass etwas, das beim ersten Mal gut war, beim zweiten Mal noch besser sein müsste. Überraschenderweise ist das in der Regel nicht der Fall. Wenn Sie nicht über-müdet sind oder unter einem Übermaß an Stress leiden, sind Sie nach der ultradianen Heilreaktion ein ganz anderer Mensch. Gewöhnlich will die Seele-Körper-Einheit nicht noch einmal 20 Minuten lang nur herumsitzen oder liegen. Sie beginnt wieder zu denken, zu planen und richtet ihre ganze Aufmerksamkeit wieder auf die Außen-welt. Sie stellen fest, dass Sie immer wacher und lebendiger werden – Ihr Körper teilt Ihnen auf diese Weise mit, dass er wieder völlig revitalisiert ist und jetzt in die Aktivi-tätsphase des ultradianen Rhythmus eintreten möchte.

Genießen Sie diesen Übergang zum normalen wachen Bewusstsein ein paar Minuten und wenden Sie sich dann nach und nach wieder Ihren äußeren Aufgaben zu. Das ist das ganze Geheimnis der ultradianen Heilreaktion: Erkennen, einen Zugang schaffen, Heilung der Seele und des Körpers und innere Erneuerung. Diese vier Stadien sind ohne jede Anstrengung zu erreichen, Sie müssen einfach nur der Natur ihren Lauf lassen.

Die nun folgende Tabelle stellt das ultradiane Stresssyndrom und die ultradiane Heilreaktion einander gegenüber. Der Unterschied zwischen innerer Einstellung und der Bereitschaft, mit den natürlichen Rhythmen zu kooperieren, tritt deutlich hervor.

Die ultradiane Heilreaktion	Das ultradiane Stresssyndrom
1. *Erkennungssignale:* Wenn Sie der Stimme folgen, die Ihnen sagt, dass Sie eine Pause brauchen, werden Sie sich hinterher wohlfühlen und dankbar sein.	1. *Mach-mal-Pause-Signale:* Eine Missachtung des natürlichen Bedürfnisses, sich auszuruhen und neue Kraft zu schöpfen, um sich anschließend wieder wohlzufühlen, führt zu Stress und Erschöpfung.
2. *Zugang zu einer tieferen Atmung:* Nach einigen ruhigen Momenten stellt sich ganz von selbst eine tiefere Atmung ein. Sie zeigt an, dass Sie jetzt in einen tieferen Zustand der Entspannung und Heilung sinken. Achten Sie darauf, wie sich das angenehme Gefühl, das sich spontan einstellt, vertieft. Betrachten Sie einmal die Möglichkeiten einer Kommunikation zwischen den Genen und der Seele und einer daraus resultierenden Heilung mit »leidenschaftsloser Anteilnahme«.	2. *»High« von den eigenen Hormonen:* Fortgesetzte Anstrengungen trotz Erschöpfung führen zur Ausschüttung von Stresshormonen, die das Bedürfnis nach einer ultradianen Ruhepause unterlaufen. Weil die Erschöpfung nicht wahrgenommen wird, kommt es zu einer vorübergehenden Leistungssteigerung, sodass weiterer Stress und das Bedürfnis nach künstlicher Stimulierung entstehen (Koffein, Nikotin, Alkohol, Kokain usw.).
3. *Seele-Körper-Heilung:* In dieser Phase kommen zur Heilung und Neuordnung spontane Fantasien, Erinnerungen, gefühlsbetonte Komplexe, aktive Bildvorstellungen und numinose Seinszustände auf.	3. *Einsetzen funktionaler Störungen:* Leistung, Gedächtnis und Lernfähigkeit werden in immer größerem Maße durch Fehler beeinträchtigt; seelische Störungen treten auf. Es kommt unter Umständen zu Depressionen und zu gesteigerter Reizbarkeit. Ihr Verhältnis zu sich selbst und zu anderen Menschen wird getrübt.
4. *Erholung und Erwachen:* Ein natürliches Erwachen, das von einem Gefühl heiterer Gelassenheit, Klarheit und Erholung begleitet ist. Gleichzeitig weiß man jetzt, wie man seine Leistungsfähigkeit und sein Wohlbefinden in der Alltagswelt verbessern kann.	4. *Der Körper rebelliert:* Klassische psychosomatische Symptome treten auf, sodass Sie schließlich gezwungenermaßen ausruhen müssen. Sie haben das quälende Gefühl, versagt zu haben, sind deprimiert und fühlen sich elend.

Wie Sie die ultradiane Heilreaktion unterstützen können

Da die ultradiane Heilreaktion zu unserem Wohlergehen beiträgt, suchen viele Menschen Mittel und Wege, diesen Zustand leichter zu erreichen. Hierbei sollte man sich jedoch weder anstrengen noch sollte man etwas erzwingen wollen. Es reicht vollkommen, sich auf die natürlichen ultradianen Rhythmen der Einheit von Körper und Seele einzustimmen, indem man lernt, deren natürlichen Signale zu erkennen. Dann muss man nur noch auf sie hören und sich in den Prozess hineingleiten lassen.

Es gibt jedoch viele Möglichkeiten, wie Sie dieses Hineingleiten in die ultradiane Heilreaktion unterstützen können:

···⟩ Wenn Sie Hunger haben, sollten Sie einen kleinen Imbiss von höchstens 200 bis 300 Kalorien zu sich nehmen.

···⟩ Genießen Sie eine schöne Aussicht aus dem Fenster.

···⟩ Strecken Sie Arme und Beine oder atmen Sie ein paarmal tief ein und aus.

···⟩ Massieren Sie Ihren Nacken oder Rücken.

···⟩ Suchen Sie sich ein ruhiges Plätzchen, wenn möglich mit gedämpfter Beleuchtung.

Ultradianer Tipp

Betrachten Sie die ultradiane Heilreaktion ohne Vorurteile. Alle Menschen haben unverwechselbare, außerordentlich individuelle ultradiane Strukturen; stimmen Sie sich auf Ihre eigenen ein. Es gibt dafür keine feste Formel und keine „richtige" Art und Weise, wie man die Reaktion erleben soll. Obwohl wir häufig erwähnt haben, dass die ultradiane Heilreaktion alle 90 bis 120 Minuten eintritt und etwa 15 bis 20 Minuten dauert, lässt sie sich nicht immer ganz klar definieren. Ihre persönlichen ultradianen Rhythmen sind außerordentlich flexibel, damit sie Ihrer Einheit von Körper und Seele helfen können, sich auf natürliche Weise an all das anzupassen, was Sie tun müssen.

···⟩ Legen Sie sich hin oder entspannen Sie sich in einem bequemen Sessel, achten Sie darauf, welcher Körperteil sich am wohlsten fühlt. Geben Sie sich diesem angenehmen Gefühl hin, dann wird es sich auf den ganzen Körper ausdehnen.

···⟩ Stimmen Sie sich auf die natürlichen Rhythmen Ihrer Seele-Körper-Einheit ein, auf die Atmung, den Herzschlag und den Puls.

···⟩ Stellen Sie sich etwas besonders Schönes vor, ein Bild oder einen beruhigenden Gedanken. Zum Beispiel: Sie machen Urlaub in den Bergen oder wandern über Wiesen.

···⟩ Denken Sie an ein Ereignis aus dem wirklichen Leben, das Ihnen ein angenehmes Gefühl vermittelt.

Weitere Vorteile der ultradianen Heilreaktion

Die ultradiane Heilreaktion ist nicht nur potenziell erholsam. Vor allem im dritten Stadium kommen noch schöpferische Erkenntnisse, lebendige Tagträume und das, was manche höheres Bewusstsein oder Bewusstseinserweiterung nennen, hinzu.

Schöpferische Erkenntnisse

Dass das Unbewusste die Quelle aller menschlichen Kreativität ist, ist inzwischen allgemein bekannt. Psychologische Untersuchungen von Benjamin Libet (Stanford University) und anderen Forschern haben gezeigt, dass unser waches Bewusstsein etwa zwei zehntel Sekunden hinter unserem Unbewussten herhinkt. Schöpferische Gedanken werden uns erst bewusst, wenn sie aus dem Unbewussten wie Blasen an die Oberfläche unseres Bewusstseins steigen. Es ist ein beglückender Augenblick, wenn wir die Lösung eines verzwickten Problems finden, eine neue Perspektive entdecken oder plötzlich einen genialen Einfall haben. In der Hetze unseres Alltags kann diese Kreativität jedoch nur gelegentlich in unser waches Bewusstsein dringen.

Im dritten Stadium der ultradianen Heilreaktion öffnet sich die Tür, die das wache Bewusstsein mit dem Inneren der Seele verbindet. Wenn wir uns in der aktiven Phase der ultradianen Rhythmen auf die Außenwelt konzentrieren, sind wir nicht empfänglich für die innere Welt unserer Kreativität, denn die äußere Welt der Leistung nimmt unsere ganze Aufmerksamkeit in Anspruch. Doch während der ultradianen Periode der inneren Erholung sind wir empfänglicher für diese innere Welt und die neuen kreativen Ideen, die sich in ihr entwickeln.

Wenn die ultradiane Heilreaktion Ihnen einen Zugang zu Ihrer inneren Seele geschaffen hat, öffnen sich auch die Türen zu Ihrem schöpferischen inneren Selbst. Sie können diese Kreativität in vielen verschiedenen Formen erleben: als Gedanken, visuelle Vorstellungen, Klänge, Stimmen oder sogar als Körpergefühl. Wichtig ist, dass Sie Ihren natürlichen, ganz persönlichen Zugang zu Ihrem Inneren finden.

Zu allen Zeiten und in allen Kulturen haben die Menschen dieser ultradianen Kreativitäts-Periode die verschiedensten Namen gegeben. Sie nannten sie Muse, innere Stimme, die beobachtende Seele, das schöpferische Unbewusste, das Selbst, spiritueller Führer, Tier-Totem, Seele oder Anima. Wie auch immer man es nennen mag, im dritten Stadium der ultradianen Heilreaktion gibt Ihr normales waches Bewusstsein – das, was die Psychologen das handelnde Ich nennen – die Kontrolle ab und gestattet den inneren, kreativen Teilen der Seele und des Gehirns, neue Strukturen des Verständnisses und der Sinnfindung anzubieten.

Versuchen Sie aber nicht mit Gewalt, kreativ zu sein oder zu neuen Erkenntnissen zu gelangen. Sie können nicht erwarten, dass Sie bei jeder ultradianen Pause einen Strom von schöpferischen Einfällen erleben! Ihre Einheit von Körper und Seele hat oft andere wichtige Dinge zu tun. Wenn Sie das Gefühl haben, dass im Laufe des dritten Stadiums nichts geschehen ist, vertrauen Sie darauf, dass der innere seelisch-körperliche Aufladungsprozess in angemessener Weise abläuft und dass in diesem Augenblick genau das Richtige geschieht, um Sie geistig, körperlich und seelisch wieder in eine optimale Verfassung zu bringen.

Tagträume

Tagträume sind während der 20-minütigen ultradianen Heilungspause nichts Ungewöhnliches. Manche Wissenschaftler sind der Ansicht, dass der 90- bis 120-minütige ultradiane Rhythmus dem Rhythmus unserer nächtlichen Träume entspricht. Wenn Sie in diesen angenehmen, nach innen gerichteten Zustand gleiten, steigen womöglich Gefühle, Erinnerungen, Bilder und Gedanken in Ihr Bewusstsein, die sonst hinter den Mauern des ständig beschäftigten rationalen Verstandes eingesperrt sind.

In Wirklichkeit sind das Tagträume. C.G. Jung nannte unsere Träume eine kleine, verborgene Tür, die zu den innersten und geheimsten Winkeln unserer Seele führt. Die ultradiane Heilreaktion schafft uns einen Zugang zu dieser Tür und zu den ungeahnten Möglichkeiten des Unbewussten, das dahinter liegt. Die innere Stimme richtet sich jedoch nicht nach den rationalen Bedingungen der Logik unseres Bewusstseins. Sie fühlt möglicherweise intuitiv, mystisch, zufällig oder losgelöst und unzusammenhängend. Wie beim nächtlichen Traum führt uns gerade diese scheinbare Zusammenhanglosigkeit der Tagträume zu neuen Erkenntnissen im Hinblick auf alte Probleme. Die sogenannte Zufälligkeit der Tagträume enthält in Wirklichkeit eine innere Problemlösungslogik, die der bewusste Verstand noch nicht begreift.

Bewusstseinsveränderungen erleben

Menschen mit Erfahrungen der ultradianen Heilreaktion berichten häufig, sie hätten das Gefühl gehabt, eine Art kosmischer Bewusstseinserweiterung zu erleben, die es ihnen möglich gemacht habe, den »großen Zusammenhang« zu begreifen. Wenn Sie erst einmal mit der ultradianen Heilung vertraut sind, ist es ganz normal, dass Sie ein neues Gefühl für den Sinn und Zweck des Lebens bekommen. Viele Menschen erleben einen höheren Sinn, den großen Zusammenhang, die Beziehung zwischen dem Leben und dem Universum.

Menschen, die regelmäßig ultradiane Pausen machen, berichten gelegentlich über angenehme Erlebnisse, bei denen sie ihren Körper verlassen und ein Gefühl für eine andere Wirklichkeit bekommen hätten. Solche Erlebnisse weisen auf eine Verbindung zwischen ultradianer Heilreaktion und den uralten Disziplinen der Meditation und der Bewusstseinserweiterung hin. In diesem Sinne spiegeln esoterische Praktiken, die über eine innere Arbeit zu solchen transzendenten oder transpersonalen Erlebnissen führen, tatsächlich die Weisheit der Seele-Körper-Einheit wider, die hier ihr natürliches Potenzial für Heilung, Erholung und Transzendenz der Begrenztheit unseres Alltagsbewusstseins nutzt. Das gilt auch für die transzendentale und die Zen-Meditation, für Yoga, ja sogar für das Gebet.

Einige häufig gestellte Fragen

Die meisten Menschen haben viele Fragen zu den ultradianen Rhythmen und der ultradianen Heilreaktion. Auch wenn wir sie längst noch nicht alle beantworten können, wollen wir Ihnen doch sagen, was wir heute schon darüber wissen.

Was ist der Unterschied zwischen der ultradianen Heilreaktion und einem kleinen Nickerchen?

Das erlebt jeder Mensch ein wenig anders, deshalb ist der Unterschied nicht immer deutlich auszumachen. Im Allgemeinen verhält es sich allerdings so, dass Sie im Schlaf einen Zustand erreichen, der sich im EEG als Delta-Wellen-Schlaf zeigt. Das heißt, dass Ihre Hirnstromwellen eine Frequenz zwischen 0,5 und 4 Hertz aufweisen. Im ultradianen Zustand schwanken diese Wellen hingegen zwischen 8 bis 14 Hertz (Alphawellen) und zwischen 4 bis 8 Hertz (Thetawellen).

Wenn Sie nach einem Nickerchen aufwachen, schnaufen Sie gewöhnlich einmal und haben ein leicht benommenes Gefühl, das Ihnen sagt, dass Sie geschlafen haben. Wenn Sie aus der ultradianen Heilreaktion kommen, haben Sie dagegen ein angenehmes Gefühl und sind völlig wach. Sie haben sich vorübergehend in einem Zustand befunden, der zwischen Wachsein und Schlaf liegt. Im Gegensatz zum Nickerchen haben Sie nach einer ultradianen Heilreaktion kein Gefühl der Benommenheit, sondern Sie fühlen sich entspannt und erfrischt.

Amerikaner gönnen sich im Durchschnitt zwei Nickerchen pro Woche, ein Drittel der Bevölkerung macht sogar vier oder mehr pro Woche. Richten Sie sich nach Ihrer persönlichen Erfahrung. Wenn Sie nach einer kurzen Siesta erfrischt sind, ist das womöglich für Sie die beste Art, nach dem Mittagessen oder am frühen Nachmittag Ihre ultradiane Pause zu machen.

Gibt es Gemeinsamkeiten zwischen der ultradianen Heilreaktion und Meditationstechniken?

Sollte es wirklich ein Zufall sein, dass bei den meisten Meditationstechniken (zumindest für Anfänger) 20-minütiges Üben empfohlen wird? Und ist es Zufall, dass Tausende von wissenschaftlichen Untersuchungen, die sich mittels unterschiedlichster Methoden – Visualisation, Meditation, Hypnose und Biofeedback – mit ganzheitlicher Gesundheit beschäftigt haben, ebenfalls eine 20-minütige Heilungsperiode ansetzen? Obwohl weder traditionelle Meditationslehrer noch Wissenschaftler sagen, warum sie diese 20-minütige Heilungsperiode empfehlen, glaube ich, dass sie auf die gleiche, natürliche Ruhe- und Erholungsperiode unseres 90- bis 120-minütigen Basiszyklus von Aktivität und Ruhe gestoßen sind. Ich möchte daher die Hypothese aufstellen, dass die verschiedenen Meditationstechniken und die Heilung der Einheit von Körper und Seele in Wirklichkeit durch verschiedene Kulturen geprägte Methoden sind, mit denen dieselbe natürliche 20-minütige ultradiane Heilreaktion bewirkt werden soll.

Als all diese verschiedenen Methoden, mit deren Hilfe man einen Zugang zu seinem Inneren bekommt, entstanden, gab es ja vielleicht ein »Genie«, einen Menschen, der besonders begabt war, visuelle Bildvorstellungen auszulösen, und der versucht hat, all seinen Anhängern diese Methode beizubringen, indem er ihnen empfahl: »Man erreicht es mit visuellen Bildvorstellungen.« Ein anderer Lehrer hatte womöglich einen besonderen kinästhetischen Muskelsinn und empfahl Körpermassage, und wieder andere meinten, Yogaübungen, Atemtechniken, Klänge und Mantras seien der beste Zugang zur Heilung und Regeneration.

Leider sind diese alten Methoden inzwischen häufig so formalisiert, dass sie Ihren individuellen Bedürfnissen möglicherweise nicht gerecht werden. Man verlangt von Ihnen, dass Sie in einer bestimmten Stellung, über bestimmte Bildvorstellungen oder innerhalb eines bestimmten Glaubenssystems, das Ihnen und Ihrem kulturellen Hintergrund nicht gerecht wird, meditieren. Im Gegensatz dazu ist die ultradiane Heilreaktion kulturunabhängig. Ihre heilende und das Wohlbefinden steigernde Wirkung beruht auf einer Beachtung unseres natürlichen anderthalbstündigen Lebensrhythmus.

Ist die ultradiane Heilreaktion eine Art Hypnose?

Das trifft zu, wenn Sie daran glauben, dass Sie immer dann, wenn Sie eine Pause machen und sich ein wenig entspannen wollen, das erleben, was einige Therapeuten die »gewöhnliche Alltagstrance« nennen. Das ist keine Hypnose in dem Sinne, dass Sie sich selbst programmieren oder sich etwas suggerieren wollen. Während der ultradianen Heilreaktion richten Sie sich nach der Natur – Sie versuchen nicht, der Natur vorzuschreiben, was sie zu tun hat.

Wie unterscheidet sich die ultradiane Heilreaktion von Bestätigungsmethoden, Autosuggestion usw.?

Heutzutage ist die Ansicht weitverbreitet, dass wir Suggestionen, Programmierungen und Bestätigungen brauchen, um uns selbst zu sagen, was wir tun sollen. Die ultradiane Heilreaktion verlangt hingegen von uns, dass wir die Botschaft beachten, die alle anderthalb Stunden aus unserer Seele kommt.

Warum bringt mir ein guter Nachtschlaf oder ein entspanntes Wochenende nicht den gleichen notwendigen Erholungseffekt?

So etwas bringt Ihnen tatsächlich ein gewisses Maß an Erholung, die Sie brauchen, um die Vernachlässigung der ultradianen Rhythmen im Laufe der Woche wieder auszugleichen. Es ist jedoch so, dass Menschen, die die ganze Woche über hart arbeiten, am Wochenende das Gleiche tun. Wer nutzt heutzutage diese Zeit tatsächlich für Heilung und Erholung? Das ist das Problem.

Wie viele ultradiane Perioden brauche ich pro Tag?

Wir alle müssen lernen zu erkennen, was uns fehlt. Wenn Sie erst einmal Ihr individuelles Bedürfnis nach ultradianen Heilreaktionen erkannt haben, wissen Sie auch, wie oft Sie sich auf diese Weise erholen müssen, um optimal zu funktionieren. Viele Menschen haben festgestellt, dass sie am besten arbeiten können, wenn sie pro Tag zwei bis drei 15- bis 20-minütige ultradiane Erholungspausen machen.

Unsere Bedürfnisse können allerdings zu verschiedenen Zeiten unterschiedlich sein. Wenn viele aufregende Dinge passieren, kann es vorkommen, dass Sie ein oder zwei ultradiane Pausen vergessen. Das ist völlig in Ordnung. Ihre Einheit von Körper und Seele kann ein paar ausgefallene Pausen leicht wieder ausgleichen. Vergessen Sie aber nicht, dass Sie täglich ein Dutzend oder sogar noch mehr ultradiane Zyklen durchlaufen, und wenn Sie die ultradiane Heilreaktion zu oft ignorieren, hat das unweigerlich das ultradiane Stresssyndrom zur Folge.

Während meines Arbeitstages ist es mir nicht möglich, eine ultradiane Erholungsperiode einzulegen. Ich kann mir eine solche Unterbrechung einfach nicht leisten. Was soll ich machen?

Im 6. Kapitel werde ich Ihnen erklären, wie Sie die ultradiane Erholungsreaktion bei der Arbeit nutzen können, und ich werde Ihnen einige Alternativen anbieten, falls es Ihnen nicht möglich sein sollte, sich die Zeit für eine richtige Pause zu nehmen. Vorläufig sollten Sie das Problem jedoch folgendermaßen betrachten: Viele von uns haben das Gefühl, dass wir unseren Arbeitsablauf nicht selbst bestimmen können, aber es gibt dessen ungeachtet Augenblicke, in denen wir Gelegenheiten ungenutzt verstreichen lassen. Wenn Sie zum Beispiel das Gefühl haben, dass Sie regelmäßig um drei Uhr nachmittags am liebsten eine Pause machen würden, reservieren Sie sich um diese Zeit selbst einen Termin. Wenn Sie dann um drei Uhr nicht das Bedürfnis haben, eine Pause einzulegen, können Sie Ihre Arbeit fortsetzen und sind weniger gehetzt. Wenn Sie dagegen Pause machen wollen, haben Sie sich die Zeit dafür reserviert.

Wir alle neigen dazu, uns den Tag mit Terminen vollzupacken. Viele Menschen hätten zwar Gelegenheit, sich selbst eine Erholungspause zu gönnen, nehmen sie aber nicht wahr, denn leider funktionieren wir auch ganz gut ohne solche Pausen. Aber wie viel besser würden Sie funktionieren, wenn Sie eine Pause gemacht hätten? Es ist immer schwierig, sich Zeit für eine neue Aktivität zu nehmen. Einige wenige Versuche werden Sie allerdings davon überzeugen, dass Ihre Produktivität sich enorm steigert, wenn Sie solchen Pausen in Ihrem Terminkalender einen festen Platz einräumen – ganz zu schweigen von den psychischen und körperlichen Vorteilen, die eine Befriedigung Ihrer Bedürfnisse mit sich bringt. Sie brauchen einfach nur die Entscheidung zu treffen, dass Sie immer dann eine ultradiane Erholungspause einlegen wollen, wenn Sie das Gefühl haben, dass es Ihnen guttun würde, und dann zu dieser Entscheidung stehen.

Bringt mich jede 20-Minuten-Pause in den Genuss der ultradianen Erholungsreaktion? Könnte ich in der gleichen Zeit auch einen Spaziergang im Park machen, etwas lesen oder mich vor dem Fernseher entspannen?

Jede richtige Pause bringt Sie zumindest teilweise in den Genuss der ultradianen Erholungsreaktion. Wenn Sie in Ihrem Beruf überwiegend sitzen, kann ein entspannender Spaziergang für Sie die ideale Gelegenheit sein, eine ultradiane Erholungsreaktion zu erleben.

Aber warum sollten Sie Ihren Kopf mit Lesen oder Fernsehen belasten, während Ihre Seele-Körper-Einheit sich zur gleichen Zeit bemüht, die innere Buchführung in Ordnung zu bringen? Wenn Sie sich nur mithilfe von leichter Literatur oder Fernsehen entspannen können, dann sollten Sie sich zumindest währenddessen auf angenehme Gefühle einstimmen und allmählich lernen, diese so zu genießen, dass Sie Lesen oder Fernsehen nicht mehr als Krücke oder Zerstreuung brauchen.

Manchmal fühle ich mich nach einer 15- bis 20-minütigen ultradianen Pause müder als vorher. Was soll ich tun?

Wenn Sie sich nach einer 20-minütigen ultradianen Pause müder fühlen, als Sie es vorher waren, ist Ihr Bedürfnis nach Ruhe und Erholung größer, als Ihnen bewusst ist. Das gilt in ganz besonderem Maße für die Zeit nach dem Mittagessen und für den frühen Nachmittag, die Zeit, in der viele Menschen eine Siesta halten. Versuchen Sie doch einmal, regelmäßig einen einstündigen Mittagsschlaf zu machen. Sie sollten allerdings auch in der Nacht länger schlafen.

Komme ich, wenn ich meinen Kopf zurücklege und 20 Minuten lang Tagträumen nachhänge, in den Genuss der ultradianen Erholungsreaktion?

Ja, Sie werden viele positive, natürliche ultradiane Wirkungen erleben. Die Tatsache, dass Sie das Bedürfnis haben zu fantasieren, bedeutet, dass Sie die ultradiane Erholungsreaktion erleben.

Wenn eines meiner Signale Hunger ist, sollte ich dann vor oder nach der Pause eine Kleinigkeit essen?

Die meisten Menschen haben gute Erfahrungen damit gemacht, vor der ultradianen Erholungsreaktion eine Kleinigkeit zu essen. Ein kleiner Imbiss reicht aus, um Ihren alle 90 Minuten auftretenden Hungerimpuls zu stillen und Ihrer Seele-Körper-Einheit zu signalisieren, dass ein günstiger Zeitpunkt für die innere Erholung vom Alltagsstress gekommen ist.

Wie lange vor dem Schlafengehen kann ich eine ultradiane Pause machen, ohne meinen normalen Schlafrhythmus zu stören?

Zwei oder drei Stunden vorher. Ihr normaler Schlafrhythmus hat eigene zirkadiane und ultradiane Phasen, die sich etwa alle 90 Minuten zwischen mindestens vier Phasen des Schlafens und Träumens bewegen.

Wie kann man die ultradiane Erholungsreaktion am besten regelmäßig üben?

Nehmen Sie sich einfach die Zeit und versuchen Sie herauszufinden, wie Sie im Alltag Ihr Bedürfnis nach einer Pause erleben. Allmählich werden Sie dann lernen, auf die Signale zu achten, die Ihre Einheit von Körper und Seele aussendet. Ähnlich wie beim Autofahren wird Ihnen das Ganze zunächst kompliziert vorkommen, aber sehr bald werden Sie alles automatisch und ohne Anstrengung bewältigen.

Ich empfehle Ihnen, mit einem siebentägigen ultradianen Intensivkurs zu beginnen. Dadurch erhalten Sie leichter Zugang zur ultradianen Erholungsreaktion und verbessern gleichzeitig deren Wirkung. Sie brauchen dafür nur auf Ihre ultradianen Rhythmen zu achten und Ihre Erfahrungen eine Woche lang mehrmals täglich in ein spezielles Tagebuch einzutragen.

Und so sieht Ihr ultradianer Intensivkurs aus:

1. Notieren Sie sieben Tage lang sorgfältig alle Hinweise, die den Beginn einer ultradianen Erholungsreaktion anzeigen. Halten Sie auch fest, wann sie auftreten.
2. Wenn Ihnen die Hinweise auf die ultradiane Erholungsreaktion bewusst werden, sollten Sie nach Möglichkeit eine Pause machen und sich ganz dem angenehmen Gefühl hingeben, denn Sie wissen, dass Sie nichts tun müssen. Genießen Sie die ultradiane Erholungsreaktion etwa 20 Minuten lang.

3. Merken Sie dann, dass die ultradiane Erholungsphase auf natürliche Weise zu Ende geht, halten Sie fest, wie lange diese gedauert hat. Achten Sie darauf, wie Sie sich fühlen, und bringen Sie einige Sätze über Ihre Tagträume, Erinnerungen, Einsichten und Gefühle zu Papier. Halten Sie schriftlich fest, ob Ihnen irgendwelche Problemlösungen eingefallen sind oder ob Sie neue Ideen hatten – setzen Sie sich dabei aber keinesfalls unter Druck. Im Interesse einer möglichst positiven Wirkung sollten Sie Ihre Einheit von Körper und Seele unbeeinflusst ihre Arbeit tun lassen.

Bei einem solchen ultradianen Intensivkurs kann es helfen, Erlebnisse aufzuschreiben, und zwar aus zwei Gründen. Erstens kann es sehr heilsam sein, seine ganz persönlichen Muster zu kennen. Auch wenn jede einzelne Erholungsperiode subjektiv ist, erhalten Sie mithilfe eines solchen Protokolls mit der Zeit eine objektive Dokumentation, in der sich Probleme und Potenziale deutlich zeigen. Sie erfahren so auch, mit welchen bis dahin unbewussten Problemen Sie sich beschäftigen.

Durch einen derart intensiven Bericht können Sie sich selbst objektiver sehen und Sie wissen, womit Sie sich innerlich beschäftigen.

Sind Ihnen die Probleme bewusst? Wenn nicht, sollten Sie noch eine weitere Beobachtungswoche ansetzen. Viele Teilnehmer meiner Untersuchungsgruppen haben sich nach einigen Monaten einem weiteren ultradianen Intensivkurs unterzogen, weil sie wissen wollten, was sich in der Zwischenzeit verändert hatte und welche neue Bewusstseinsebene sie erreicht hatten.

Diejenigen, die täglich eine ultradiane Erholungsreaktion erlebten, stellten fest, dass sie mit der Zeit immer tiefere Einsichten über sich selbst und ihr Leben gewonnen hatten. Viele berichteten, ihr Wohlbefinden und ihre Sensibilität für die eigenen Wünsche haben sich zum Positiven verändert und sie hätten darüber hinaus ein besseres Verständnis für ihren eigenen Wesenskern entwickelt. Möglicherweise werden auch Sie feststellen, dass die Fenster Ihrer Seele, die sich in der ultradianen Heilreaktion öffnen, Ihnen viel über das sagen können, was Sie beschäftigt und wonach Sie sich sehnen. In diesen inneren Sitzungen können Sie wichtige Hinweise erhalten, wie Sie mit dem Stress in Ihrem Leben fertig werden können.

Unabhängig davon, was Ihnen persönlich die ultradiane Erholungsreaktion bringt: Sie werden mehr davon haben, wenn Sie, offen für alle Veränderungen, diese aufmerksam beobachten – ohne sie mit Gewalt herbeiführen zu wollen.

5 Der ultradiane Werkzeugkasten

Dieses Kapitel bietet Ihnen eine Reihe von ultradianen Werkzeugen an, mithilfe derer Sie die Wirkung der ultradianen Heilreaktion in Ihrem Leben verstärken können. Möglicherweise haben Sie Schwierigkeiten im Beruf, in der Familie oder mit Ihrem Partner oder Sie leiden unter Stress, haben sexuelle Störungen, essen zu viel oder haben chronische Körperbeschwerden. Vielleicht wollen Sie aber auch nur mehr über Ihre psychische und spirituelle Entwicklung erfahren. Bei vielen der im Folgenden beschriebenen universellen ultradianen Werkzeuge werden Sie feststellen, dass diese zu verschiedenen Zeiten in verschiedenen Kulturen unter den verschiedensten Namen bekannt waren: Meditation, Selbstbeobachtung, Massage, Bildvorstellungen, Hypnose, Geistheilung, Biofeedback. Ob in schamanischen Ritualen oder aber auch im Spiritismus und bei Gebeten – bei all diesen Praktiken findet sich eine Einstimmung auf den natürlichen Prozess der Heilung. Die ultradiane Heilreaktion spiegelt das Wesen all dieser ganzheitlichen Methoden der Seele-Körper-Heilung wider. Weise Menschen, die diese Methoden praktizieren, geben voller Bescheidenheit zu, dass sie damit nur der Natur eine Gelegenheit bieten, ihre Heilkraft zu entwickeln. Folgende ultradiane Werkzeuge stehen Ihnen zur Verfügung:

1. Einstimmung auf die Körper-Seele-Kommunikation. Sie lernen auf eine ganz natürliche Art und Weise, dass die Bewegungen, Symptome, Empfindungen und Gefühle Ihres Körpers Kommunikationskanäle sind, mithilfe derer Ihr Körper und Ihre Seele Ihnen helfen können, Probleme zu lösen.

2. Ultradiane Fragen. Diese Fragen konzentrieren sich auf die innere Arbeit der Seele und des Körpers und helfen Ihnen bei spezifischen Problemen mit Ihrer Gesundheit, Leistungsfähigkeit und Kreativität.

3. Zugang und Neuordnen. Das ist die natürliche Methode, um alte Grenzen zu überschreiten und Potenziale voll auszuschöpfen. Sie werden lernen, seelische Probleme aus der Vergangenheit und der Gegenwart zu lösen.

4. Gehirn und Atmung. Sie lernen, mithilfe der Atmung einen Ausgleich zwischen der rechten und linken Hirnhälfte zu erreichen. Dadurch verbessern Sie Ihre Stimmung, steigern Ihre geistigen Fähigkeiten und Ihre Leistungen im täglichen Leben, bei der Arbeit und im Sport.

5. Die innere Anpassung an die ultradianen Rhythmen. Mit dieser natürlichen und angenehmen Technik können Sie sich auf sich selbst und auf andere Menschen einstimmen und das Zusammenleben in der Familie, Ihre Liebesbeziehungen sowie den schulischen und beruflichen Alltag verbessern.

Wie Sie sich auf den Dialog zwischen Seele und Körper einstimmen können

Es gibt immer einen Dialog zwischen Körper und Seele – auch wenn uns das nicht bewusst ist. Jeder Juckreiz, jedes Hungergefühl, jeder Schmerz, jede Bildvorstellung, Ahnung, Verspannung und Sehnsucht ist eine Botschaft, die zwischen Seele und Körper ausgetauscht wird. Wir haben häufig Schwierigkeiten mit solchen Botschaften, weil sie zur falschen Zeit kommen; deshalb blenden wir sie aus. Nur weil uns die Botschaft nicht behagt, versuchen wir quasi ihren Überbringer umzubringen.

Die ultradiane Heilreaktion kann zwischen Seele und Körper wie eine Antenne wirken. Im ruhigen, aufnahmebereiten ultradianen Zustand können wir die natürlichen Botschaften, die zwischen Seele und Körper ausgetauscht werden, empfangen und verstärken und ihnen die Möglichkeit geben, sich in heilende und problemlösende Hinweise zu verwandeln.

Doch in den meisten Fällen müssen wir überhaupt erst lernen, die natürliche Sprache der Einheit von Körper und Seele zu verstehen und zu würdigen. Ein ultradianes Tagebuch ist ein gutes Hilfsmittel, um die Geheimnisse der ureigenen Sprache zwischen Seele und Körper zu entschlüsseln. Ich möchte Ihnen ein paar Beispiele aus Tagebüchern verschiedener Menschen geben, die zeigen, in welcher Weise eine Einstimmung in diesen Dialog zwischen Seele und Körper eine heilende und problemlösende Wirkung hat.

Das erste Beispiel zeigt, auf welche Weise die ultradiane Heilreaktion bei einer körperlichen Verletzung Erleichterung bringen kann. Der Patient hatte große Schmerzen, die durch eine Verletzung seines Beins und seiner Hüfte verursacht wurden. Mithilfe der ultradianen Heilreaktion war es ihm möglich, den Schmerz so zu verändern, dass nur noch ein sanfter, juckender Wundschmerz übrig blieb. An einer Stelle schreibt er:

> Ich spürte einen mittleren bis schweren Druck in der Hüftgegend. Ich glaubte, mein rechter Fuß läge auf der linken, verletzten Seite. Als ich ihn bewegen wollte, merkte ich, dass meine Beine gespreizt waren. Ich konzentrierte mich ganz auf den Schmerz, um herauszufinden, was dann passieren würde. Das Schmerzgefühl verschwand sehr bald und ich hatte schließlich das Gefühl, als könnte ich mein verletztes Bein in alle Richtungen bewegen, ohne es tatsächlich zu tun. Ich probierte das mehrmals aus, da mich der Effekt damals faszinierte. Der Schmerz im verletzten Bein ist jetzt nur noch ein sanftes Jucken, wie man es hat, wenn eine Verletzung heilt.

In einem anderen Fall trug die Verbesserung der Kommunikation zwischen Seele und Körper dazu bei, ein Problem zwischen Mutter und Tochter, das offenbar die Ursache für Spannungskopfschmerzen gewesen war, zu lösen.

> Es fängt mit Kopfschmerzen an, die sich vom Nacken her ausbreiten, und dann gehen mir ein paar Worte eines Liedes durch den Kopf: »... was meinst du?« Mir wird dann klar, dass ich immer noch über die Tagesereignisse nachdenke und wegen ähnlicher Vorfälle aus der Vergangenheit wütend auf meine Tochter bin. Plötzlich habe ich dann eine Erkenntnis, die mit einem Gespräch zu tun hat, das ich an jenem Morgen mit meiner Tochter führte.

> Danach sind die Kopfschmerzen weg, aber ich erlebe jetzt bewusst eine unangenehme Spannung, die mir sagt, dass ich die Angelegenheit mit meiner Tochter klären und mit ihr reden sollte.

Im folgenden Fall befreite sich ein Patient mithilfe des angenehmen Gefühls der ultradianen Heilreaktion vom Stress seines Arbeitstages.

> Das war ein aufregender Tag. Hatte Schwierigkeiten mit der Bank und war außer mir. Als ich mich hinlegte, geriet ich zunächst in einen unangenehmen, angespannten Zustand – ich musste zwanghaft immer wieder an die Sache mit der Bank denken. Dann gelangte ich an einen Ort, ins »Nirgendwo«. Ich fühlte mich wohl, so wie bei der Meditation, ohne aber auch nur ein Mantra zu sprechen oder sonst etwas tun zu müssen. Das ist das erste Mal, dass so etwas passiert ist, und ich habe jetzt das Gefühl, alles klarer zu sehen. Ich habe jetzt auch eine Idee, wie ich die Sache mit der Bank regeln kann, und fühle mich entschieden besser.

Ein solcher Dialog zwischen Seele und Körper und die Auseinandersetzung, die offenbar ganz von selbst stattfindet, ist typisch für die Wirkung der ultradianen Heilreaktion bei quälenden, unerledigten Problemen.

So lernt man, den natürlichen Kommunikationsprozess zwischen Körper und Seele zu erkennen und zu fördern:

1. Empfangen Sie die Botschaft. Am Anfang sollten Sie einfach auf alle Botschaften achten: ein Summen im Ohr, Schmerzen im Zeh, Kopfschmerzen, Worte eines Liedes, seelischer Kummer usw. Vielleicht werden Sie dann Zeuge eines Dialogs in Ihrem Inneren, wie es bei dem Patienten der Fall war, der sich auf seine Schmerzen konzentrierte.

2. Lassen Sie spontane ultradiane Verschiebungen zwischen Aktivierung und Entspannung zu. Bei den Botschaften, die zwischen Ihrer Seele und Ihrem Körper ausgetauscht werden, kann es völlig überraschend zu spontanen Veränderungen und Verschiebungen kommen, die Sie nicht behindern sollten. Manche Menschen erleben zum Beispiel in der Anfangsphase der ultradianen Heilreaktion eine Art Erregung. Das kann eine spontane Aktivierung der Einheit von Körper und Seele, die sich auf eine Problemlösung vorbereitet, markieren. Sehr bald ändert sich dieses Gefühl wieder und die Betreffenden erleben anschließend das angenehme, beruhigende Gefühl, das die Lösung eines Problem mit sich bringt.

Wenn Sie versuchen, sich selbst Entspannung zu suggerieren oder sich entsprechend zu programmieren, wie es die meisten ganzheitlichen Therapieschulen empfehlen, können Sie unter Umständen diese natürlichen Problemlösungsprozesse stören. Mit der Illusion, gesund zu sein, decken Sie in Wirklichkeit nur Ihre Probleme zu. Das macht der zweite geschilderte Fall deutlich, bei dem die Kopfschmerzen der Patientin sehr bald zu der Einsicht führten, dass sie sich über zurückliegende Ereignisse geärgert hatte und dass die gegenwärtige Kommunikationsstörung mit ihrer Tochter durch diesen Ärger verursacht wurde. Andere Therapieschulen fordern ihre Patienten häufig auf, sich zu entspannen, und bringen sie dadurch um die Chance, mühelos Probleme zu lösen und neue Einsichten zu gewinnen.

Ultradiane Fragen

Ultradiane Fragen sind eine Möglichkeit, den Dialog zwischen Seele und Körper während der vier Stadien der ultradianen Heilreaktion auf Problemlösungen zu konzentrieren.

Erstes Stadium: Erkennt man hier die ultradiane Heilreaktion, kann das ein günstiger Zeitpunkt für die erste Frage sein. Wenn Sie sich recken und dann eine Pause machen wollen, denken Sie einfach einmal darüber nach, womit sich Ihre Einheit von Körper und Seele wohl beschäftigen möchte. Dazu müssen Sie sich keineswegs in irgendeiner Weise selbst programmieren. Eine offene und nicht-direktive Einstellung eröffnet Ihnen den besten Zugang zu dem enormen Fundus an Wissen und zu den Hilfsquellen in Ihrem Inneren.

Zweites Stadium: Zugang. Während Sie sich in dieser Phase auf Ihre Empfindungen, Gefühle und auf Ihre Atmung einstimmen, fragen Sie sich womöglich, welche Bedeutung ein bestimmtes aktuelles Erlebnis für Sie hat. Die meisten Meditationsschulen raten Ihnen, einfach nur das zu registrieren, was auftaucht, und es geschehen zu lassen. Dieses Geschehenlassen versetzt Sie in einen Zustand, den manche Psychotherapeuten therapeutische Dissoziation nennen. Ihr Bewusstsein erreicht einen Zustand heiterer Gelassenheit, während Ihre Seele sich mit dem Problem beschäftigt.

Dieser traditionelle Ansatz hat gewiss seine Verdienste. Aber nehmen wir einmal an, Ihre Seele beschäftigt sich zwanghaft immer wieder mit denselben Problemen: Offensichtlich hat sich Ihre Seele-Körper-Einheit in ein Problem verbissen und versucht verzweifelt, es zu lösen. Das ist ein günstiger Zeitpunkt, Ihrer Einheit von Körper und Seele hierzu einige Fragen zu stellen. Psychologen sprechen von *Fragen, die einen Zugang schaffen (accessing questions)*.

Stellen Sie kreative, offene, nicht suggestive Fragen. Optimalerweise regen diese Fragen zu weiteren Untersuchungen an und sind nicht durch ein einfaches Ja oder Nein zu beantworten. Diese Art des Fragens zeigt eine Beziehung zu Ihrem inneren Selbst, die durch Geben und Nehmen geprägt ist. Sie könnten sich z.B. sagen:

⋯⟩ Ich frage mich, wie meine Seele mit diesem Problem umgehen wird.

⋯⟩ Ich frage mich, ob mir wohl nach der ultradianen Heilreaktion etwas Neues einfällt, sodass ich aus meiner momentanen Sackgassensituation herauskomme.

⋯⟩ Ich frage mich, ob meine Seele mir konkrete Erkenntnisse bescheren wird, mit deren Hilfe ich mein Essproblem lösen kann.

⋯⟩ Ich frage mich, auf welche Weise mein innerer Heiler mir helfen kann, meine Kopfschmerzen/Schlaflosigkeit/Magengeschwüre loszuwerden.

All das sind Variationen der Grundfrage: »Wie kann meine Seele-Körper-Einheit meine Potenziale und Lebenserfahrung nutzen, um mit den anstehenden Problemen fertig zu werden?«

Wenn Sie Ihrer Einheit von Körper und Seele eine Frage stellen, eröffnen Sie den Dialog mit anderen Teilen Ihres Selbst. Sie leiten einen Prozess ein, in dessen Verlauf Ihre Seele mit dem Körper redet, um alle inneren Hilfskräfte für die Problemlösung und die Gesundung zu mobilisieren. Dazu können innere Hilfskräfte zählen, von deren Existenz Ihr Bewusstsein bis dahin noch nichts weiß.

Ausgesprochen direktive Suggestionen und viele populäre Methoden der Selbstprogrammierung, z.B. mithilfe von Audio-Produkten, die unterschwellige Botschaften enthalten, können problematisch sein. Setzen Sie eine solche Methode ein, sagen Sie Ihrem Unbewussten, was es tun soll. Derartige Direktiven können unproduktiv sein, denn wer von uns ist schon so weise, dass er tatsächlich weiß, wie er sich programmieren und die Milliarden Botschaften, die ständig zwischen unserer Seele und dem Körper ausgetauscht werden, dirigieren kann?

Sie sollten Probleme nicht auf herkömmliche Weise betrachten, sondern neuen Ideen, Bildern und Empfindungen, die ganz natürlich aufsteigen, eine Chance geben, denn aus einem solchen kreativen inneren Dialog gewinnen Sie neue Erkenntnisse und neue Heilungsmöglichkeiten. Aus diesem Grund eignen sich am Anfang eines solchen Dialogs mit dem inneren Selbst auch offene Fragen so gut.

Diese Auffassung stimmt außerdem mit der Philosophie der ultradianen Heilung überein: Wir stellen ohnehin schon zu viele Forderungen an uns selbst. In der ultradianen Erholungsphase kümmert sich die Einheit von Körper und Seele um die Probleme, die sie für die vordringlichsten hält. Das ist kaum der richtige Augenblick, bewusste Kontrolle auszuüben oder Anordnungen zu geben, denn wenn Ihr Bewusstsein eine Lösung wüsste, wären Sie gar nicht erst mit dem Problem konfrontiert worden.

Drittes Stadium: Dialog zwischen Seele und Körper. Während dieser Phase der ultradianen Heilreaktion erleben Sie womöglich einen typischen Dialog zwischen Seele und Körper. Es kann natürlich auch sein, dass Sie auf ein solches Selbstgespräch und eine derartige Selbstanleitung verzichten, sobald Sie Ihrer Seele eine Frage gestellt haben, mit der sie sich allein beschäftigen kann. In keinem Fall sollten Sie versuchen, etwas zu erzwingen.

Viertes Stadium: Erneuerung. Auf der vierten Stufe erholen Sie sich und befinden sich wieder an einem der Fenster, durch das Sie sich selbst wahrnehmen können. Verhalten Sie sich zunächst still und registrieren Sie alle direkten und offensichtlichen Ergebnisse Ihrer inneren Reise, die Ihrem Bewusstsein ab sofort zur Verfügung stehen werden.

Bevor Sie aufstehen und sich wieder an die Arbeit begeben, sollten Sie diesen Augenblick nutzen, um Inventur zu machen. Sie könnten sich zum Beispiel fragen:

···} Hatte meine Seele bei diesem Problem eine Orientierungshilfe?
···} Sehe ich die Situation jetzt in einem neuen Licht?
···} Wie kann ich diesen Gedanken wirksam umsetzen?

Es ist überraschend, wie oft sich der Keim einer neuen Idee zeigt oder eine alte Idee in einem neuen Licht erscheint. Sie waren womöglich unsicher, welche Option Sie im Hinblick auf ein persönliches oder berufliches Problem wählen sollten. Jetzt wissen Sie aus irgendeinem Grund plötzlich ganz genau, welche Richtung Sie einschlagen müssen.

Gehen Sie aber auch hier vorsichtig zu Werke. Ultradiane Probleme müssen mit leichter Hand und äußerst empfindsam angegangen werden. Kommandos und Suggestionen wie »Ich muss ein besserer Vater oder eine bessere Mutter sein« oder »Ich darf nicht so empfindlich sein« sind eher Forderungen, gegen die man verteidigt werden möchte, und können ein Versagen provozieren und einen neuen Stresszyklus in Gang setzen.

Wenn Sie sich dem Neuen, das sich ständig in Ihnen entwickelt, sanft und vorsichtig fragend öffnen, werden Sie Ihren Weg zu Gesundheit und Wohlbefinden finden.

Die folgenden Hinweise helfen Ihnen, die ultradianen Fragen optimal zu nutzen:

1. Warten Sie, bis Sie so weit sind. Ultradiane Fragen haben dann die beste Wirkung, wenn Sie bereits mit der ultradianen Heilreaktion vertraut sind. Erst dann sollten Sie mit offenen Fragen experimentieren. Vorher können solche Fragen Sie nur ablenken und den Lernprozess, der Sie mit der ultradianen Heilreaktion vertraut machen soll, stören.

2. Am besten lassen Sie einfach alles geschehen, ohne einzugreifen. Es ist immer falsch, die ultradiane Heilreaktion übermäßig zu dirigieren. Wenn Sie im Zweifel sind, sollten Sie jede Form der verbalen Autosuggestion, die den natürlichen Prozess der Kommunikation zwischen Seele und Körper stören könnte, vermeiden. Die Einheit von Körper und Seele hat Zugang zu vielen Informationsquellen aus praktisch jeder Körperzelle. Lassen wir sie deshalb auf ihre eigene Weise arbeiten.

3. Gehen Sie sehr sanft vor. Sie dürfen ruhig Mitgefühl mit sich selbst haben und sich wundern, aber Sie sollten sich nie programmieren. Es ist töricht, Befehle zu geben, zu drohen, zu schikanieren, zu erpressen oder mit dem inneren Selbst, das ohnehin schon sein Bestes gibt, zu diskutieren.

Zugang und Neuordnung (Reframing)

Im ultradianen Werkzeugkasten gibt es noch ein drittes Werkzeug für den Zugang zu einer Vielzahl von körperlichen und seelischen Symptomen, die Sie anschließend in einem völlig neuen Licht sehen können. Hierbei geht es vor allem um die Ursachen von körperlichem Unwohlsein und psychischen Störungen.

Der Ansatz, einen Zugang zu schaffen und die Dinge neu zu ordnen, hat seine Wurzeln in vielen Disziplinen der traditionellen und der nicht westlichen Heilkunde. In der Theravada-Tradition des Buddhismus, in der hauptsächlich die Vipassana-Meditation praktiziert wird, ist diese Methode beispielsweise schon seit Tausenden von Jahren bekannt. In jüngster Zeit finden sich die Grundgedanken z.B. in Ericksons neuem Ansatz der Hypnose und der Psychotherapie wieder. Genauso wie die anderen macht sich auch dieses Werkzeug die Regenerationsmöglichkeiten während der ultradianen Heilreaktion zunutze.

Die Methode geht auf zwei Konzepte zurück. Sich einen Zugang zu schaffen bedeutet, dass man besonders empfänglich für jedes Unwohlsein oder jedes Symptom ist und solche Erscheinungen als nützliche Signale der Seele und des Körpers betrachtet und nicht als eine Störung, die man vermeiden sollte. Die schöpferische Neuordnung besteht darin, dass man schaut, welche umfassendere Bedeutung das Symptom-Signal für das eigene Leben hat. Die Methode hilft Ihnen, Ihre Symptome nicht als Plage oder Störung, sondern als richtungsweisend für Ihre Heilung zu betrachten. Sie erleben sie als Botschaft Ihrer Einheit von Körper und Seele, die Ihnen mitteilt, wie Sie Ihr ultradianes Heilungspotenzial am sinnvollsten einsetzen können.

Wie man sich einen Zugang verschafft und zu einer schöpferischen Neuordnung findet

Wenn Sie in die ultradiane Heilreaktion eintreten, sollten Sie währenddessen auf jede Empfindung und jedes Symptom achten. Stimmen Sie sich ein und geben Sie sich dem Erlebnis hin. Versuchen Sie nicht, gegen unangenehme Gefühle anzugehen. Erleben Sie sie stattdessen in ihrer ganzen Intensität. Auch wenn es zunächst so aussieht, als ob dadurch alles schlimmer würde, die Schmerzen stärker oder intensiver würden, sollten Sie froh sein. Sie haben einen besseren Kontakt zu einem Symptom oder Signal bekommen, mit dem Ihre Seele-Körper-Einheit das Problem kodiert hat.

Nach dieser Kontaktaufnahme werden Sie erleben, wie sich Problembereiche kreativ neu ordnen und verändern. Verlagern sich die Kopfschmerzen, die sich auf eine bestimmte Stelle konzentriert hatten, ein wenig? Dehnen sich die Rückenschmerzen aus oder nehmen sie weniger Raum ein, nachdem Sie sich in einfühlsamer Weise auf sie eingestimmt haben? Dehnt sich der Schmerz, den Sie lokalisiert haben, nach oben oder auf die Glieder aus? Wird das Gefühl bei der Ausdehnung schwächer, verliert es an Intensität, so wie sich ein Tropfen Tinte in einem Glas Wasser verdünnt?

Das Neuordnen ist ein kreatives Erleben, d.h., es geschieht nicht bewusst. Man entscheidet sich nicht vorab, in welcher Form diese Neuordnung ablaufen soll – dass man zum Beispiel den Schmerz von einer Stelle zur anderen verlagern möchte. Man entscheidet nicht vorab, auf welche Weise sich der Schmerz in Wohlbefinden umwandelt. Sie schaffen sich einfach einen Zugang zum Schmerz und lassen sich von der Seele-Körper-Einheit durch eine schöpferische Neuordnung überraschen. Die Tatsache, dass Sie vom therapeutischen Ergebnis überrascht werden, beweist, dass es sich um ein echtes, nicht voraussehbares kreatives Erlebnis handelt.

Das ist der Unterschied zwischen den therapeutischen Theorien, die mit Suggestionen und Programmierungen arbeiten, und dem ultradianen Prozess, der einen Zugangs schafft und kreativ neu ordnet. Bei den suggestiven Methoden versuchen Sie, Ihrer Seele und Ihrem Körper zu sagen, wie sie reagieren sollen. Sie haben einen Plan und versuchen, Ihre Seele entsprechend zu programmieren. Dabei geht man davon aus, dass die Seele ein schlafender Riese ist, dem etwas suggeriert werden muss. Die meisten Selbsthilfemethoden, die in populären Büchern beschrieben werden, verwenden solche Suggestionen und Programmierungen. Neues und Kreatives sucht man vergeblich – Sie sagen Ihrer Seele und Ihrem Körper ganz einfach, was sie tun sollen.

Warum brauchen wir ein wirklich neues und schöpferisches Erlebnis, um an den Problemen unserer Einheit von Körper und Seele zu arbeiten? Wenn es in Ihrem Erleben nichts Neues und Kreatives gibt, werden sich Ihre Symptome und Schmerzen ständig wiederholen und stressbedingte Störungen werden schließlich chronisch. Deshalb ist die Methode des Zugangs und der anschließenden kreativen Neuordnung besonders für die Behandlung alter, sich ständig wiederholender, chronischer Störungen geeignet.

Bei dieser Methode leiten Sie den Prozess ganz bewusst ein, überlassen dann aber Ihrer Seele die schöpferische Neuordnung. Sie schaffen sich einen Zugang zu Ihren Symptomen, indem Sie sich einfach auf die mit ihnen verbundenen Empfindungen, Gefühle oder Gedanken einstimmen und sich die Frage stellen, wie Ihre Seele sie wohl auf kreative Weise neu ordnen wird. Mithilfe des offenen Fensters der ultradianen Heilreaktion ermöglichen Sie es Ihrer Seele, das Problem völlig eigenständig zu lösen.

Ein Beispiel für kreatives Neuordnen, das mich besonders inspiriert hat, stammt aus Milton Ericksons eigenem Leben. Erickson litt durch seine Arthritis in seinem letzten Lebensjahrzehnt unter chronischen Schmerzen. Tagsüber verschaffte er sich mithilfe der Selbsthypnose Linderung, nachts jedoch ließen ihn die Schmerzen etwa alle zwei Stunden wach werden. Allein das war schon ein ultradianes Problem, da er wahrscheinlich aus den REM-Traumperioden geweckt wurde, die etwa alle 90 bis 120 Minuten ablaufen. Um die Schmerzen wieder zu lindern, setzte er sich im Bett auf, verschaffte sich einen Zugang zu ihrer besonderen Qualität und zu der Stelle, an der sie auftraten. Eines Nachts quälte ihn ein besonders intensiver Schmerz, der tief in den Knochen seines Schultergelenks zu sitzen schien. Als er sich einen Zugang zu diesem fürchterlichen Schmerz verschaffte, veränderte dieser sich ganz plötzlich, und er hatte jetzt das Gefühl, als berühre ein kurzer, heißer Draht die Oberfläche seiner Schulter. Der Schmerz kam also nicht mehr aus dem Inneren des Knochen. Das war eine schöpferische Neuordnung, die er seiner Seele verdankte. Von dieser therapeutischen Veränderung vollkommen überrascht, erlebte er zu seiner großen Verwunderung, dass der intensive Schmerz, den der heiße Draht auf seiner Haut verursachte, langsam immer schwächer wurde und sich in Wärme verwandelte, die sich über die ganze Schulter und schließlich, mit einem Gefühl der Schwere, über den ganzen Körper ausbreitete. Mit einem warmen, angenehmen Gefühl schlief er wieder ein.

Elisabeth, Ericksons Frau, wachte oft mit ihm auf. Sie berichtet, dass es nicht immer leicht für ihn war, sich den Zugang zu verschaffen und den Prozess der schöpferischen Neuordnung zu beginnen:

> Es mag ja sein, dass das Unbewusste mehr weiß als das Bewusstsein und dass man es ungestört seine eigenen Erfahrungen machen lassen sollte. Das ist jedoch gar nicht so leicht, denn es kann dabei auch in die falsche Richtung gehen.
>
> Einige von Ericksons Erlebnissen mit der Schmerzkontrolle basierten auf Versuch und Irrtum – und ein großer Anteil war *Irrtum*. Er hat zum Beispiel viele mühevolle Stunden damit verbracht, Empfindungen Muskel für Muskel verbal zu analysieren, und er bestand nicht nur darauf, dass ihm jemand (in der Regel ich) dabei zuhörte, sondern derjenige musste sich voll darauf konzentrieren, ganz gleich, wie spät es war oder welche anderen dringenden Arbeiten zu erledigen waren. Er konnte sich später an solche Sitzungen überhaupt nicht mehr erinnern, und ich kann sie bis heute nicht verstehen. Für mein Gefühl waren es nur Sackgassen, obwohl dabei womöglich eine Art unbewusstes Lernen stattgefunden hat. Andererseits stimmt das vielleicht nicht. Ich erwähne es deshalb, weil ich glaube, dass viele Menschen den Mut verlieren, wenn sich ihr Un-

bewusstes vorübergehend in einer Sackgasse verirrt hat. Diesen Menschen kann ich nur sagen: »Lasst euch nicht entmutigen. Irgendwann wird es schon klappen!«

An diesem Beispiel eines Menschen, der als ein Meister der Hypnose angesehen wird, erkennen wir, dass die Schaffung eines Zugangs und das kreative Neuordnen von seelischen und körperlichen Problemen eine Kunst ist, die man durch Versuch und Irrtum lernen muss. Es gibt keine Zauberformel, die bei jedem Menschen und bei jeder Gelegenheit funktioniert.

Gehirn und Atmung

Das Zusammenspiel von Gehirn und Atmung lässt sich auf mannigfache Weise bei einer Vielzahl von seelischen und körperlichen Problemen nutzen. Hierzu bedarf es einiger Hintergrundinformationen. Seit etwa hundert Jahren weiß man in der modernen Medizin, dass einer der verborgenen ultradianen Rhythmen mit der wechselnden Durchblutung der linken und rechten Nasenseite zu tun hat. Wenn sich das Blut von einem Nasenloch zum anderen verlagert, werden die Größe und Form des Naseninneren verändert und damit auch die Leichtigkeit, mit der die Atemluft durch jedes einzelne Nasenloch strömen kann. Wenn sich das linke Nasenloch öffnet, um die Luft leicht durchzulassen, ist das rechte relativ eng und umgekehrt.

Man hat herausgefunden, dass dieser schon seit Langem bekannte nasale Rhythmus einen Schluss auf die Hirnhälftendominanz zulässt. Die Forschungsergebnisse auf diesem Gebiet sind zwar noch umstritten, aber unbestritten ist, dass die linke Hirnhälfte immer dann dominant ist, wenn das rechte Nasenloch mehr geöffnet ist, und umgekehrt. (Das engere Nasenloch liegt auf derselben Seite wie die im gleichen Augenblick aktivierte Hirnhälfte.) Untersuchungen scheinen zu bestätigen, dass Menschen zu der Zeit, in der das rechte Nasenloch stärker geöffnet ist (was auf eine Dominanz der linken Hirnhälfte hinweist), bei solchen Aktivitäten bessere Leistungen bringen, die von der linken Hirnhälfte gesteuert werden, also zum Beispiel bei sprachlichen Aufgaben. Wenn das linke Nasenloch stärker geöffnet ist (also bei einer Dominanz der rechten Hirnhälfte), sind die Leistungen besser, die eine Aktivität der rechten Hirnhälfte erfordern, zum Beispiel Aufgaben, die räumliche Vorstellungskraft erfordern.

Wahrscheinlich nutzen wir dieses Zusammenspiel von Gehirn und Atmung, ohne uns dessen bewusst zu sein. Ganz sicher schlafen wir auf der einen oder anderen Seite besser ein. Wir legen den Kopf instinktiv auf eine bestimmte Seite, um das nasale Gleichgewicht zu verändern. Auf diese Weise verlagern wir innerhalb des vegetativen Nervensystems gleichzeitig das Gewicht vom sympathischen, d.h. Erregung vermittelnden, zum entspannenden parasympathischen System und bereiten so das Gehirn auf den Schlaf vor. Möglicherweise wälzen sich Menschen, die schlecht einschlafen können, hin und her, weil sie unbewusst versuchen, das für den Schlaf optimale Verhältnis zwischen Gehirn und Atmung zu finden.

Bevor man dieses Werkzeug einsetzt, muss man zunächst feststellen, welche Hirnhälfte zurzeit dominant ist. Im Folgenden zeige ich Ihnen drei Möglichkeiten, wie Sie eine solche Überprüfung durchführen können.

1. Die Spiegel-Methode. Diese einfache Methode wird häufig von Yoga-Experten angewendet. Halten Sie sich einen kleinen Taschenspiegel unter die Nase und atmen Sie ganz normal ein paar Sekunden lang durch die Nase aus. Das Muster, das durch die Kondensation auf dem Spiegel entsteht, sagt Ihnen, welches Nasenloch weiter geöffnet ist. Je kleiner der Fleck ist, umso enger ist das betreffende Nasenloch, was darauf hinweist, dass die Hirnhälfte auf der gleichen Seite dominant ist. Durch Experimente konnte nachgewiesen werden, dass diese Methode in 92 % der Fälle zutreffend ist.

2. Geräusche beim Ausatmen. Halten Sie ein Nasenloch mit dem Daumen zu. Atmen Sie mit einem kurzen, heftigen Stoß aus und achten Sie auf das Geräusch, das dabei entsteht. Je enger das Nasenloch ist, umso höher ist der Ton, der beim Ausatmen entsteht. Machen Sie das Gleiche mit dem anderen Nasenloch und wechseln Sie ein paarmal hin und her, um den Unterschied zu erkennen. Das Nasenloch, das die höheren Töne erzeugt, ist das engere und weist auf eine höhere Aktivität der Hirnhälfte hin, die auf der gleichen Seite liegt.

3. Taktile Methode. Diese Methode setzt eine gewisse Übung voraus. Atmen Sie langsam und tief durch die Nase ein und achten Sie darauf, welche Seite sich weiter und welche sich enger anfühlt. Mit ein wenig Übung kann man feststellen, welches Nasenloch enger und welche Hirnhälfte folglich dominant ist.

Im Liegen kann man am leichtesten das nasale Gleichgewicht verändern. Wenn man sich für einige Minuten auf die Seite legt, auf der sich das weiter geöffnete Nasenloch befindet, sorgt ein physiologischer Reflex dafür, dass das Blut in das Gewebe der Nasenseite fließt, die unten liegt, wodurch es sich verengt.

Gleichzeitig wird die Hirnhälftendominanz auf diese Seite verlagert. In der klinischen Praxis hat sich gezeigt, dass sich allein dadurch häufig die Stimmung und die psychosomatischen Symptome verändern.

Sie können eine Vielzahl von Positionen einnehmen, um dieses Zusammenspiel von Gehirn und Atmung zu nutzen (siehe Abb. 3). Nehmen Sie zunächst eine neutrale Position ein, um festzustellen, wie die augenblickliche Beziehung zwischen Atmung und Gehirn aussieht. In den neutralen Positionen A, B und C kommt es zu keiner Veränderung der Hirnhälftendominanz und der Atmung.

Wenn Sie auf der linken Seite liegen wie in Position D, wird sich das linke Nasenloch verengen und das rechte öffnen, wodurch die linke, eher verbal und analytisch orientierte Hirnhälfte aktiviert wird. Wenn Sie dagegen wie in Position E auf der rechten Seite liegen, wird die rechte Hirnhälfte aktiviert, die eher ganzheitlich orientiert ist und die räumliche Vorstellung und die Gefühle steuert. Das sind natürlich nur allgemeine Hinweise. Sie müssen selbst herausfinden, in welcher Weise das Zusammenspiel zwischen Gehirn und Atmung Ihre persönliche Art zu denken, Ihre Gefühle und Ihr ganzes Sein beeinflusst.

Das folgende Beispiel aus dem ultradianen Tagebuch einer jungen Frau zeigt sehr anschaulich, wie sie spontan eine wichtige Erkenntnis über den Zusammenhang zwischen ihren Kopfschmerzen und der Beziehung zu ihrem Freund gewann, indem sie sich auf die rechte Seite legte und Atmung und Hirnhälftendominanz dadurch veränderte.

> Ich spürte einen starken Widerstand dagegen, eine Pause zu machen, obwohl es schon drei Uhr nachmittags war und ich den ganzen Tag noch keine Pause gemacht hatte. Ich musste ständig daran denken, was ich noch erledigen musste oder eigentlich erledigen sollte. Ich versuchte, diese Gedanken durch mich durchfließen zu lassen, aber ich konnte einfach nicht loslassen. Meine Atmung wurde immer flacher und ich machte mir Sorgen, dass ich nicht bequem genug lag. Ich lag auf der linken Seite, wodurch möglicherweise meine analytische linke Hirnhälfte aktiviert würde.

> Also drehte ich mich um und lege mich auf die rechte Seite. Wenig später hatte ich einen ruhigen Gedanken, der mir wichtig erschien: Meine Kopfschmerzen treten oft dann auf, wenn ich etwas sage, mit dem mein Freund womöglich nicht einverstanden ist. Ich war überrascht, weil mir plötzlich Tränen in die Augen stiegen. 30 Minuten später war ich wieder wach, fühlte mich zwar ein wenig benommen, aber ansonsten wohl.

Dieses Gehirn-Atmungs-Werkzeug ist sehr effektiv. Deshalb werde ich in den folgenden Kapiteln, wenn es um die Erforschung der ultradianen Heilreaktion zur Behandlung körperlicher und seelischer Störungen im Beruf und in persönlichen Beziehungen geht, noch einmal darauf zurückkommen.

Die innere Anpassung (entrainment) an die ultradianen Rhythmen

Das letzte Instrument im ultradianen Werkzeugkasten ist das »entrainment«, die innere Anpassung an die ultradianen Rhythmen. Es ist eher ein Phänomen als ein praktisches Werkzeug und spielt bei unseren täglichen Begegnungen mit anderen Menschen in mannigfacher Weise eine Rolle. Wenn wir es erst einmal verstanden haben, kann uns das Entrainment helfen, unsere Beziehungen produktiver und harmonischer zu gestalten.

Ein Entrainment findet statt, wenn wir die Signale empfangen, durch die unsere inneren ultradianen Rhythmen an andere Menschen oder Ereignisse in unserer Umgebung angepasst werden. Wenn die Morgendämmerung uns weckt, wenn uns die Dunkelheit müde werden lässt, wenn wir einen Teller mit dampfendem Essen sehen und Hunger bekommen oder wenn unsere Gefühle mit denen unseres Partners synchron laufen sollen, sorgen diese Signale für eine Anpassung unserer ultradianen Rhythmen an die Umwelt.

Am stärksten werden unsere zirkadianen und ultradianen Rhythmen durch Menschen in unserer Umgebung beeinflusst. Durch den Prozess des Entrainment werden wir in eine Synchronizität gebracht.

Position A
Rückenlage

Position B
Sitzposition

Position C
Lotussitz

Position E
Liegen auf der rechten Seite

Position D
Liegen auf der linken Seite

Abb. 3: Veränderung der nasalen und der Hirnhälftendominanz. A, B und C sind neutrale Positionen, in denen die ultradiane Heilreaktion Ruhe und Regeneration auf optimale Weise fördern kann. Der nasale Rhythmus und der Rhythmus der Hirnhälftendominanz finden hier das richtige Gleichgewicht. Position D, bei der die linke Gesichtshälfte unten liegt, fördert die Öffnung des rechten Nasenlochs und aktiviert die linke Hirnhälfte, die für nach außen gerichtete, intellektuelle Leistungen zuständig ist. Bei Position E liegt die rechte Gesichtshälfte unten, wodurch die Öffnung des linken Nasenlochs gefördert und die rechte Hirnhälfte, die für die innere Arbeit und kreative Erlebnisse zuständig ist, aktiviert wird. Yogis empfehlen schon seit Langem, nachts auf der rechten Seite zu schlafen. (Aus »New Yoga of the West«, Psychological Perspectives, Volume 22, 1990.)

Wann immer wir – bewusst oder unbewusst – Signale aus unserer Umgebung empfangen oder aussenden, die unseren ultradianen Status mit dem einer anderen Person synchronisieren, findet ein solches Entrainment statt. Man kann es als eine Verknüpfung der eigenen ultradianen Rhythmen mit denen anderer Menschen betrachten.

Auch wenn uns das nicht bewusst ist, sind alle zwischenmenschlichen Begegnungen und Beziehungen eine endlose Reihe psychosozialer Entrainment-Signale. Ständig senden und empfangen wir Signale, die unseren eigenen ultradianen Status und den der anderen widerspiegeln und beeinflussen. Beginnt zum Beispiel in einer Gruppe von Menschen einer zu gähnen, müssen die anderen in seiner Umgebung auch gähnen. Jemand sagt Ihnen: »Ich werde mir etwas zu essen besorgen«, und Sie selbst stellen fest, dass Sie auch Hunger bekommen. Diese gesellschaftlichen und psychologischen Signale verändern durch den Prozess des ultradianen Entrainments tatsächlich unsere Physiologie. Das ist eine der Möglichkeiten, wie die Seele Einfluss auf den Körper nehmen kann. Somit kann das Entrainment der ultradianen Rhythmen die Kluft zwischen Seele und Körper überbrücken.

Da unsere ultradianen Rhythmen so flexibel sind und so empfindlich auf das reagieren, was um uns vorgeht, können andere Menschen uns leicht in ein ultradianes Tal oder auf einen ultradianen Gipfel führen. Der Prediger, der sagt »Lasset uns beten«, versetzt die Gemeinde in einen kontemplativen, entspannten Zustand, weil durch seine Worte die natürliche ultradiane Heilreaktion eingeleitet wird. Der Hypnotherapeut, der seinen Patienten auffordert, sich in eine therapeutische Trance fallen zu lassen, tut das Gleiche. Selbst eine so alltägliche Geste wie das Streicheln eines Hundes oder einer Katze kann dazu beitragen, Stress und Spannung abzubauen. Das angenehme Gefühl und die Entspannung, die das Tier erlebt, lösen unsere eigene ultradiane Heilreaktion aus.

Genauso leicht ist es, uns auf einen ultradianen Gipfel zu führen. Der Trainer, der sein Team vor dem großen Spiel anfeuert, der Redner, dessen leidenschaftliche Worte die Menge in Ekstase versetzen, und der Professor, der seine Studenten mit seiner eigenen Begeisterungsfähigkeit ansteckt, lösen bei ihren Zuhörern Spitzenleistungen aus.

Nahrung – der essbare Entrainer

Gemeinschaftliches Essen ist ein starker Entrainer, der zu einer Synchronisation der eigenen ultradianen Rhythmen mit denen der anderen führen kann. Ganz gleich in welcher Phase unserer ultradianen Rhythmen wir uns befinden, stellt der Anblick und Geruch von Essen ein Signal dar, dass unseren 90- bis 120-minütigen Hungerrhythmus in Gang setzt. Wenn wir dieses Bedürfnis befriedigen, indem wir gemeinsam mit einer anderen Person essen, stellen wir unsere Rhythmen auf die gleiche Position, sodass wir anschließend auf verschiedenen Ebenen seelisch-körperlich synchron laufen.

Das kann auch der Grund dafür sein, warum das gemeinsames Essen ein so bedeutsamer gesellschaftlicher Akt ist, der tief in unserer genetischen Struktur verankert ist. In vielen Kulturen, zum Beispiel in den arabischen Ländern, in Italien oder in Japan, legt man großen Wert auf ein ausgedehntes gemeinsames Mahl, das zwei bis drei Stunden dauern kann und häufig mit Geschäften verbunden ist. Die ultradiane Synchronizität dieser Ereignisse trägt dazu bei, dass die Menschen auf vielen seelisch-körperlichen Ebenen miteinander verbunden sind und sich alle in einem Zustand befinden, der den persönlichen und geschäftlichen Beziehungen besonders förderlich ist. Wenn wir sogenannte Arbeitsessen ansetzen, tun wir das nicht nur, um Zeit zu sparen, sondern wir verbinden uns auch auf einer tieferen Ebene der Seele und des Körpers miteinander, synchronisieren uns und passen unsere Rhythmen an die der anderen Menschen an.

Entrainment zur Vermeidung des Jetlags

Ihr neu erworbenes Wissen lässt sich auf mannigfache Weise praktisch anwenden. Sie können zum Beispiel Ihre innere Uhr umstellen und so bei Ihrer nächsten Flugreise den Jetlag vermeiden. Die meisten Menschen, die bei ihren Reisen mehrere Zeitzonen überschreiten, haben Hunger, wenn eigentlich Schlafenszeit ist, sind mittags müde und im Allgemeinen verdrießlich, desorientiert und etwas daneben. Das ist kein Wunder, denn ihre Körperrhythmen sind völlig aus dem Takt und nicht synchron mit den äußeren Entrainment-Signalen. Es ist Morgen, wenn der Körper erwartet, dass es dunkel ist, es gibt Abendessen, wenn der Körper frühstücken will, man arbeitet, obwohl man eigentlich zu Hause im Bett liegen sollte. Da alle diese Signale zur falschen Zeit kommen, gerät die Seele-Körper-Einheit eines unter Jetlag leidenden Menschen für einige Tage völlig durcheinander, bis sich die ultradianen Rhythmen nach und nach wieder angepasst haben und wieder mit den Signalen der neuen Umgebung synchron sind. Sie können sich vor, während und nach einer solchen Reise vorsichtig selbst an diese neuen Rhythmen anpassen, um die Wirkung des Jetlags auf ein Mindestmaß zu reduzieren. Die Grundregeln sind einfach.

1. Wenn Sie vor Antritt der Reise ein paar Tage fasten, wird es Ihnen am Zielort leichter fallen, sich auf die neuen Essenszeiten einzustellen.
2. Stehen Sie am Reisetag früh auf, damit Ihr Schlafbedürfnis am Ankunftsort größer ist.
3. Nehmen Sie vor und nach dem Flug viel Flüssigkeit zu sich – keinen Alkohol –, um einer Entwässerung entgegenzuwirken.
4. Halten Sie während des Fluges in den Stunden, in denen die Menschen an Ihrem Zielort schlafen, äußere Reize auf einem möglichst niedrigen Niveau.

5. Die Mahlzeiten am Ankunftsort sollten ausreichend sein, damit Ihr Körper ein starkes Umstellungssignal empfängt. Morgens sollten Sie eiweißreiche Nahrung zu sich nehmen, abends vor allem Kohlehydrate.
6. Versuchen Sie, sich am ersten Tag an Ihrem Bestimmungsort drei bis vier Stunden lang in der Sonne aufzuhalten. Das hat eine starke Wirkung auf die Umstellung Ihrer Rhythmen.
7. Ihre körperlichen Aktivitäten sollten sich am Bestimmungsort intensiv am dortigen Tagesablauf orientieren. Sie sollten zum Beispiel zu den ortsüblichen Zeiten ins Bett gehen, aufstehen und Ihre Mahlzeiten einnehmen.
8. Koffein stellt die Körperuhr vor, aber nur dann, wenn es spät am Tag konsumiert wird; morgens stellt es sie zurück.

Probieren Sie diese einfachen Regeln bei Ihrem nächsten Urlaub oder auf Ihrer nächsten Geschäftsreise aus. Sie werden überrascht sein, wie viel leichter Sie Ihre Aktivitäts- und Schlafrhythmen umstellen können, wenn Sie an Ihren Körperrhythmen arbeiten.

Das folgende Beispiel wurde von Ehret, Groh und Meinert, einem Wissenschaftlerteam am Argonne National Laboratory in Illinois, ausgearbeitet. Sie setzten Lebensmittel, Koffein und Tageslicht ein, um die Effekte des Jetlags auf einem Flug von New York nach Paris, bei dem der Zeitunterschied sechs Stunden beträgt, zu verringern.

Drei Tage vor dem Abflug: Reichlich essen, morgens oder abends kein Koffein (Kaffee, Cola, Tee) – am Spätnachmittag erlaubt.
Zwei Tage vor dem Abflug: Leichtes Essen, morgens oder abends kein Koffein (am Spätnachmittag erlaubt).
Ein Tag vor dem Abflug: Essen Sie reichlich, morgens oder abends kein Koffein (am Spätnachmittag erlaubt).
Tag des Abflugs: Früher als gewöhnlich aufstehen. Sehr leichtes Essen, eiweißhaltige Lebensmittel zum Frühstück und zum Mittagessen, Kohlehydrate zum Abendessen. Obst ist erlaubt, Kalorienmenge möglichst niedrig halten. Den ganzen Tag über kein Koffein.
Während des Fluges: Essen Sie während des Fluges nichts, auch keinen kleinen Imbiss, keinen Zucker, keine Sahne. Wenn Kaffee Sie wach hält, meiden Sie ihn; wenn nicht, trinken Sie zwei oder drei Tassen schwarzen Kaffee oder Tee. Schränken Sie Kontakte mit anderen auf ein Minimum ein. Schalten Sie das Licht über Ihrem Sitz aus. Sehen Sie sich während des Fluges keinen Film an. Entspannen Sie sich, versuchen Sie zu schlafen.
Bei der Ankunft in Paris: Nehmen Sie sofort ein eiweißreiches Frühstück zu sich. Essen Sie mittags (Pariser Zeit) eine eiweißreiche Mahlzeit und abends ein kohlehydratreiches Abendessen. Bewegen Sie sich, seien Sie aktiv – schlafen Sie tagsüber nicht. Kein Koffein tagsüber. Gehen Sie um zehn Uhr abends (Pariser Zeit) ins Bett (das wollen Sie dann auch).

Der Tag nach der Ankunft: Essen Sie drei volle Mahlzeiten zu den Pariser Zeiten: ein eiweißreiches Frühstück und ein kohlehydratreiches Abendessen.

Jetzt verfügen Sie über eine Grundausstattung an ultradianen Werkzeugen. Vergessen Sie aber bitte bei aller Flexibilität der ultradianen Rhythmen und der Leichtigkeit, mit der sie sich verschieben lassen, nicht, dass die inneren ultradianen Signale der beste Hinweisgeber über den aktuellen Zustand Ihrer Seele-Körper-Einheit sind. Wenn es um Leistungsanforderungen von außen und um Erholung geht, sollten Sie deshalb auf diese Signale achten.

6 Maximierung der Leistungsfähigkeit: Ultradiane Rhythmen in der Arbeitswelt, in der Schule und beim Sport

Die meisten Menschen verbringen die Hälfte ihrer wachen Zeit damit, etwas zu leisten, etwas erreichen zu wollen, etwas zu tun – ganz gleich, ob im Beruf, in der Schule oder im Sport. Wenn wir sensibel für die Hinweise unserer Einheit von Körper und Seele sind, können wir in dieser Zeit mehr Befriedigung erleben und produktiver sein. In diesem Kapitel werden Sie erfahren, wie wir mithilfe der zirkadianen und ultradianen Rhythmen und der ultradianen Heilreaktion unsere Leistungen verbessern können. Über ultradiane Verschiebungen verändern sich Denken, Stimmung und Verhalten, was zu einer Steigerung der Produktivität, Kreativität und Effektivität führen kann.

Ultradiane Rhythmen in Aktion

Mehr Amerikaner als je zuvor sind heutzutage im Dienstleistungs- und Informationssektor beschäftigt. Eine solche Arbeit erfordert Aufmerksamkeit, erhebliche geistige Fähigkeiten, ein gutes Gedächtnis und soziales Geschick. Und das sind natürlich genau die kognitiven Fähigkeiten, die am stärksten von den ultradianen Rhythmen beeinflusst werden. Wie bereits erwähnt, haben Untersuchungen gezeigt, dass unsere sprachlichen Fähigkeiten, die räumliche Vorstellung, die Koordination zwischen Auge und Hand, das Kurzzeitgedächtnis, die geistige Wachheit, Fantasie und Kreativität, Konzentration und Lernfähigkeit von den ultradianen Rhythmen der Seele-Körper-Einheit beeinflusst werden.

Von der Schule bis in die Arbeitswelt lassen sich Einflüsse unserer angeborenen ultradianen Strukturen eindeutig nachweisen. Betrachten Sie einmal die Arbeitszeiten in den Fabriken, Büros und Geschäften in unserem Land. Der typische amerikanische Arbeitstag teilt sich in ultradiane Perioden von ungefähr 90 bis 120 Minuten auf, zwischen denen kurze Pausen liegen.

7.00 – 7.30	Aufstehen
8.30 – 9.00	Arbeitsbeginn
10.30 – 10.45	Kaffeepause
10.45 – 12.15	Arbeitszeit
12.15 – 13.30	Mittagspause
15.30	kurze Kaffeepause
17.15 – 17.30	Arbeitsende

Leider nehmen viele Arbeitgeber keine Rücksicht auf diesen natürlichen Arbeitsrhythmus. Sie tun immer noch so, als wäre jeder Mensch in der Lage, ständig, Stunde um Stunde ein optimales Arbeitstempo vorzulegen. Sie versuchen, uns an starre Arbeitspläne und Zeitvorgaben zu binden und bemessen unseren Wert an den Stückzahlen, die wir produzieren, oder an den Umsätzen, die wir erzielen. Wie wir uns dabei fühlen, wie gut wir arbeiten und ob wir die Erfordernisse unserer Einheit von Körper und Seele beachten, spielt dabei selten eine Rolle. Und wir selbst sind von der Leistungsideologie so verblendet, dass wir unser lebensnotwendiges Bedürfnis nach innerer Ruhe und Erholung völlig vernachlässigen. Bei unserer hektischen Jagd nach Erfolg unterbrechen wir eben jene ultradianen Rhythmen, die uns eigentlich schneller zum Ziel bringen könnten. Es gibt allerdings auch Gegenstimmen. Nathaniel Kleitman, der in seiner bahnbrechenden Arbeit über den 90-minütigen Zyklus von Ruhe und Aktivität auf die Bedeutung der 20-minütigen ultradianen Heilreaktion hingewiesen hat, sagt zum Beispiel: »Vielleicht können wir diese › biologische Stunde‹ bei der Zeiteinteilung in Schulen und bei der Arbeit in Fabriken und Büros nutzen ... und unsere Aktivitäten auf einer rationalen, physiologischen Grundlage planen.«

In der gegenwärtigen Situation können Sie mithilfe Ihrer neu gewonnenen Erkenntnisse über die ultradianen Rhythmen Ihre Leistungsfähigkeit im Laufe eines Arbeitstages steigern. Sie können diese Erkenntnisse anwenden, um herauszufinden, wann Ihre Arbeits- und Lernfähigkeit Spitzenwerte erreicht,

⤍ um in Meetings oder zu anderen besonderen Anlässen besonders leistungsfähig zu sein,

⤍ um zu erkennen, wann andere Menschen besonders stark oder schwach sind,

⤍ um Warnsignale für mögliche Irrtümer und Unfallgefahren frühzeitig zu erkennen,

⤍ um die Kreativität zu steigern und Stress abzubauen,

⤍ um in schöpferischen Berufen, als Manager oder in einem sozialen Beruf das sogenannte Burn-out-Phänomen zu vermeiden,

⤍ um in der Schule oder am Arbeitsplatz ein positiveres Umfeld zu schaffen.

Wie man Leistungshochs und -tiefs in die Planung einbeziehen kann

Wir arbeiten besser und effektiver, wenn wir uns nicht gegen unsere natürlichen Körperrhythmen stellen. Da wir wissen, dass die Leistungsfähigkeit unserer Einheit von Körper und Seele ständig durch die ultradianen Rhythmen beeinflusst wird, ist es ratsam, nach Möglichkeit alle Aktivitäten so zu planen, dass sie den natürlichen Zyklen der Seele und des Körpers entsprechen, denn dann kann man sicher sein, dass die Arbeit mehr Freude macht und dass man produktiver ist.

Eine maximale Leistung lässt sich auf die einfache Formel bringen: »Intensivieren Sie Ihre Hochs und Tiefs.« Ein solcher alternierender Rhythmus kann zu einer beachtlichen Leistungssteigerung führen, dient Ihrer seelischen Gesundheit und steigert Ihr Wohlbefinden.

Auf dem Gipfel eines ultradianen Zyklus befinden Sie sich in einem Zustand höchster Aktivität, der ideal ist, um zu lernen und Leistungen zu erbringen. Empfindungen und Wahrnehmung sind geschärft und klar, sensorische, motorische und sonstige körperliche Fähigkeiten erreichen ihr höchstes Niveau. Sie sprechen, denken und bewegen sich schneller und sind ganz allgemein konzentrierter.

Wenn Sie wissen, wann Sie in eine solche Phase eintreten, können Sie sich gezielt in Topform bringen: für ein wichtiges Meeting, für einen Termin mit einem neuen Kunden oder für die Arbeit an einem wichtigen Projekt, wenn Sie einen kreativen Schub brauchen.

In einem Tief, also in einer ultradianen Erholungsphase, verlangsamt sich der größte Teil unserer Sinnes- und Wahrnehmungsfunktionen, da sich die Seele-Körper-Einheit nach innen wendet, um ihren Haushalt in Ordnung zu bringen. In dieser Phase werden Sie daran erinnert, dass Sie eine 20-Minuten-Pause machen sollten. Sie passen bei der Arbeit nicht mehr so gut auf, sind unproduktiv und neigen dazu, Fehler zu machen. Der Buchhalter verrechnet sich, der Sachbearbeiter löscht aus Versehen eine wichtige Computerdatei, der Verkäufer wird einem Kunden gegenüber reizbar und unaufmerksam.

Wenn Sie trotzdem weiterarbeiten, kann das ultradiane Stresssyndrom die Folge sein. Menschen, die ein natürliches ultradianes Leistungstief nicht beachten und weiterarbeiten, bringen sich, ohne es zu wollen, um ihr Leistungshoch. In solchen Hochs werden nach außen hin gute Leistungen erbracht, in den Tiefs regeneriert sich der Mensch und lässt sich inspirieren. Wenn man diese Hochs und Tiefs nicht richtig nutzt, unterbricht man den natürlichen Rhythmus und gerät in eine sogenannte *Dysrhythmie mit niedrigen Amplituden*. Das bedeutet, dass man nie in den Genuss der Erholung kommt, die man für das nächste Hoch braucht. Der Mangel an ultradianer Regeneration führt dazu, dass einem die nötige Energie fehlt, um den nächsten natürlichen Leistungsgipfel zu erreichen, und das wiederum hat zur Folge, dass die Leistung nur noch mittelmäßig ist.

Wenn Sie alle Ihre Fähigkeiten nutzen wollen, um Spitzenleistungen zu erbringen, müssen Sie immer auf den richtigen Zeitpunkt achten. Das bedeutet, dass Sie in Ihrer Hochphase mit voller Konzentration arbeiten und sich in der ultradianen Erholungsphase absolute Ruhe gönnen.

Nutzen Sie Ihre natürlichen Hochs und Tiefs und richten Sie Ihren Tag entsprechend ein. Ich möchte Ihnen einige Vorschläge machen, wie Sie das bewerkstelligen können.

Maximieren Sie Ihre Hochs

Wenn Sie sich in Hochform fühlen, also »gut drauf« sind, sind Ihre Konzentrationsfähigkeit und Ihr Gedächtnis in Bestform. Sie denken schnell, Ihr Körper fühlt sich wohl und funktioniert automatisch und ohne Probleme. Ihre motorischen Fähigkeiten sind präzise und sicher, Ihre Sinne geschärft. Sie haben das gute Gefühl, völlig in Ihre Arbeit vertieft zu sein. Sie sind aufmerksam und wenn Sie Probleme lösen, so macht Ihnen das Freude und verschafft Ihnen ein Gefühl der Befriedigung. Sie sind neugierig, können über überraschende Entwicklungen staunen und verfügen über eine gesteigerte Denkfähigkeit.

In der transpersonalen Psychologie nennt man diesen Zustand *flow (Fließen)*. Nehmen wir uns Zeit und gönnen uns die zur Regeneration notwendige 20-Minuten-Pause, erleben wir solche Leistungshochs drei- bis viermal pro Tag auf ganz natürliche Art und Weise. Nutzen Sie die übrigen Perioden Ihres Arbeitstages, um diese Leistungshochs zu fördern.

Wenn Sie aus Ihren ultradianen Leistungshochs das Beste machen wollen, sollten Sie
··⫶ etwas tun, das Ihnen wirklich Freude macht, und sich auf Aufgaben konzentrieren, die Sie inspirieren und motivieren,
··⫶ den Teil Ihrer Arbeit erledigen, den Sie für den kreativsten halten und der Sie am meisten fordert,
··⫶ sich besonders anspruchsvollen, motivierenden Aktivitäten widmen.

Einigen Menschen hilft Musik, eine besondere Beleuchtung oder andere zusätzliche Sinnesreize, um ihre Leistungshochs zu steigern. Seien es Trommelrhythmen oder speziell für die Synchronisation beider Gehirnhälften produzierte Aufnahmen: Stark rhythmische Musik gilt schon seit langer Zeit als Schrittmacher für die natürlichen Rhythmen der Einheit von Körper und Seele.

Auch Teamarbeit an einem Gruppenprojekt kann ein Leistungshoch steigern. Unter idealen Bedingungen können sich die Gruppenmitglieder aufeinander einstimmen (entrainment), sodass sie ihr Leistungshoch zur gleichen Zeit erreichen und gemeinsam die Erholungsphasen genießen, in denen sie eine Pause machen, um das nächste Hoch vorzubereiten.

Wie man Besprechungen plant

Wichtige Konferenzen und Besprechungen sollten Sie so planen, dass sie mit einem Ihrer Leistungshochs zusammenfallen. Reservieren Sie die anderen Zeiten für weniger wichtige Meetings, bei denen Sie keine zentrale Rolle spielen. Fragt Sie zum Beispiel jemand: »Können Sie in fünf Minuten einmal zu mir kommen, damit wir darüber reden können, welcher Strategie wir bei Kunde XYZ folgen wollen?«, sollten Sie darauf achten, in welcher Phase Ihres ultradianen Rhythmus Sie sich gerade befinden. Spüren Sie Anzeichen ultradianer Erschöpfung oder sogar die ersten Hinweise auf das ultradiane Stresssyndrom? Dann sollten Sie antworten: »Tut mir leid, aber ich brauche noch etwas Zeit. Treffen wir uns doch in einer halben Stunde.« Auf diese Weise gewinnen Sie 30 Minuten, um in den vollen Genuss der ultradianen Heilreaktion zu kommen. Wenn Ihre Einheit von Körper und Seele dann wieder erfrischt ist und auf ein ultradianes Hoch zusteuert, haben Sie womöglich eine gute Idee, die Sie in der Besprechung vorbringen können.

Dauert eine Besprechung länger als 90 Minuten, schlagen Sie vor, zwischendurch eine Pause zu machen. Wahrscheinlich sind auch die anderen Teilnehmer müde und erschöpft. Setzen Sie außerdem nie schwierige Termine oder Besprechungen an, ohne 15- bis 20-minütige Pausen einzuplanen. Sie müssen auf Ihre ultradianen Rhythmen achten, damit Sie in einer anstrengenden Veranstaltung, in deren Verlauf Sie Stress aufgebaut haben und müde geworden sind, wieder zu Ihrer maximalen Funktionsfähigkeit zurückfinden. Nur so können Sie sicher sein, dass Ihnen Ihre soziale Kompetenz und Ihre Kreativität im vollen Umfang zur Verfügung stehen.

Sie sollten aber nicht nur auf Ihren eigenen Zeitplan, sondern auch auf den Ihrer Kollegen achten. Versuchen Sie, die typischen ultradianen Strukturen Ihrer Mitarbeiter zu erkennen. Wenn einer von ihnen für ein bestimmtes Projekt besonders wichtig ist, versuchen Sie herauszufinden, wann er sein Leistungshoch hat. Ist er eine »Lerche« oder eine »Eule«? Richten Sie es so ein, dass alle Termine und Besprechungen sowohl in die Hochphase Ihres Kollegen als auch in Ihre eigene fallen.

Verschieben Sie Ihre Hochphasen

Man kann die natürlichen ultradianen Rhythmen bis zu einem gewissen Grad verschieben, obwohl das nicht unbedingt zu empfehlen ist. Trotzdem kann es zum Beispiel vorkommen, dass Sie ein ultradianes Tief vermeiden wollen, weil Sie gerade eine wichtige geschäftliche Angelegenheit erledigen müssen. Oder Sie möchten bei einer besonders kritischen Verhandlung auch besonders fit sein.

In solchen Fällen können Sie ein Werkzeug verwenden, das bereits in Kapitel 5 beschrieben wurde: die Methode der nasalen Verschiebung. Nehmen wir einmal an, eine entscheidende Besprechung, in der von Ihnen klares, logisches Denken (linke Hirnhälfte) verlangt wird, beginnt um 15.00 Uhr. Dann sollten Sie 45 Minuten vor diesem Termin eine ultradiane Erholungspause einlegen und sich dabei auf die rechte Seite legen, damit das Gehirn auf die rechte Hemisphäre (die kreative, ganzheitlich orientierte Hälfte) umschaltet. Während Sie sich entspannen, können Sie sich fragen, ob Ihr Unbewusstes Ihnen wohl vor oder während der Besprechung neue Erkenntnisse über die entscheidenden Probleme bringen wird. Etwa um 14.45 Uhr sollten Sie sich dann auf die linke Seite legen. Nach wenigen Minuten wird die analytische und verbale Hälfte Ihres Gehirns voll aktiviert sein, sodass Sie topfit in die Besprechung gehen können. Nutzen Sie die letzten Minuten vor dem Termin, um die entscheidenden Fragen noch einmal zu überdenken, um zu prüfen, ob Ihre Seele Ihnen irgendwelche neuen Erkenntnisse vermittelt hat. Gehen Sie dann in die Besprechung, sind Sie gut vorbereitet und in Hochform.

Wenn Sie früh morgens eine Besprechung haben, sollten Sie abends eine halbe Stunde eher als sonst zu Bett gehen und den Wecker eine halbe Stunde früher stellen. Dadurch verschieben Sie Ihre ultradianen Rhythmen und können sicher sein, dass Sie für den Termin in Hochform sind. Genießen Sie die zusätzliche halbe Stunde, die Sie so gewinnen, und geben Sie sich im Bett Tagträumen über die anstehende Besprechung hin. Lassen Sie alle Gedanken und Ideen Revue passieren, die Ihnen dabei durch den Kopf gehen. Ihr schöpferischer Geist kann Ihnen in solchen Augenblicken neue Inspiration vermitteln.

Heilen Sie sich selbst während eines Tiefs

Wenn Ihre Einheit von Körper und Seele Ihnen signalisiert, dass Sie sich auf ein Tief zubewegen, sollten Sie die vier Schritte der ultradianen Heilreaktion befolgen, die im 4. Kapitel beschrieben werden. Nutzen Sie die Zeit so, wie die Natur es für Sie vorgesehen hat. Anfangs haben Sie womöglich Schwierigkeiten, Ihre Zeit und Ihren Terminplan so einzurichten, dass Sie zwischendurch eine ultradiane Pause einschieben können, aber wenn Sie es einige Male probiert haben, werden Sie feststellen, dass die ultradiane Heilreaktion Ihre Produktivität, Kreativität und Effizienz steigert.

Sie können beispielsweise zunächst einen Teil Ihrer Mittagspause für eine ultradiane Pause nutzen. Aber Sie können auch – wie bereits erwähnt – in Ihrem Terminkalender Zeit für sich selbst freihalten, und zwar zu einer Tageszeit, in der Sie erfahrungsgemäß das Bedürfnis haben, eine Pause zu machen. Wenn die Zeit dann gekommen ist, können Sie sich immer noch entscheiden, ob Sie eine ultradiane Pause machen wollen oder weiterarbeiten.

Wenn es Ihnen nicht möglich ist, eine Pause zu machen, und Sie das Gefühl haben, weiterarbeiten zu müssen, sollten Sie für solche Zeiten immer Aufgaben zur Hand haben, die keine hohen Anforderungen an Sie stellen. In den meisten Berufen gibt es solche Aufgaben, die weniger anspruchsvoll sind und routinemäßig erledigt werden können. Diese weniger wichtigen Tätigkeiten – z.B. Ablage machen oder Routineanrufe erledigen – müssen auch erledigt werden. Deshalb kümmern Sie sich vorzugsweise darum, wenn Sie sich in einem Leistungstief befinden. Warum sollten Sie auch die kostbare Zeit, in der Sie voller Energie und hoch konzentriert sind, für solch unwichtige Arbeiten verschwenden?

Manche Menschen halten es für sehr nützlich, Papier und Bleistift zur Hand zu haben, um Notizen zu machen, falls Ihnen nach der 20-Minuten-Pause etwas Gutes einfällt. Auf diese Weise können sie schöpferische Erkenntnisse während der ultradianen Heilreaktion festhalten. Es kommt auch immer wieder vor, dass man plötzlich eine brillante Idee hat und genau weiß, dass damit ein Problem gelöst werden könnte. Der Gedanke ist so klar, dass man glaubt, man könne ihn auch später noch aufschreiben. Später stellt man dann fest, dass die Inspiration verschwunden ist. Die Energie, an die der faszinierende Gedanke geknüpft war, ist nicht mehr vorhanden.

Was ist geschehen? Wahrscheinlich war die Einheit von Körper und Seele beim ersten Auftauchen der Idee schon damit beschäftigt, die ultradiane Verlagerung von der weniger verbalen rechten zur verbalen linken Hälfte (oder zu einer ganz bestimmten Kombination beider Hälften) zu vollziehen. Weil nicht erkannt wurde, wie wichtig es gewesen wäre, die gute Idee entweder aufzuschreiben oder auf eine andere Art auszudrücken, wurde der optimale ultradiane Moment der Kreativivät verpasst. Solche Einfälle können zu den unmöglichsten Zeiten kommen. Und wollen wir unserer inneren Kreativität bei ihren natürlichen ultradianen zerebralen Verlagerungen folgen, müssen wir auf die entsprechenden Hinweise achten.

Über diesen ultradianen Wechsel der geistigen Fähigkeiten berichtet eine Studie, die 1979 in der Zeitschrift Science veröffentlicht wurde. Raymond Klein und Roseanne Armitage vom psychologischen Institut der Dalhousie University in Kanada stellten fest, dass der kognitive Stil des Menschen einem 90-minütigen Rhythmus unterworfen ist. Die Gipfel der verbalen und räumlichen Fähigkeiten wechseln sich etwa alle anderthalb Stunden ab. Solche spontanen ultradianen Verschiebungen der Fähigkeiten des Verstandes bzw. des Gehirns können für viele Rätsel menschlicher Kreativität und Genialität verantwortlich sein (siehe Abb. 4).

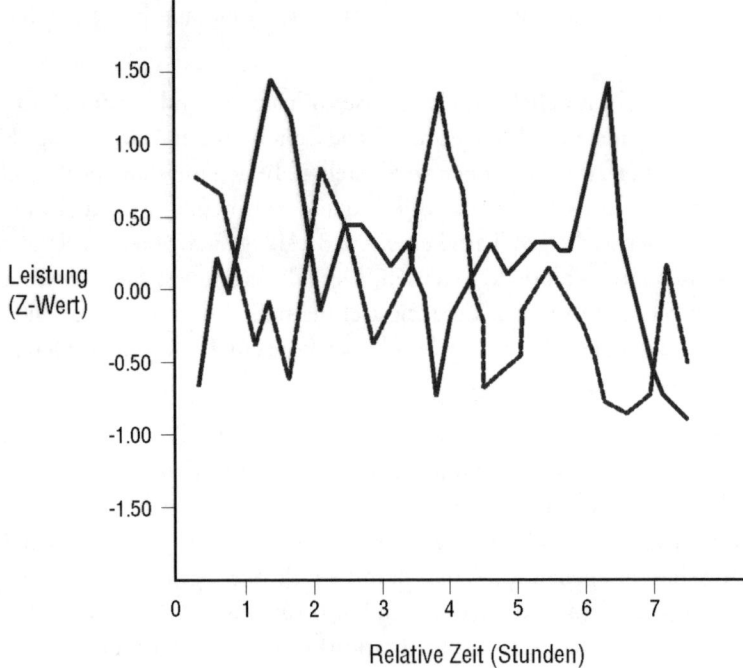

Abb. 4: Alternierende sprachliche und räumliche Fähigkeiten. Diese Grafik illustriert die natürliche ultradiane Verschiebung der verbalen (linke Hirnhälfte) und räumlichen (rechte Hirnhälfte) Fähigkeiten. Die durchgezogene Linie zeigt die Leistungen der verbalen, linkshemisphärischen Fähigkeiten, die gepunktete Linie die der räumlichen, rechtshemisphärischen Fähigkeiten (aus: Klein & Armitage, 1979).

Wie man mit dem toten Punkt fertig wird

Zwischen 15.00 und 16.00 Uhr kommen wir alle in eine Phase, die die beiden japanischen Forscher Yoichi Tsuji und Toshinori Kobayshi als toten Punkt (breaking point) bezeichnen. Sie untersuchten die Beschaffenheit von Hirnstromwellen und ihre Veränderung im Verlaufe eines Tages. Dabei entdeckten sie zwei Rhythmen, die sich deutlich voneinander unterscheiden: einen regelmäßigen ultradianen Rhythmus von etwa 100 Minuten und einen längeren zirkadianen Rhythmus, der sich einmal im Laufe eines Arbeitstages verändert. Der tote Punkt ist erreicht, wenn ein Tief des ultradianen Rhythmus mit einem Tief des zirkadianen zusammenfällt und beide sich gegenseitig verstärken. Der längere Rhythmus bewegt sich mehrere Stunden lang abwärts und führt uns schließlich zum tiefsten Punkt des Tages, der Schlafperiode, in der wir uns regenerieren. Gleichzeitig erreicht ein kürzerer ultradianer Rhythmus ebenfalls sein Tal. Das Ergebnis ist ein sogenannter toter Punkt, ein Müdigkeitsgefühl, das viele Menschen nachmittags überfällt. Dann gähnt man, reckt sich, schaut auf die Uhr und sehnt den Feierabend herbei.

Auch der israelische Forscher Peretz Lavie hat diesen nachmittäglichen Abfall der Konzentration beobachtet, der »die Wachzeit eines gewöhnlichen Tages in zwei Zonen einteilt: in die Morgen-Nachmittag-Zone, die im Hinblick auf die Konzentration und Aufmerksamkeit durch schnelle Rhythmen gekennzeichnet ist und deren vorherrschende Periodizität 90 bis 100 Minuten beträgt, und die Nachmittag-Abend-Zone, in der eine zunehmende Müdigkeit festzustellen ist. Hier lässt die Wachheit ziemlich abrupt nach, wenn der Beginn der Ruhephase des zirkadianen Zyklus erreicht wird«.

Haben wir unseren toten Punkt erreicht, sind wir äußerlich nicht gerade in Hochform und auch nicht besonders gesellig (mit Ausnahme jener »Eulen«, die am späten Nachmittag und Abend aktiver und geselliger werden), und die Bedürfnisse unseres Körpers nach ultradianer Erholung sind immer deutlicher zu erkennen. Am besten stellt man sich im Tagesablauf auf diesen Tiefpunkt ein, indem man sich für diese Zeit erholsame Aktivitäten vornimmt, zum Beispiel Lesen, Musikhören und Meditation. Kontakte mit anderen Menschen sollten in dieser Pase unkompliziert und wenig fordernd sein. Wenn Sie einen derartigen Tiefpunkt bei der Arbeit erleben, können Sie

⋯⊱ die intensivste ultradiane 20-Minuten-Pause des Tages machen (vielleicht ein Nickerchen, wenn Sie sich danach fühlen),

⋯⊱ alles für den nächsten Tag vorbereiten,

⋯⊱ lesen oder sich anderen erholsamen Aktivitäten widmen, bei denen Sie sich nicht besonders anstrengen müssen,

⋯⊱ ein entspanntes Gespräch führen oder etwas mit einem Kollegen unternehmen, dem die ultradiane Problematik vertraut ist.

Der tote Punkt eignet sich auch gut dazu, einfach über die Probleme und Fragen nachzudenken, mit denen man sich im Verlauf des Tages bisher nicht beschäftigt hat, die man aber am nächsten Morgen in Angriff nehmen will. So gibt man den Fragen Zeit, über Nacht im Unbewussten »zu reifen«. Am nächsten Morgen haben Sie vielleicht – dank der Arbeit, die in Ihrer Seele stattgefunden hat – eine kreative Lösung gefunden oder können die Situation jetzt aus einer anderen Perspektive betrachten.

Manche Menschen planen eine ultradiane Pause am Ende ihres Arbeitstages ein, bevor sie nach Hause gehen. Dadurch vermeiden sie nicht nur den Berufsverkehr, sondern erleben auch die positive Wirkung einer solchen Pause für ihr seelisches und geistiges Wohlbefinden, bevor sie nach Hause fahren und sich den familiären Anforderungen stellen.

Wenn Sie keine 20-Minuten-Pause machen können

Eine ungestörte ultradiane Heilreaktion dauert im Idealfall etwa 15 bis 20 Minuten. In der Hektik des Alltags lässt sich das jedoch nicht immer realisieren. Ja in vielen Berufen scheint es fast unmöglich zu sein, die ultradianen Prinzipien in die Praxis umzusetzen.

Doch die ultradiane Heilreaktion ist flexibel und kann sich an die jeweiligen Gegebenheiten anpassen. Auch wenn Sie nicht immer Gelegenheit haben, die volle 20-Minuten-Pause zu machen, die Ihr Körper braucht, müssen Sie deshalb nicht auf deren Vorteile verzichten. Probieren Sie eine der folgenden Alternativen aus.

Die ultradiane Minipause

Viele Menschen haben herausgefunden, dass sie keine 20 Minuten brauchen, um sich nach der ultradianen Regenerationsphase wieder frisch zu fühlen; eine Minipause von drei bis fünf Minuten reicht womöglich aus und kann bereits erstaunlich viel bewirken.

So stellte eine Chefsekretärin fest, dass sie gelegentlich während der Arbeitszeit für zwei bis drei Minuten an ihrem Schreibtisch »wegtrat«. Ihre Kolleginnen sahen, dass sie während dieser ultradianen Minipausen wie abwesend aus dem Fenster oder auf den Bildschirm ihres Computers starrte und so tief in Gedanken versunken schien, dass niemand wagte, sie in solchen Augenblicken zu stören. Sie kam dann spontan wieder zu sich, blinzelte, schüttelte den Kopf und machte sich dann wieder erfrischt an die Arbeit.

Manchen Menschen reichen also solche ultradianen Minipausen als Ersatz für eine längere Erholungspause. Andere haben das Gefühl, eine längere Pause zu benötigen, um sich wieder erfrischt zu fühlen. Auch hier hat also jeder Einzelne ganz individuelle Bedürfnisse, die z.T. sehr verschieden von denen anderer sein können. Deshalb ist es wichtig, dass wir genau auf die Signale unseres Körpers und unserer Seele achten.

Die aktive ultradiane Pause

Ist an Ihrem Arbeitsplatz nicht einmal eine solche kurze Ruhepause möglich, können Sie trotzdem in den Genuss der ultradianen Heilreaktion kommen. Jede Unterbrechung in der konzentrierten Arbeit und alles, das Sie von dem ablenkt, was Sie gerade tun, bringt Ihnen eine gewisse Erholung.

Immer wenn Sie ganz alltägliche Dinge tun, z.B. etwas hin und her räumen, auf der Schreibunterlage herumkritzeln, sich mit einem Kollegen unterhalten, ein privates

Telefongespräch führen, einmal durchs Büro gehen, sich recken und mehrmals tief durchatmen, Routinearbeiten erledigen oder aufräumen, machen Sie eine aktive ultradiane Pause und reagieren damit unbewusst auf die Mach-mal-Pause-Signale, die durch Ihre ultradianen Rhythmen ausgelöst werden. Sie können solche Tätigkeiten genießen, weil Sie Ihrer Seele-Körper-Einheit Gelegenheit geben, die Botenstoffe aufzufüllen und die Balance zwischen den Hirnhälften und innerhalb des Nervensystems wiederherzustellen.

Sollen die o.g. Aktivitäten als ultradiane Erholungspausen funktionieren, müssen Sie unbedingt darauf achten, dass Sie nichts tun, was schwierig oder zweckgebunden ist und besondere Konzentration verlangt. Das heißt, dass bestimmte Tätigkeiten in der aktiven ultradianen Pause vermieden werden sollten: anstrengende gymnastische Übungen, Aufgaben, die der eigenen Fortbildung dienen, Dinge, die schnell erledigt werden müssen, anspruchsvolle geistige Arbeit, Aufgaben unter Zeitdruck, die Bedienung von Maschinen, Entscheidungen und neuartige, schöpferische Arbeiten.

Nachdem Allen, ein leitender Angestellter in einer Werbeagentur, gelernt hatte, zwei- bis dreimal täglich eine ultradiane Erholungspause einzulegen, berichtete er, dass er es nicht immer schaffe, während der ultradianen Pausen »seinen Kopf abzuschalten«. Obwohl er sich größte Mühe gab, in der Pause zu entspannen, merkte er, dass sein Kopf im Hintergrund immer noch mit irgendetwas beschäftigt war. Er fragte sich, was das wohl sein könne. War er innerlich noch immer mit der gegenwärtigen Arbeit beschäftigt? Und dann hatte er ganz plötzlich einen unglaublich guten Einfall zu einem Problem, mit dem er vorher nicht weitergekommen war. Es war ein perfekter Werbeslogan oder eine neue Möglichkeit, eine verborgene Anspielung oder suggestive Fragen so zu formulieren, »dass man damit die Seele des Verbrauchers erreichen kann«, wie Allen das ausdrückte. Einige dieser spontanen Einfälle waren so gut, dass er von der Couch in seinem Büro aufstand, um sie zu notieren.

Meistens legte Allen sich dann wieder hin und stimmte sich erneut auf das angenehme Gefühl der ultradianen Heilreaktion ein. Doch weil er zugelassen hatte, dass die Arbeit sich wieder in den Vordergrund gedrängt hatte, obwohl er sich doch eigentlich hatte entspannen wollen, empfand er Schuldgefühle. Allens Sorge war unbegründet, denn er hatte nur eine weitere kreative Facette der ultradianen Heilreaktion erlebt: die aktive ultradiane Pause, in der das Innere seine schöpferische Arbeit an den Aufgaben der Außenwelt fortsetzt.

Verlagerung der Aktivität

Eine weitere Möglichkeit, auch ohne eine vollständige 20-Minuten-Pause in den Genuss der positiven Wirkung der ultradianen Heilreaktion zu kommen, besteht darin, dass man etwas völlig anderes tut als das, mit dem man bis zu diesem Augenblick beschäftigt war. So erreichen Sie einen Tempowechsel.

Wenn Sie es sich also gönnen, etwa alle anderthalb Stunden Ihr Tempo zu verändern, kommen Sie bis zu einem gewissen Grad in den Genuss der inneren Regeneration durch die ultradiane Heilreaktion, obwohl Sie weiterarbeiten.

Ein Mensch, der sich intensiv einer geistigen Aufgabe widmet und dabei vor allem seine linke Hirnhälfte nutzt, braucht einen Ausgleich, indem er die rechte Hirnhälfte aktiviert. Übt jemand eine Tätigkeit aus, in der es zu vielen Kontakten mit anderen Menschen kommt – wie z.B. Verkäufer oder Lehrer –, hat er das Bedürfnis, in der Pause allein zu sein. Werden von jemandem am Arbeitsplatz Höchstleistungen verlangt, klingelt z.B. ununterbrochen das Telefon oder ist er ständig mit schwierigen zwischenmenschlichen Situationen konfrontiert, wird er sich mit großer Wahrscheinlichkeit in der Pause zurückziehen und seine Ruhe haben wollen. Menschen, die bei ihrer Arbeit überwiegend sitzen, machen am liebsten einen kleinen Spaziergang in einer möglichst ruhigen Umgebung, in einem Park, an einem See oder am Strand.

Doch Vorsicht: Diese drei eben geschilderten Möglichkeiten können die 20-minütige ultradiane Heilreaktion nicht völlig ersetzen. Vor allem, wenn Sie erst damit beginnen, die ultradianen Prinzipien anzuwenden, bietet die vollständige ultradiane 20-Minuten-Pause die beste Möglichkeit, in den Genuss der ultradianen Regeneration zu kommen. Erst wenn man sich wirklich die Zeit nimmt, sich hinzulegen, wird einem mit der Zeit immer klarer, dass es sich lohnt und etwas bringt. Angesichts der Forderungen des Alltags ist eine solche Pause eine Oase der Ruhe. Ganz gleich, wie groß Ihre Erfahrungen auf dem Gebiet der ultradianen Regeneration sind: Sie sollten darauf achten, dass Sie sich täglich die Zeit für mindestens eine oder zwei vollständige ultradiane Erholungspausen nehmen.

Der ideale ultradiane Arbeitsplatz

Ein Arbeitsplatz, der dem ultradianen Prinzip wirklich gerecht würde, könnte viele Probleme aus der Welt schaffen: Unzufriedenheit mit der Arbeit, Burn-out, Unfälle, Versagen, das auf Stress zurückzuführen ist, eine hohe Personalfluktuation und eine hohe Krankenquote. Äußerlich müsste ein derartiger Arbeitsplatz so beschaffen sein, dass er dem Arbeitnehmer die beste Möglichkeit bietet, sein Bedürfnis nach einer ultradianen Regeneration zu befriedigen. Psychologisch kommt es darauf an, dass in den Chefetagen verstanden wird, dass es im Interesse des Unternehmens liegt, die ultradianen Bedürfnisse des einzelnen Arbeitnehmers zu befriedigen und seinen persönlichen Rhythmus zu respektieren. Was die Ethik betrifft, so könnten Arbeitgeber und

Arbeitnehmer einen für beide Seiten vorteilhaften Vertrag schließen, der garantiert, dass die Arbeit optimal erledigt wird, weil jeder Einzelne auf seinem ultradianen Hoch sein Bestes gibt und alle in den Genuss der Vorteile der persönlichen Erholung und des Wohlbefindens kommen.

Das ultradiane Büro

Das im ultradianen Sinne ideale Büro sollte so eingerichtet sein, dass es dem Arbeitnehmer mehr Ruhe bietet. In Großraumbüros müssten die Trennwände vom Boden bis zur Decke reichen, damit jeder Mitarbeiter von Geräuschen abgeschirmt und seine Privatsphäre geschützt ist. Oder es müsste einen speziellen Raum geben, mit Einzel-Kojen, in denen Liegen stehen. Telefonanrufe und andere Störungen müssten vorübergehend auszuschließen sein, wenn ein Arbeitnehmer merkt, dass seine ultradiane Heilreaktion beginnt.

Einige Privilegierte verfügen bereits heute über solche ultradianen Vergünstigungen: die Chefs. Sie haben in der Regel komfortable Einzelbüros, deren Türen sie abschließen können, wenn sie sich hinlegen oder ausruhen möchten. Es ist allgemein bekannt, dass sich viele Spitzenmanager oft in ihr Allerheiligstes zurückziehen und eine kurze Erholungspause machen und ihre Mitarbeiter bitten, alle Anrufe für 15 oder 20 Minuten abzufangen. Durch Versuch und Irrtum haben sie herausgefunden, dass diese Pausen gut für ihre Gesundheit, Kreativität und Produktivität sind.

Nur wenigen Menschen ist klar, dass die Gesundheit, Kreativität und Produktivität eines jeden Mitarbeiters durch die Beachtung der ultradianen Prinzipien gefördert werden kann und dass davon schließlich auch die Firma profitiert. Dr. Candace Pert, die frühere Leiterin der Abteilung für Biochemie des Gehirns am National Institute of Mental Health hat diese ultradianen Prinzipien bereits in die Praxis umgesetzt. In ihrem privaten Labor »Integra« haben ihre Mitarbeiter Zugang zu einem Raum, den sie selbst den »Zen-Raum« nennt. Das ist ein ruhiges Zimmer, in dem die Mitarbeiter ihre Erholungspausen machen können, wenn sie das Bedürfnis danach haben. Diese fortschrittliche Einstellung erklärt womöglich auch, warum in diesem Labor einige der kreativsten Arbeiten über Aids, Psychobiologie und die Biochemie des Gehirns entstanden sind.

Der aufgeklärte ultradiane Manager

Der wichtigste Faktor des neuen ultradianen Arbeitsplatzes ist die Einstellung der Geschäftsleitung, der Menschen also, die für die Atmosphäre des gesamten Betriebes verantwortlich sind. Hat der Chef ein Bewusstsein für die ultradiane Problematik, werden auch die Arbeitsplätze humaner und produktiver gestaltet sein. Ist dem Management das Problem der ultradianen Rhythmen klar, werden die mögliche Steigerung der Produktivität, die Verbesserung der Arbeitsqualität und die höhere Arbeitsmoral der Belegschaft freudig begrüßt werden. Der im Hinblick auf die ultradiane Problematik aufgeklärte Chef darf drei Punkte nicht aus dem Auge verlieren:

1. Toleranz gegenüber den individuellen Variationen des Leistungsverhaltens ist eine entscheidende Vorbedingung bei der Gestaltung des ultradianen Arbeitsplatzes. Wenn man die Mitarbeiter zwingt, sich nach einem starren, von außen bestimmten Arbeitsablauf zu richten, der angeblich im Interesse der Firma so sein muss, stellt man sich gegen natürliche Regenerationsprozesse, gegen die Gesundheit und das Wohlbefinden. Dadurch wird ein Teufelskreis in Gang gesetzt, der gekennzeichnet ist durch Stress, Burn-out und eine sub-optimale Leistung und in Wirklichkeit den Interessen der Firma zuwiderläuft.

2. Wenn Sie sehen, dass einer Ihrer Angestellten eine Pause macht, sollten Sie sich darüber im Klaren sein, dass er nicht seine Zeit verschwendet, faul ist oder sich seinen Tagträumen hingibt. Machen Sie sich keine Sorgen, dass der Arbeitnehmer sich nicht bezahlt machen könnte. Derartige ultradiane Pausen ermöglichen es Arbeitern und Angestellten, schöpferische Ideen zu entwickeln, und sie bewirken außerdem, dass sie weniger Fehler machen, seltener Unfälle haben, seltener fehlen, weniger persönliche Probleme haben und der Firma länger erhalten bleiben. Letzten Endes wird sich die ultradiane Heilreaktion auszahlen.

3. Nutzen Sie das ultradiane Entrainment. Lernen Sie die Signale zu erkennen, durch welche Menschen synchronisiert werden, sodass sie gemeinsam optimale Perioden ultradianer Aktivität und Ruhe durchlaufen. Wenn Sie Ihre Angestellten für ein Verkaufsgespräch inspirieren wollen; wenn Sie das ganze Büro so motivieren, dass alle gemeinsam dann ein ultradianes Hoch erreichen, wenn ein wichtiger Termin eingehalten werden muss; wenn Sie eine Pause einlegen, um Ihren Mitarbeitern gut zuzureden, sie zu ermutigen oder mit ihnen essen zu gehen, sorgen Sie für eine Synchronisierung der ultradianen Rhythmen im gemeinsamen Arbeitsumfeld, die zu einer Optimierung aller Leistungen führt.

Der Berater Dr. Bruce Gregory weiß zu berichten, dass die Vorgesetzten, die ihre eigenen ultradianen Schwankungen in den Griff bekommen haben, in einem Umfeld, das von Stress und Zeitdruck gekennzeichnet ist, die Kommunikation mit und zwischen ihren Mitarbeitern aus folgenden Gründen verbessern konnten:

···⇥ Sie fühlen sich selbst wohler und sind entspannter.

···⇥ Sie haben mehr Verständnis für die Bedürfnisse anderer Menschen, die sich wohlfühlen möchten, Zuspruch brauchen und über alle wichtigen Vorgänge informiert sein wollen.

···⟩ Sie können besser auf die Bedürfnisse anderer reagieren, weil sie sensible Fragen stellen, die dem Zuhörer die Unsicherheit nehmen und ihn aus der Defensive locken.

···⟩ Es gelingt Ihnen, unkooperative Kommunikationsprozesse, Einstellungen und Verhaltensweisen in kooperative zu verwandeln.

In der heutigen Arbeitswelt müssen wir, ganz gleich auf welcher Seite wir stehen, Verantwortung tragen und uns Herausforderungen stellen. Dazu brauchen wir unsere ganze Kraft, unseren Verstand, unsere Fähigkeiten und unser ganzes Engagement. Wenn wir unsere ultradianen Rhythmen einbeziehen, statt uns gegen sie zu stellen, können wir sicher sein, dass wir im entscheidenden Moment optimal funktionieren und uns dann erholen, wenn unser Körper und unsere Seele Erholung brauchen, um für weitere Aufgaben fit zu sein. Die ultradiane Regeneration ist das wichtigste Instrument zur Steigerung unserer persönlichen und beruflichen Leistungen.

Die Anwendung ultradianer Erkenntnisse auf verschiedene Berufe

Jeder Beruf hat seine speziellen ultradianen Bedürfnisse, und die Menschen, die in den verschiedenen Berufen arbeiten, wenden die Prinzipien der ultradianen Erholung auf unterschiedliche Art und Weise an. Praktisch jeder Beruf stellt besondere Anforderungen und bringt Probleme im Hinblick auf die Tageseinteilung mit sich. Doch in jedem Fall ist Rücksicht auf die ultradiane Regeneration die beste Möglichkeit, um einen optimalen Wirkungsgrad zu erzielen. Im Folgenden finden Sie einige wichtige Überlegungen zu verschiedenen Berufen.

Arbeiter in der industriellen Produktion

In der industriellen Arbeitswelt ist die tatsächlich produzierte Stückzahl, die das Band verlässt, der wichtigste Leistungsindikator. Ein typischer, immer wieder von Betriebspsychologen beobachteter Ablauf zeigt einen Leistungsanstieg in der ersten ultradianen Periode des Tages. Die Kurve wird ein wenig flacher, wenn die Arbeiter ihre erste Pause machen müssen. Anschließend steigt die Produktion bis zur Mittagspause wieder rapide an (siehe Abb. 5).

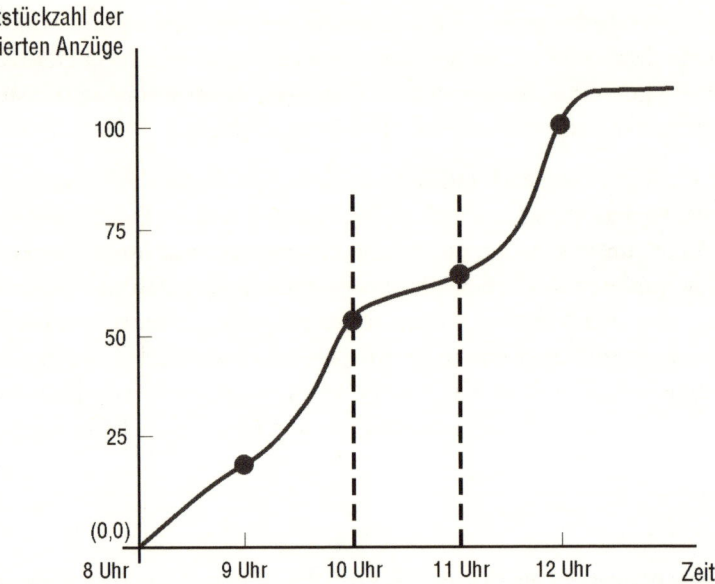

Abb. 5: Darstellung der Produktivität. Die Tabelle zeigt die Produktivität in einem Betrieb der Bekleidungsindustrie. Die Werte sind typisch für jede Art der industriellen Fertigung. Beachten Sie die Abflachung der Produktivität während der normalen Kaffepause am frühen Vormittag, die durch die gestrichelten Linien markiert ist.

Setzt man sich über diese ultradianen Phasen hinweg, führt das nur zu Ineffizienz, Fehlern, schlechter Arbeitsmoral, seelischem Stress, Fehleinschätzungen und erschöpfungsbedingten Unfällen. Realistisch betrachtet bedeutet das für eine Firma eine Verschlechterung, da die Kosten steigen, vor allem die Kosten für das betriebliche Gesundheitswesen. Eine gleichfalls höhere Ineffizienz lässt sich auf die mangelnde Synchronisation der ultradianen Rhythmen zurückführen. Diese Kosten können gesenkt, die Zufriedenheit der Arbeiter und die Produktion gesteigert werden, wenn mehr auf die ultradianen Bedürfnisse geachtet wird.

Schreibtischarbeiter

Je wichtiger geistige Arbeit ist, umso größer ist die Notwendigkeit eines ultradianen Ausgleichs. Wir haben bereits gesehen, dass intellektuelle Funktionen in der Tiefphase der ultradianen Rhythmen in signifikanter Weise beeinträchtigt werden, was zu einer Verlängerung der Reaktionszeit, Konzentrationsstörungen, Ineffizienz, Vergesslichkeit, Flüchtigkeitsfehlern und zu einer Beeinträchtigung der Abstraktionsfähigkeit führen kann.

Paradoxerweise neigen gerade »Kopfarbeiter« dazu, zu lange zu arbeiten. Sie werden zu Sklaven ihrer Arbeit und missachten die Signale ihrer Seele-Körper-Einheit, was sie schließlich besonders anfällig für das ultradiane Stresssyndrom macht. Deshalb sollten gerade Menschen, die in geistig anspruchsvollen Berufen tätig sind, dazu ermuntert werden, ihren persönlichen Rhythmus von Produktivität und Erholung zu respektieren.

Unser Ziel muss es sein, die drei oder vier Spitzenperioden eines achtstündigen Arbeitstages zu erkennen. Auf einer Tagung an der University of Southern California, die sich mit Fragen der Therapie in der Arbeitswelt beschäftigte, berichtete zum Beispiel Stephen Hawking, einer der kreativsten Astrophysiker der Welt, dass sein Arbeitstag aus einer Reihe von 90- bis 120-minütigen Perioden intensiver schöpferischer Arbeit bestehe, zwischen denen er Ruhepausen einlege.

Schöpferische, leistungsfähige und produktive Menschen arbeiten gewöhnlich im Einklang mit ihren natürlichen Rhythmen. Sie nutzen die unbewusste Kreativität, die ihnen durch die Öffnung ihrer ultradianen Fenster zur Verfügung steht. In der ultradianen Heilreaktion haben wir einen besonders guten Zugang zu den Hilfsquellen unserer Seele. Dort bieten sich uns neue Ideen, Orientierungshilfen und Problemlösungen an.

Menschen, die in ihrem Beruf in hohem Maße kreativ sein müssen, zum Beispiel Journalisten, Künstler und Lehrer, müssen ganz besonders auf die ultradianen Erholungsphasen achten, damit sie nie den Kontakt zur Quelle ihrer Kreativität verlieren. Respektiert man die ultradianen Rhythmen der Aktivität und Ruhe, kann man das berüchtigte Burn-out-Syndrom vermeiden, unter dem so viele schöpferische Menschen leiden.

Büroangestellte und Menschen, die am Computer arbeiten

15 Millionen Amerikaner, zum größten Teil Frauen, sitzen tagtäglich vor dem Bildschirm. Millionen von ihnen kommen mit geröteten Augen, Schmerzen in den Schultern, Rücken- und Nackenschmerzen nach Hause. Viele von ihnen prozessieren gegen ihre Arbeitgeber oder streiken. Dieses Elend könnte erheblich verringert werden, wenn die Arbeitgeber auf ihren gesunden Menschenverstand hören und die Notwendigkeit regelmäßiger, ultradianer Pausen respektieren würden.

Wenn Ihre Arbeit detailorientiert ist und aus ständigen Wiederholungen besteht, sollten Sie ganz besonders darauf achten, dass Sie die notwendigen ultradianen Erholungspausen einlegen. Ultradiane Erschöpfung führt zu Konzentrationsstörungen. Sie machen dann orthografische Fehler, vertippen und verzählen sich. Gesundheitsexperten der University of California in Berkeley sprachen die Empfehlung aus, dass Angestellte an PC-Arbeitsplätzen alle ein bis zwei Stunden 15 Minuten Pause machen sollten, um sich auszuruhen und ihren Augen eine Erholungspause zu gönnen. In jedem Betrieb, in dem man Rücksicht auf die ultradianen Rhythmen nimmt, sollten solche Pausen für alle Arbeitsplätze gelten.

Telefonistinnen und Telefonisten

Unter den wachsamen Augen der Aufsichtspersonen müssen Telefonistinnen und Telefonisten pro Tag sechs- bis siebenhundert Gespräche vermitteln. Sie müssen sich mit einer unglaublichen Vielzahl von subtilen, manchmal sich widersprechenden Forderungen auseinandersetzen, bei denen es gelegentlich sogar um Leben und Tod geht. Von diesen unbesungenen Helden der Kommunikation wird erwartet, dass sie all das tun und trotzdem jeden Gesprächspartner, mit dem sie nur 30 Sekunden Kontakt haben, höflich und freundlich behandeln, und das alles mit nur zwei Pausen von 15 Minuten. Das ist für eine solche Leistung ganz einfach zu wenig. Viele Telefonisten und Telefonistinnen berichten, dass sie vor und während der Arbeit regelmäßig schmerzstillende Mittel nehmen. Sie brauchen dringend längere (etwa 30 Minuten) und häufigere Pausen, in denen sie sich in einen ruhigen Raum zurückziehen und ihre ultradiane Heilreaktion erleben können.

Selbstständige

Sie arbeiten für den anspruchsvollsten, unvernünftigsten und perfektionistischsten Sklaventreiber, den es gibt: für sich selbst. Wenn die Grenze zwischen Ihrem Unternehmen und Ihrem Privatleben nicht mehr klar zu erkennen ist, kann es geschehen, dass Sie sich zu stark mit Ihrer Arbeit identifizieren, die Signale Ihrer Seele und Ihres Körpers ignorieren und dem ultradianen Stresssyndrom zum Opfer fallen. In der Folge machen Sie sich selbst krank und arbeitsunfähig und entwickeln psychosomatische Störungen wie Rückenschmerzen, Kopfschmerzen oder Magengeschwüre.

Wollen Sie sich davor schützen, sollten Sie immer darauf achten, regelmäßig ultradiane Erholungspausen zu machen. Nur so können Sie Ihre Leistungsfähigkeit und Produktivität auf einem hohen Niveau halten, ohne das, was Sie sich erarbeitet haben, durch stressbedingte Krankheiten oder Störungen aufs Spiel zu setzen.

Menschen, die zu Hause arbeiten

Die Millionen von Amerikanern, die zu Hause arbeiten, wären am ehesten in der Lage, die ultradianen Prinzipien regelmäßig anzuwenden. Sie sind flexibel und können Arbeit und Erholungspausen so einteilen, wie es ihrem persönlichen Rhythmus entspricht. Sie können ihre Produktivität und den Spaß bei der Arbeit auf ein Maximum steigern und den Stress auf ein Minimum reduzieren.

Wenn Sie zu Hause arbeiten und das Gefühl haben, eine Pause machen zu wollen, sollten Sie, statt den Kühlschrank zu räubern, lieber die ultradiane Heilreaktion nutzen.

Menschen in sozialen Berufen

Sie können anderen Menschen nicht helfen, wenn es Ihnen selbst nicht gut geht. Kurz gesagt, das ultradiane Stresssyndrom kann sowohl Ihre Effektivität als auch Ihre Fähigkeit, subtile Signale im zwischenmenschlichen Bereich zu deuten, erheblich beeinträchtigen. Auch Ihr Abstraktionsvermögen (das Sie in die Lage versetzt, Strukturen zu erkennen, wie zum Beispiel eine allmähliche Veränderung am Zustand eines Patienten oder die Fortschritte, die ein Schüler gemacht hat) leidet darunter. Außerdem verkrampfen Sie und werden ungeduldig. Die Tatsache, dass so viele Menschen in sozialen Berufen unter einem Mangel an ausreichenden Regenerationsphasen leiden, ist eine der Ursachen für das Burn-out-Syndrom. In allen sozialen Berufen – das gilt für Ärzte, Schwestern, und Psychotherapeuten genauso wie für Ehe- und Berufsberater – sind ultradiane Pausen lebenswichtig, damit diese Menschen emotional ausgeglichen sind und ihre Beobachtungsgabe für zwischenmenschliche Probleme nicht beeinträchtigt wird.

Schichtarbeit und Tätigkeiten, die ein hohes Maß an Konzentration verlangen

William Dement von der Stanford University, einer der führenden amerikanischen Schlafforscher, schätzt, dass durch Müdigkeit und Unaufmerksamkeit mehr Unfälle verursacht werden als durch Alkohol. Das lässt darauf schließen, dass die ultradiane Regeneration für Menschen, die eine Tätigkeit ausüben, die ständige Konzentration und Wachheit erfordert, lebenswichtig ist. Wenn wir wissen, wann wir in eine natürliche ultradiane Erholungsphase eintreten, können wir die verlangsamten, ineffizienten Reaktionen und Ausfälle des Gedächtnisses vermeiden, die die Ursache für Unfälle während eines ultradianen Tiefs sind.

In Berufen, die mit einem hohen Maß an Stress verbunden sind und bei denen Sicherheit oberstes Gebot ist – z.B. Tätigkeiten in Kernkraftwerken, in der Flugsicherung, im OP oder an großen Maschinen – müssen die Beschäftigten besonders auf ihr Bedürfnis nach einer ultradianen Regeneration achten. Untersuchungen haben gezeigt, dass Piloten und Lokomotivführer mehr Unfälle verursachen, wenn ihnen die Erholungspausen fehlen. Die Federal Aviation Administration (Bundesluftfahrtbehörde) hat eine weise Entscheidung getroffen und auf bestimmten Langstrecken »kontrollierte Nickerchen« im Cockpit erlaubt, während der andere Pilot das Flugzeug fliegt. (Solche kontrollierten Nickerchen sind natürlich nichts anderes als ultradiane Pausen.)

Nahezu alle Untersuchungen über durch Ermüdung verursachte Unfälle zeigen, dass sich die weitaus meisten Verkehrsunfälle in den frühen Morgenstunden ereignen. Zu dieser Tageszeit haben sich einige der größten Katastrophen unserer Tage ereignet: z.B. die schrecklichen Unfälle in den Kernkraftwerken von Three Mile Island und Tschernobyl und die Explosion in den Union-Carbide-Werken in Bophal (Indien).

Arbeiter, die häufig in Wechselschichten arbeiten müssen, laufen Gefahr, dass ihre ultradianen und zirkadianen Rhythmen asynchron werden. Für Schichtarbeiter ist es sehr schwer, effektiv zu arbeiten, weil sie nie genug Zeit haben, sich an eine bestimmte Arbeitszeit zu gewöhnen – das würde einige Wochen dauern, und bis dahin hat man sie längst schon wieder einer anderen Schicht zugeteilt. In einem Bericht mit dem Titel *Katastrophen, Schlaf und Politik,* der von der Association of Professional Sleep Societies herausgegeben wurde, werden folgende Empfehlungen für die Schichtarbeit gegeben:

Morgendliche Katastrophen: In der Zeit zwischen 1.00 und etwa 8.00 Uhr ist die Wahrscheinlichkeit einer Katastrophe, die auf menschliches Versagen zurückzuführen ist, besonders groß. Eine zweite, weniger markante Zeit liegt zwischen 14.00 und 18.00 Uhr. Private und öffentliche Kontrollinstanzen sollten sich darüber klar werden, welche Verluste die Gesellschaft wegen des Leistungsabfalls in diesen kritischen Stunden bereits erlitten hat. Ein gesteigertes Bewusstsein für diese Probleme und die Erkenntnis, dass alle Menschen davon betroffen sind, könnten dazu beitragen, einen Teil der ernsteren Unfallfolgen und Irrtümer in diesen Stunden zu vermeiden. Das Komitee wendet sich an die Institutionen, die für die Organisation der Arbeit verantwortlich sind, an die Firmenleitungen und staatlichen Behörden und spricht die dringende Empfehlung aus, die für die Leistungsfähigkeit relevanten Aspekte der Physiologie des Schlafs zu berücksichtigen.

Gesundheitliche Risiken: Besonders Herzinfarkte und Schlaganfälle treten zu bestimmten Tageszeiten häufiger auf als zu anderen. Es sollte genauer untersucht werden, welche Faktoren für ein erhöhtes gesundheitliches Risiko (z.T. mit Todesfolge), vor allem in der unmittelbar auf die Nachtruhe folgenden Zeitspanne, verantwortlich sind. Die entsprechenden Risikogruppen könnten dann definiert und die Krankheitshäufigkeit und Mortalität gesenkt werden.

Straßenverkehr: Es müssten Programme entwickelt werden, mit deren Hilfe man müdigkeitsbedingte Fahrfehler im Straßenverkehr und bei der Arbeit erkennen kann. Das gilt vor allem für Industriezweige, in denen das Unfallrisiko im Interesse der Öffentlichkeit auf einem Minimum gehalten werden muss, zum Beispiel beim Transport von Gefahrgütern, in Kernkraftwerken usw.

Schlafmangel: Das Komitee hat erkannt, dass ein Mangel an Schlaf, auch wenn jemand nur eine oder zwei Stunden weniger schläft als gewöhnlich, die Tendenz zu Fehlern in den kritischen Stunden enorm steigern kann. Wenn der Schlafmangel zusätzlich mit Stress verbunden ist, zum Beispiel in Arbeitsgruppen, die unter Termindruck stehen, kann es zu Persönlichkeitsveränderungen und irrationalem Verhalten kommen. Das Komitee empfiehlt daher, dass alle Industriezweige und Dienstleistungsbetriebe, in denen die öffentliche Sicherheit eine Rolle spielt, den physiologischen Bedürfnissen ihrer Arbeiter und der Sicherheit der Gesamtgesellschaft Rechnung tragen sollten. Die Firmenleitungen sollten darüber hinaus die Einsatzzeiten ihrer gesamten Belegschaft begrenzen, damit zwischen den Arbeitsperioden genügend Zeit zum Schlafen bleibt. Eine solche Beschränkung der Arbeitszeit sollte auch für alle gelten, die Schreibtischarbeit verrichten und/oder wichtige Entscheidungen treffen müssen, sowie für Menschen, die Maschinen bedienen. Derartige Maßnahmen müssen außerdem mit Aufklärungskampagnen gekoppelt werden, in denen den Arbeitern der physiologische Nutzen der geplanten Ruhezeiten nahegebracht wird.

Arbeitspläne für Schichtarbeiter: Vor allem Einsatzpläne zur Schichtarbeit sollten kritisch betrachtet werden, denn hier können sich die Betroffenen nur unter großen Schwierigkeiten an die Vorgaben anpassen. Es sollten deshalb Pläne entwickelt werden, die mit einem Minimum an Aufwand die Gesundheit der Belegschaft und die allgemeine Sicherheit fördern. Die Arbeitszeiten von Entscheidungsträgern und die Arbeitsbelastung der Angestellten in Schlüsselpositionen sollten so beschaffen sein, dass negative Auswirkungen des biologischen Schlafbedürnisses, wodurch die Wahrscheinlichkeit menschlichen Versagens erhöht wird, auf ein Mindestmaß reduziert werden.

Als Schichtarbeiter sollten Sie unbedingt die ultradiane Heilreaktion nutzen, um die maximale Regeneration zu erreichen, die Ihnen ermöglicht, die Belastungen durch wechselnde Schichten zu ertragen.

Berufe, in denen es auf Verhandlungsgeschick ankommt

In vielen Berufen spielen Verhandlungen eine große Rolle. Von den jährlichen Diskussionen über die Firmenpolitik bis zu den Vermittlungsbemühungen zwischen Firmenleitung und Betriebsrat oder auch in der Kundenwerbung spielen die ultradianen Rhythmen eine wichtige, wenn auch unauffällige Rolle. Das ultradiane Stresssyndrom macht uns in Situationen verletzlich, in denen wir unser Verhandlungsgeschick am nötigsten brauchen. Nutzen wir die ultradiane Heilreaktion frühzeitig, kann das unsere Wachheit steigern und dazu beitragen, dass wir ein besseres Gespür für zwischenmenschliche Probleme haben. Oft ziehen sich Verhandlungen oder Konferenzen in die Länge. Das kann an einem mangelnden Bewusstsein über die Auswirkungen der natürlichen Müdigkeit liegen. Manchmal ist es auch eine ganz bewusste Strategie, um die andere Seite kirre zu machen. Wenn Sie einmal genau darauf achten, werden Sie sowohl bei sich selbst als auch bei den anderen die Anzeichen für ultradianen Stress erkennen können:

⸱⸱⸱⟩ Verletzlichkeit, Abhängigkeit und Suggestibilität
⸱⸱⸱⟩ Konzentrations- und Gedächtnisstörungen
⸱⸱⸱⟩ Flüchtigkeitsfehler, Übersehen wichtiger Details
⸱⸱⸱⟩ Reizbarkeit und Ungeduld
⸱⸱⸱⟩ Versprecher und Hörfehler

Das ist also ganz offensichtlich kein guter Zeitpunkt, um anspruchsvolle Verhandlungen zu führen, bei denen viel auf dem Spiel steht.

Wenn sich die ultradianen Stresssignale melden, sollten Sie eine Pause machen, denn das will Ihre Einheit von Körper und Seele Ihnen mitteilen. Wollen die anderen keine Pause machen, sollten Sie sich entschuldigen und allein den Raum verlassen. Versuchen Sie alles, um Zeit für eine kurze ultradiane Regenerationsphase zu gewinnen.

Mitunter werden Verhandlungen von beiden Parteien in die Länge gezogen, weil beide sich von dieser Taktik eine schnellere Einigung versprechen. Bei den typischen Verhandlungen zwischen Arbeitgebern und Gewerkschaften geschieht es immer wieder, dass die von der Regierung bestellten Vermittler beide Parteien zwingen, acht, zehn oder sogar fünfzehn Stunden in einem geschlossenen Raum auszuharren – jedenfalls so lange, bis sie sich geeinigt haben. Wenn unter solchen Umständen die eine oder andere Partei aus Gründen der ultradianen Erschöpfung Zugeständnisse macht, wird der Kompromiss eine gewisse Verbitterung hervorrufen, weil man das Gefühl hat, überfahren worden zu sein. Auch wenn die Vermittler sich erfolgreich fühlen, haben sie in Wirklichkeit womöglich nur die Weichen für weitere Konflikte gestellt. Da beide Seiten sich als Verlierer betrachten, werden sie später Mittel und Wege finden, die Vereinbarung zu torpedieren.

Ultradianer Tipp: Der Schlüssel zur ultradianen Verhandlungsführung

1. Vermeiden Sie lange Sitzungen. Unterbrechen Sie eine Verhandlung alle anderthalb Stunden für eine 20-Minuten-Pause.
2. Vermeiden Sie Verhandlungen, wenn Ihr Körper und Ihre Seele Ihnen anzeigen, dass jetzt Zeit für eine ultradiane Heilreaktion ist.
3. Achten Sie bei sich selbst und bei den anderen Teilnehmern auf Hinweise, die den Beginn des ultradianen Stresssyndroms anzeigen.
4. Machen Sie sich klar, dass Einigungen, die erzielt wurden, weil die Teilnehmer erschöpft waren oder unter dem ultradianen Stresssyndrom litten, zu Verbitterung, Konflikten und gerichtlichen Auseinandersetzungen führen können.

Es ist moralisch verwerflich und auch aus praktischen Gesichtspunkten nicht zu empfehlen, die ultradiane Verletzlichkeit anderer auszunutzen, sei es bewusst oder unbewusst. Am besten versucht man, die Verhandlung immer dann zu unterbrechen, wenn sie länger als 90 bis 120 Minuten dauert. Unabhängig davon, ob es den Teilnehmern bewusst ist oder nicht, werden sie dann in den Genuss der ultradianen Regenerationsphase kommen. Alle werden schließlich davon profitieren, wenn die Teilnehmenden intellektuell und seelisch topfit sind und wirklich kreative Lösungen finden. Es kann unter solchen Umständen länger dauern, bis man eine Einigung erzielt, aber die Wahrscheinlichkeit, dass die erzielte Einigung für alle Beteiligten gewinnbringend ist, wird dadurch größer.

Sportler und ultradiane Rhythmen

Am 23. April 1988 wurde mit dem Leichtflugzeug Daedalus ein Weltrekord aufgestellt. Über 119 Kilometer flog es – allein von Menschenkraft angetrieben – von Kreta zur Insel Santorin. Da der Glukosespiegel für die körperliche Ausdauer genauso wichtig ist wie für das Gedächtnis und die geistigen Fähigkeiten, überwachten Wissenschaftler während des gesamten Fluges den Glukosespiegel des Piloten – also seinen wichtigsten Treibstoff.

Im Verlauf der ersten ultradianen Periode von zwei Stunden stieg der Glukosespiegel ständig an. Dann sank er zwei Stunden lang in besorgniserregender Weise, um sich für den Rest des sechsstündigen Fluges auf einem etwas höheren Niveau einzupendeln. Das vermittelt ein klares Bild der Grenzen menschlicher Belastbarkeit bei dem Versuch, absolute Höchstleistungen zu erzielen. Die Ergebnisse legen nahe, dass während des ersten wichtigen ultradianen Rhythmus die höchsten Leistungen erbracht werden – vorausgesetzt, es werden die erforderlichen Pausen gemacht.

Demnach müssen Sportler lernen, die Leistungsspitze in den ersten beiden Stunden voll zu nutzen. Will ein Sportler während des Trainings wissen, in welcher Phase seines ultradianen Leistungsrhythmus er sich gerade befindet, muss er lernen, die individuellen Signale seines Körpers und seiner Seele zu erkennen. So kann er sich optimal auf den Wettkampf vorbereiten.

Es macht keinen Sinn – und kann sogar gefährlich sein – sich überzutrainieren. Weil er nach dem ersten ultradianen Rhythmus in einer Phase nachlassender Kräfte eine weitere Leistungssteigerung erreichen will, gewöhnt sich der Sportler u.U. einen ineffektiven Leistungsrhythmus an. Auch das Urteilsvermögen ist in einer Tief-Phase getrübt, die Begeisterungsfähigkeit und der Siegeswille sind beeinträchtigt. Da der Sportler müde wird und seine Konzentration nachlässt, ist in dieser Zeit die Unfall- und Verletzungsgefahr am größten.

In Mannschaftssportarten wie Baseball, Football und Hockey haben kluge Trainer gelernt, sowohl die individuellen Leistungsspitzen eines jeden Mitglieds der Mannschaft
als auch die frühen Warnsignale zu erkennen, die anzeigen, dass ein Hoch überschrit-
ten ist. In einem guten Team kann ein positives Miteinander aller Mitglieder eine Be-
geisterung auslösen, die zu einer optimalen Leistung führt, weil sich die gesamte
Mannschaft synchron verhält.

Eines der interessantesten Anwendungsgebiete für die Erforschung menschlicher
Rhythmen stellt das sogenannte Intervalltraining dar, mit dem Sportler auf Höchstleis-
tungen gebracht werden sollen. An der University of Massachusetts verglich Dr. Anne
Ward zwei auf Fahrradergometern trainierende Gruppen. Beide legten dreimal pro
Woche im Verlauf einer zwölfminütigen Übung die gleiche Entfernung zurück, eine
Gruppe fuhr 35 Minuten lang gleichmäßig ohne Unterbrechung, die andere in Inter-
vallen – das heißt, bei ihr wechselten sich Spitzenleistungen und ruhigere Perioden ab.
Dr. Ward stellte fest, dass die Gruppe, die ein Intervalltraining absolvierte, im Laufe von
zwölf Wochen 11 % mehr Sauerstoff aufnahm (ein Maß für die kardiovaskuläre Fitness)
als die gleichmäßig radelnde Gruppe, die auf dem ursprünglichen Fitness-Niveau blieb.

In einer ähnlichen Untersuchung verglich Dr. Arlette Perry, eine Sportmedizinerin an
der University of Miami zwei weibliche Aerobic-Gruppen, von denen eine in Interval-
len trainierte und die andere in einem gleichmäßigen Rhythmus. Beide Gruppen trai-
nierten im Bereich einer 75- bis 85-prozentigen Herzbelastung. Die eine tanzte
35 Minuten lang bei gleicher Belastung, die andere tanzte nur drei bis fünf Minuten
und machte dann jeweils eine kurze Pause, in der die Frauen nur schnell gingen. Nach
zwölf Wochen zeigte die Intervalltrainingsgruppe eine 18-prozentige Verbesserung
der kardiovaskulären Ausdauer im Gegensatz zu der Kontrollgruppe, bei der die Steigerung nur 8 % betrug.

Zurzeit können wir über die Gründe für diese Verbesserung bei den Intervallgruppen
nur spekulieren. Alle Untersuchungsergebnisse sprechen allerdings dafür, dass die
Sportler beim Intervalltraining lernen, ihre Leistungshochs zu steigern und sich in den
Perioden geringerer Leistung besser erholen. Dieser Typ des Intervalltrainings ist in
Abb. 6 dargestellt. Auf Grundlage dieser Informationen und den folgenden Trai-
ningsplänen, die von Elizabeth Kaufmann aufgestellt wurden, können Sie sich selbst
in optimaler Weise trainieren.

Radfahren

···> Wärmen Sie sich 5-10 Minuten auf; das heißt, Ihr Puls sollte bis zu 60 % des Maximums erreichen.
···> Fahren Sie 2 Minuten mit einem Puls von 85-90 %.
···> Fahren Sie 4 Minuten lang mit einer geringeren Geschwindigkeit, bis Ihr Puls auf
70 % zurückgegangen ist.

⋯⟩ Wiederholen Sie diese Sequenz vier- bis sechsmal.

⋯⟩ Machen Sie eine Pause; radeln Sie so langsam, dass Ihr Puls auf 60 % zurückgeht.

⋯⟩ Wiederholen Sie das Ganze noch vier- bis sechsmal bei 85-90 %, und lassen Sie den Puls zwischen den einzelnen Wiederholungen auf 70 % zurückgehen.

⋯⟩ Kühlen Sie sich 5-10 Minuten ab (Puls 60 % oder darunter).

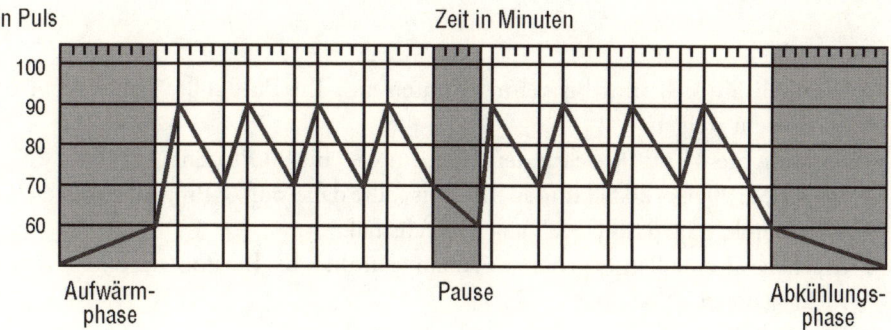

wahrgenommene Anstrengung

	20	30	40	50	60	
50 %	100	95	90	85	80	sehr gering
60 %	120	114	108	102	96	ziemlich gering
70 %	140	133	126	119	112	ziemlich anstrengend
80 %	160	152	144	136	128	anstrengend
85 %	170	162	153	145	136	sehr anstrengend
90 %	180	171	162	153	144	

Maximalpuls in Prozent

tatsächlicher Puls (Schläge pro Minute)

Abb. 6: Übungen im Intervalltraining. Die Grafik illustriert ein ultradianes Intervalltraining, das durch abwechselnd hohen und niedrigen Puls gekennzeichnet ist. Die Tabelle darunter zeigt die Pulsrate pro Minute für verschiedene Altersgruppen. Wenn Sie diese Leistungsgipfel und -täler beim Trainieren abwechseln, können Sie Ihre kardiovaskuläre Leistungssteigerung optimieren (aus: American Health, Dezember 1989).

Schwimmen

⋯⟩ Wärmen Sie sich 5-10 Minuten lang auf (200-500 Meter). Ihr Puls sollte dabei 60 % des Maximums nicht überschreiten.

⋯⟩ Schwimmen Sie 50 oder 100 Meter schnell (ungefähr in 45 bzw. 90 Sekunden)

⋯⟩ Schwimmen Sie 90 bis 180 Sekunden langsam, so wie es Ihnen gefällt; lassen Sie Ihren Puls auf 70 Prozent zurückgehen.

⋯⟩ Wiederholen Sie das Ganze vier- bis sechsmal.

⋯⟩ Machen Sie so lange Pause, bis Ihr Puls wieder auf 60 Prozent zurückgegangen ist.

⋯⟩ Wiederholen Sie das Ganze noch vier- bis sechsmal.

⋯⟩ Kühlen Sie sich fünf bis zehn Minuten lang ab. Ihr Puls sollte dabei auf 60 Prozent oder darunter sinken.

Laufen

⋯⟩ Wärmen Sie sich fünf bis zehn Minuten auf; Ihr Puls sollte dabei nicht über 60 Prozent steigen.

⋯⟩ Sprinten Sie 45 bis 90 Sekunden lang (Puls 85 bis 90 Prozent).

⋯⟩ Joggen Sie 90 bis 180 Sekunden, Ihr Puls sollte dabei auf 70 Prozent zurückgehen.

⋯⟩ Wiederholen Sie das Ganze vier- bis sechsmal.

⋯⟩ Machen Sie eine Pause; gehen Sie so lange umher, bis Ihr Puls auf 60 Prozent zurückgegangen ist.

⋯⟩ Wiederholen Sie das Ganze noch vier- bis sechsmal.

⋯⟩ Kühlen Sie sich fünf bis zehn Minuten lang ab, Ihr Puls sollte dabei auf 60 Prozent oder darunter zurückgehen.

Gewinnen Sie die Goldmedaille

Wir sind auf dem besten Wege, eine 24-Stunden-Gesellschaft zu werden. Bis 19.00 Uhr arbeiten wir, gehen um 23.00 Uhr einkaufen, sitzen bis 1.00 Uhr vor dem Fernseher, führen um 3.00 Uhr eine geschäftliche Transaktion mit Europa oder Japan durch und gehen dann um 7.00 Uhr morgens wieder ins Büro, um den ganzen Tag zu arbeiten. Immer mehr Menschen versuchen verzweifelt, ihre ultradianen Rhythmen zu verändern, um in einer solchen Nonstop-Welt ganz vorn mit dabei zu sein. Dr. William Dement, der Leiter des Zentrums für Schlafforschung an der Stanford University, schreibt in einem Artikel, der im Time Magazine unter dem Titel »Schläfriges Amerika« erschienen ist: »Die wenigsten Amerikaner wissen noch, was das für ein Gefühl ist, wenn man ganz wach und ausgeschlafen ist. Sie gehen durch den Tag wie durch eine Zwielichtzone; ihre Augen sind zwar geöffnet, aber ihr Gehirn ist teilweise abgeschaltet.«

Die ultradiane Heilreaktion bietet in dieser schnelllebigen Welt die dringend benötigte Lösung an. Ganz gleich, welchen Beruf Sie ausüben, wie ehrgeizig oder stark eingebunden Sie auch sein mögen: Sie werden in jedem Fall energiegeladener und kreativer sein und Ihre Arbeit mehr genießen, sobald Sie nur täglich eine oder mehrere ultradiane Pausen machen. Sie sind nur noch 20 Minuten vom Gewinn der Goldmedaille entfernt!

7 Ultradiane Rhythmen, Ernährung, Gewichtskontrolle und Suchtverhalten

In Unserer Gesellschaft wird die elementare biologischen Tatsache, dass wir alle 90 bis 120 Minuten das Bedürfnis haben, etwas zu essen, einfach ignoriert. In diesem Kapitel wollen wir deshalb unser bisher erlangtes Wissen über die ultradianen Rhythmen auf die Themen Appetitregulierung, Gewichtsverlust oder -erhaltung und auf das Essverhalten im Allgemeinen anwenden. Wir werden untersuchen, wie ein Bewusstsein für die ultradianen Rhythmen helfen kann, verschiedene Formen von Sucht, wie die Abhängigkeit von Nikotin, Alkohol und anderen Drogen, zu überwinden.

Appetitregulierung auf ultradiane Art

Die Amerikaner werden in diesem Jahr (1991) mehr als 35 Milliarden Dollar für Produkte und Dienstleistungen ausgeben, die etwas mit Diät und Gewichtreduzierung zu tun haben, obwohl die meisten populären Schlankheitskuren die natürlichen ultradianen Hungerrhythmen des Körpers völlig ignorieren. Es ist eine biologische Tatsache, dass der Magen sich alle 90 bis 120 Minuten mehrmals rhythmisch zusammenzieht, wodurch ein Hungergefühl entsteht. Das bedeutet, dass die althergebrachten Empfehlungen, täglich drei Mahlzeiten einzunehmen und auf kleine Zwischenmahlzeiten zu verzichten, im Widerspruch zu den elementaren ultradianen Bedürfnissen stehen. Würden wir auf unsere ultradianen Rhythmen achten, nähmen wir nicht dreimal, sondern sechsmal pro Tag eine Mahlzeit zu uns.

Wenn wir Hunger bekommen, reagieren wir auf einen Rhythmus aus Urzeiten, als unsere humanoiden Vorfahren in den Urwäldern auf Nahrungssuche gingen und sich mit häufigen kleinen Mahlzeiten am Leben hielten. Hungerrhythmen treten etwa alle 90 Minuten auf, weil sie unter anderem durch das Appetitzentrum im Gehirn gesteuert werden, das in der Nähe des Hypothalamus liegt, für die Steuerung der ultradianen Rhythmen eine Rolle spielt.

Außerdem hat man in zahlreichen Untersuchungen bei den jeweiligen Versuchspersonen ausgeprägte orale Bedürfnisse – Trinken, Rauchen oder Naschen – beobachtet, die im Abstand von etwa 90 Minuten auftraten. Im Mount Sinai Hospital in New York wurde freiwilligen Versuchspersonen jegliche Möglichkeit zeitlicher Orientierung genommen. Man hatte ihnen vor dem Versuch erklärt, dass Sie sich mit Essen, Trinken und Rauchwaren jederzeit selbst versorgen könnten, was sie dann regelmäßig im Abstand von durchschnittlich 96 Minuten taten.

In unserer modernen Kultur essen wir regelmäßig bei drei Mahlzeiten am Tag zu viel und nehmen uns damit, ohne es zu wissen, selbst die Möglichkeit, uns bei mindestens drei weiteren Gelegenheiten die lebensnotwendige Nahrung zuzuführen. Auf jede dieser drei Mahlzeiten kommt eine weitere, die unser Körper verlangt. Da wir die ultradianen Signale missachten, die uns anzeigen, dass wir Nahrung brauchen, geraten wir in ein signifikantes Energiedefizit und bekommen mehr Hunger als uns guttut. Essen wir dann schließlich – nachdem wir zuvor unsere ultradianen Hungersignale ignoriert haben –, essen wir nicht nur viel mehr, als wir benötigen, sondern wir essen auch die falschen Sachen: zu viel Zucker, Salz und Fett und viel zu wenig gesunde Proteine und komplexe Kohlehydrate. Das führt schließlich zu Übergewicht, einem überhöhten Cholesterolspiegel und belastet den Verdauungsprozess unseres Körpers.

Eine bewusste Ernährung im ultradianen Sinn ist dagegen nicht nur gesünder, sondern auch gut für die Figur. Eine ultradian bewusste Ernährung kann Ihnen in verschiedener Hinsicht helfen.

Sie halten Ihr Gewicht oder nehmen ab. Mit einem Gespür für Ihre ultradianen Signale werden Ihnen die Hungersignale Ihrer Einheit von Körper und Seele eher bewusst, und dieses Bewusstsein kann Ihnen helfen, Heißhunger-Attacken zu vermeiden. Auch die scheinbar unbezähmbare Esssucht, die Sie dazu verleitet, zu viel zu essen oder Ihre Diät zu unterbrechen, und die Sie daran hindert, die Signale zu erkennen, die Ihnen mitteilen, dass Sie satt sind, bekommen Sie in den Griff.

Essen Sie gesunde Nahrungsmittel in vernünftigen Mengen. Wenn wir beim Essen ultradiane Regeln beachten, werden wir gesünder essen. Suchen wir verzweifelt etwas zu essen, weil wir die ultradianen Hungersignale ignoriert haben, verlieren wir die Übersicht und nehmen alles zu uns, was uns angeboten wird – und das ist häufig schlechtes Essen. Richten wir uns hingegen nach einem ultradianen Plan und nehmen häufiger kleinere Mahlzeiten zu uns, geraten wir nie in diesen ausgehungerten Zustand.

Sie haben mehr Energie und Ihre Produktivität wird gesteigert. Wenn Sie sich beim Essen an Ihren natürlichen ultradianen Rhythmen orientieren, können Sie auch extreme Ausschläge zwischen Wachheit und Erschöpfung vermeiden, die im Tageslauf auftreten, wenn Sie Ihr Verdauungssystem überlasten, weil Sie bei einer reichhaltigen Mahlzeit zu viele Kalorien zu sich nehmen. Beachten Sie jedoch Ihre ultradianen Rhythmen und nehmen deshalb mehrere kleine nahrhafte Mahlzeiten zu sich, stabilisieren Sie den Blutzuckerspiegel, der eine wichtige Rolle für Ihre Lernfähigkeit, Ihr Gedächtnis und Ihre Leistungsfähigkeit spielt. In Fragen der Ernährung beherzigt der ultradiane Ansatz die gleichen Prinzipien, die schon immer bei der Behandlung von Erkrankungen wie Hypoglykämie oder Diabetes (beides Erkrankungen, durch die eine Vielzahl von seelischen und körperlichen Störungen verursacht werden) Anwendung gefunden haben.

Eine ultradiane Ernährungsweise verträgt sich gut mit allen speziellen oder strengen, ärztlich verordneten Diätplänen. Auch wenn Sie sich zum Beispiel salz- oder fettarm ernähren sollen oder Vegetarier sind, können Sie sich trotzdem an der ultradianen Methode orientieren. Diätpläne, die von der American Diabetes Association, der American Heart Association, der American Dietetic Association und den Weight Watchers empfohlen werden, lassen sich ohne Weiteres mit dieser Methode vereinbaren.

Der Diätplan der American Dietetic Association sieht häufige, kleine Mahlzeiten vor und wird sowohl für kleinere Kinder als auch für ältere Menschen empfohlen. Vorschul- und Schulkinder müssen häufiger Nahrung zu sich nehmen, um alle Nährstoffe zu bekommen, die sie für ihr Wachstum und für ihre Entwicklung brauchen. Ältere Menschen können die Nahrung besser verdauen und verfügen im Tageslauf über mehr Energie, wenn sie mehrere kleine Mahlzeiten zu sich nehmen.

Wachstumsschmerzen

Wir wollen das biologische Konzept einer ultradian bewussten Ernährung einmal genauer betrachten. Nach einer reichhaltigen Mahlzeit – vor allem, wenn diese viel Zucker und Fett enthält – gibt die Bauchspeicheldrüse eine bestimmte Menge Insulin an das Blut ab, was den Stoffwechsel der Zelle anregt, den Zucker entweder zu verbrennen oder ihn zu speichern.

Normalerweise dauert es eine ultradiane Periode von 90 bis 120 Minuten, bis der Blutzucker und das Insulin ihre Spitzenwerte erreichen und sich anschließend wieder stabilisieren, bevor der nächste Hungerrhythmus in Gang gesetzt wird. Untersuchungen haben gezeigt, dass der Spitzenwert des Insulins etwa 20 Minuten später erreicht wird als der Spitzenwert der Glukose. Wahrscheinlich haben wir deshalb nach dem Essen das Bedürfnis, 20 Minuten Pause zu machen, denn Körper und Seele brauchen all ihre Ressourcen, um die Energie aus der Nahrung zu assimilieren.

Leider neigen wir nur zu oft zu üppigen Mahlzeiten und nehmen auch zwischendurch Nahrungsmittel zu uns, die vornehmlich aus raffinierten Kohlehydraten und Einfachzuckern bestehen. Sie verbrennen sofort und lösen eine umfangreiche Insulinausschüttung aus, die mit den überschüssigen Kalorien fertig werden muss. Das Ergebnis ist eine plötzliche Senkung des Blutzuckerspiegels, was wiederum zu einem rapide steigenden Bedarf an Glukose führt; also essen wir noch mehr. Wir können auf diese Weise sogar in einen Teufelskreis geraten aus Heißhunger auf Zucker und Kohlehydrate, einem anschließend rapiden Abfall des Blutzuckerspiegels und darauf folgenden Anfällen von Fresssucht – und so immer mehr zunehmen.

Forschungsergebnisse aus jüngster Zeit bestätigen diese dramatische Verbindung zwischen Körper und Seele, zwischen Heißhunger und dem Rhythmus der Insulinausschüttung und Blutzuckerspiegel. Schon der bloße Anblick oder der verführerische Geruch von Essen kann bei manchen Menschen zu einer Insulinausschüttung führen, sodass bei ihnen, ohne dass sie überhaupt etwas essen, das Insulin alle Zucker, die noch im Blut enthalten sind, wegzieht und in den Zellen in Form von Fettdepots speichert. Einige Forscher behaupten, dass auf diese Weise schon der bloße Gedanke an ein schmackhaftes Essen zu einer Gewichtszunahme führen kann. Zum Glück trifft anscheinend auch das Gegenteil zu: Wenn ein Leistungssportler sich innerlich auf den Wettkampf vorbereitet und sich den ganzen Ablauf vorstellt, können allein dadurch schon die Botenstoffe in Bewegung gesetzt werden, die dazu beitragen, die Fette aufzuschließen und sie dem Stoffwechsel zur Energiegewinnung und Gewichtsabnahme zugänglich zu machen. Es könnte also tatsächlich stimmen, dass man sich auch dünn denken kann.

Sie sollten sich auf jeden Fall einmal folgendes typisches Szenario vorstellen: Sie sitzen in einem Restaurant und haben seit ein paar Stunden nichts gegessen. Da Ihr Blutzuckerspiegel niedrig ist, signalisiert Ihnen das Appetitzentrum im Gehirn schon seit einiger Zeit, dass Sie zu lange nichts mehr gegessen haben. Wenn Sie sich dann hinsetzen, bewegen Signale wie der Anblick und der Geruch des Essens und die Beschreibungen auf der Speisekarte Ihre ultradianen Rhythmen in Richtung eines noch stärkeren Hungerzustands.

Während Sie die Speisekarte studieren, übermittelt Ihnen Ihr zerebraler Kortex über die Zentren des limbisch-hypothalamischen Systems eine Reihe von Gedanken (»Mein Gott, habe ich einen Hunger« oder: »Hmm, frischer Schwertfisch mit Buttersoße«). Dort werden die kognitiven Botschaften aus dem höheren Gehirnzentrum des Kortex in einen rhythmischen Strom von Botenstoffen umgewandelt, die zum Magen gelangen und dort Kontraktionen auslösen, die Sie dann als Magenknurren oder Hungergefühl erleben. Sie sind hungrig und denken nur noch ans Essen.

Sie haben sich kaum hingesetzt, da fragt Sie der Kellner schon, ob Sie etwas trinken möchten. Sie nicken. Alkohol ist eine Art Notstopfen, eine Quelle schnell absorbierter leerer Kalorien. Sie brauchen in Wirklichkeit nahrhafte Kalorien, nicht die leeren des Alkohols. Trotzdem trinken Sie vor dem Essen etwas.

Schließlich bestellen Sie Ihr Essen. Da Sie immer noch halb verhungert sind und dringend Ihren Kalorienbedarf decken müssen, neigen Sie dazu, die falschen Gerichte zu bestellen – fette, schwere Speisen – nur um den Nahrungsmangel zu beheben, den Ihnen Ihr Gehirn signalisiert hat. Während Sie auf das Essen warten, greifen Sie zum Brot oder zu den Brötchen, um damit Ihren Heißhunger auf Kohlehydrate zu stillen. Womöglich greifen Sie auch noch zur Butter und fügen auf diese Weise Fettkalorien hinzu.

Die leeren Kalorien, die Sie zu sich genommen haben, bewirken, dass der schlimmste Hunger, der auf die frustrierten ultradianen Rhythmen zurückzuführen ist, bald nachlässt. Nach dem Appetithappen, dem Brot und den Drinks hat Ihr Körper möglicherweise schon die Kalorienmenge aufgenommen, die er braucht. Doch Ihr Appetitzentrum signalisiert noch kein Sättigungsgefühl, weil es etwa 20 Minuten dauert, bis Ihr Verdauungstrakt den Botenstoff Cholezystokinin (CCK) auf den Weg schickt, der dem Gehirn mitteilt, dass Sie jetzt genug gegessen haben.

Leider kann es passieren, dass der CCK-Botenstoff Ihr Gehirn nicht vor dem Hauptgang erreicht. Also essen Sie weiter – und schneller, als die Botenstoffe Ihnen mitteilen können, dass Sie genug gegessen haben. Wer hat sich nicht beim Anblick der gefüllten Schüsseln, die aufgetragen werden, schon einmal gefragt: »Wie soll ich das bloß alles schaffen?« Weil aber die Botenstoffe mit ihrer Botschaft noch nicht durchgekommen sind, essen wir alles, was auf den Tisch kommt, ganz gleich, ob wir tatsächlich noch hungrig sind, und selbst dann, wenn es uns eigentlich gar nicht mehr schmeckt. Wenn man aus dem ultradianen Rhythmus gerät, isst man leicht zu viel – und nimmt zu.

Der ultradiane Weg zu einer gesünderen Ernährung

Doch es geht auch anders: Man kann lernen, bewusster zu essen, wenn man die ultradianen Signale und Rhythmen der Einheit von Körper und Seele beachtet. Das vorprogrammierte Bedürfnis des Körpers, alle 90 bis 120 Minuten etwas zu essen, ist die Grundlage einer ultradianen Ernährung. Im Folgenden werden sechs hilfreiche Prinzipien der ultradianen Art der Nahrungsaufnahme erläutert.

1. Lernen Sie, die ultradianen Hungersignale Ihrer Seele-Körper-Einheit zu erkennen und respektieren Sie diese. Achten Sie auf die Hungergefühle, die in der Regel im Abstand von 90 bis 120 Minuten auftreten. Wir erleben sie häufig als orale Gier oder können dann an nichts anderes denken als ans Essen.

2. Wenn Sie diese ultradianen Signale erkennen, sollten Sie etwas essen. Halten Sie sich nicht zurück, weil keine Essenszeit ist. Respektieren Sie die natürlichen Rhythmen Ihrer Seele und Ihres Körpers, nehmen Sie fünf oder sechs leichtere und gesündere Mahlzeiten im Laufe eines Tages zu sich. Solche Mahlzeiten sind dann kein verzweifelter Versuch mehr, sich vor dem selbst auferlegten vermeintlichen Hungertod zu retten.

3. Essen Sie kleine Mengen komplexer Nahrungsmittel, wenn Sie die ultradianen Signale empfangen. Frisches Obst und Gemüse enthalten komplexe Kohlehydrate, Ballaststoffe, Vitamine und Mineralstoffe in nahrhaften Kombinationen, die letzten Endes bedeutend sättigender sind als einfache Kohlehydrate, weil sie ihre Nährstoffe und Kalorien langsamer abgeben und Ihnen auf diese Weise den oben geschilderten Teufelskreis der Fressgier ersparen.

4. Treffen Sie vorab die Entscheidung, was und wie Sie essen wollen. Fangen Sie nicht einfach an zu essen und essen so lange, bis Sie satt sind. Sie werden überrascht sein, wie leicht es Ihnen fallen wird zu entscheiden, was Sie wirklich brauchen und was Sie sättigt. Das Ganze wird dann zu einer positiven sich selbst erfüllenden Prophezeiung.

5. Essen Sie nicht mehr, als Sie sich selbst zugebilligt haben. Wenn Sie dann immer noch Hunger haben, entspannen Sie sich und genießen Sie die ultradiane Heilreaktion. Das gibt den Botenstoffen und dem Blutzuckerspiegel, die den Hunger regulieren, genügend Zeit, dem Appetitzentrum im Gehirn mitzuteilen, dass Sie genug gegessen haben. Haben Sie dann das Gefühl satt zu sein, geraten Sie auch nicht mehr in Versuchung, noch mehr Kalorien zu sich zu nehmen, die Sie gar nicht mehr brauchen.

Wenn Sie vor Ihrer Pause einen kleinen Imbiss von 100 oder 200 Kalorien zu sich nehmen, wirkt sich das auf die ganze 20-Minuten-Pause harmonisierend aus, da Nahrung die natürliche ultradiane Heilreaktion in Gang setzt.

6. Teilen Sie Ihren täglichen Kalorienbedarf in sechs Portionen ein. Essen Sie nicht einfach zusätzlich zu den drei Mahlzeiten drei Zwischenmahlzeiten – das würde nur Ihre tägliche Kalorienaufnahme erhöhen und der ultradianen Methode zuwiderlaufen.

Eine neuere Untersuchung bestätigt die Beobachtung, dass eine größere Anzahl kleinerer Mahlzeiten über den ganzen Tag verteilt auch die Kontrolle des Cholesterinspiegels erleichtert. Ein Team von Wissenschaftlern unter der Leitung von Dr. David Jenkins verabreichte normalen männlichen Versuchspersonen die gleiche Diät, nur nahm die eine Gruppe drei Mahlzeiten zu sich, während die andere die gleiche Nahrungsmenge auf in 17 stündlich verabreichte Portionen verteilt aß.

Die Ergebnisse zeigten, dass eine Stabilisierung des Glukose-Insulin-Rhythmus bei der Kontrolle des Cholesterins eine entscheidende Rolle spielt: Der Spiegel der LDL *(low-density lipids),* also des sogenannten »schlechten« Cholesterins, lag in der Gruppe, die stündlich kleine Portionen gegessen hatte, um 13,5 % niedriger als bei der

Kontrollgruppe. Das Gesamtcholesterin, eine Kombination aus LDL und HDL (*high-density lipids,* das sogenannte »gute« Cholesterin) nahm um 8,5 % ab. Die Cholesterinwerte sanken insgesamt während des zweiwöchigen Versuchs von durchschnittlich 204 auf 172. Offenbar kann das Insulin, das von der Bauchspeicheldrüse ausgeschieden wird, auch ein Enzym in der Leber zur Produktion von Cholesterin anregen, das dann den Blutstrom in großen Mengen überflutet. Die erstaunliche Verbesserung durch das stündliche, ultradiane Essen wurde mit einer Diät erzielt, die zu 33 % aus Fett bestand, obwohl laut ärztlichen Empfehlungen (in den USA) die tägliche Fettmenge nicht über 30 % liegen sollte.

Empfehlungen für Menschen, die zu viel essen

Das Wissen um die ultradianen Rhythmen kann Menschen, die besondere Schwierigkeiten mit einer ausgewogenen Ernährung haben, in mannigfacher Weise helfen. In meiner klinischen Praxis habe ich vier klassische Typen kennengelernt, die zu viel essen und denen mit der ultradianen Methode geholfen werden kann. Sie werden im Folgenden nebst einer ultradianen Lösung ihrer Probleme beschrieben. Die meisten Menschen lassen sich – zumindest in bestimmten Lebensabschnitten – in eine dieser Kategorien einordnen. Problematisch wird es nur dann, wenn eines oder mehrere dieser Verhaltensmuster chronisch geworden sind.

Der Stressesser. Sie essen zu viel und naschen zu viel, weil Sie in Ihrem Alltag zu viel Stress erleben.
Ultradiane Lösung: Erkennen Sie drohenden Stress frühzeitig und lernen Sie, Nein zu sagen, bevor es zu spät ist. Gönnen Sie sich eine ultradiane Heilreaktion, gehen Sie gegen das Stresssyndrom an und finden Sie für sich heraus, wie Sie eine derartige Situation beim nächsten Mal kreativer lösen können.

Sie essen zu viel, weil Sie erschöpft sind. Sie versuchen vergeblich, Stress und Erschöpfung dadurch zu überwinden, dass Sie nach 15.00 oder 16.00 Uhr bis zum Schlafengehen fast ständig naschen, und das sogar nach einer Mahlzeit.
Ultradiane Lösung: Vermeiden Sie den Erschöpfungszustand, indem Sie sich tagsüber einen besseren Arbeitsrhythmus angewöhnen und sich Zeit für zwei oder drei ultradiane Erholungspausen und einen Mittagsschlaf nehmen. Experimentieren Sie mit kleinen, gesunden Mahlzeiten, die aus komplexen Kohlehydraten bestehen, 200 bis 300 Kalorien enthalten und die Sie vor den ultradianen Pausen zu sich nehmen, sodass die in der Nahrung enthaltene Energie möglichst gut assimiliert werden kann. Auf diese Weise füllen Sie Ihre Energievorräte wieder auf und vermeiden Erschöpfungszustände.

Suchtesser: Sie essen oder trinken periodisch zu viel und nehmen ständig Suchtmittel wie Koffein (Kaffee, Tee, Schokolade oder Colagetränke) oder Alkohol (Bier, Wein oder harte Spirituosen) zu sich. Sie nutzen unter Umständen auch Kalorien – vor allem Zucker und Fett – wegen ihrer stimmungsverändernden Wirkung und versuchen auf diese Weise, gegen Depressionen anzugehen.

Ultradiane Lösung: Untersuchen Sie die ultradiane Struktur Ihrer Sucht. Wie lang ist der Zeitraum zwischen der Befriedigung und dem Augenblick, in dem Sie spüren, dass Sie eine neue Dosis brauchen? Kurz vor oder während des Auftretens der Entzugserscheinungen sollten Sie die ultradiane Heilreaktion einsetzen. So können Ihre Seele und Ihr Körper die Entzugssymptome besser mit Beta-Endorphinen und anderen Botenstoffen heilen und Ihnen das Gefühl vermitteln, erfrischt zu sein und sich wohlzufühlen.

Der Fluchtesser: Sie essen oft allein, um der unangenehmen Realität zu entfliehen, mit der Sie nicht zurechtkommen.

Ultradiane Lösung: In diesem Fall kommt das psychologische Element der ultradianen Heilreaktion ins Spiel. Verwenden Sie die Zeit, in der Sie sich gewöhnlich ins Essen flüchten, um Ihre Lebensbilanz zu ziehen. Finden Sie heraus, was Sie sich eigentlich vom Essen versprechen. Stellen Sie Ihrer Seele die Fragen, auf die Sie unter Umständen schon während oder bald nach der ultradianen Heilreaktion eine Antwort bekommen werden. Denken Sie nach, vielleicht fällt Ihnen dabei etwas Neues ein, wie Sie das Problem angehen könnten. Lassen Sie sich von Ihrer Seele bei der Suche nach den Antworten helfen.

Ich möchte nun die Geschichte eines Klienten schildern, der es mithilfe einer ultradianen Diät und der ultradianen Heilreaktion geschafft hat, mehr als 30 Pfund an Übergewicht loszuwerden, das er den größten Teil seines erwachsenen Lebens mit sich herumgeschleppt hatte. Dieser Patient, ein 67-jähriger Rechtsanwalt, klagte darüber, dass er immer mehr aß, als er eigentlich wollte. Nachdem er ein Jahr lang ziemlich erfolglos auf konventionelle Weise psychotherapeutisch behandelt worden war (sein ganzes Leben hatte er bereits vergeblich versucht, das Problem durch alle möglichen Schlankheitskuren in den Griff zu bekommen), begann er, täglich sechs kleine, vom Nährwert her ausgewogene Mahlzeiten zu sich zu nehmen, von denen jede einzelne 200 bis 300 Kalorien hatte. Die Mahlzeiten wurden so über den Tag verteilt, dass sie immer mit seiner natürlichen ultradianen Heilreaktion zusammenfielen.

Der Anwalt lernte, seine ultradiane Heilreaktion nach den Mahlzeiten zur Meditation über sein destruktives Essverhalten zu nutzen. Während dieser Pausen gewann er ganz spontan Erkenntnisse, die ihn zu den Ursachen seines Hungers in der frühen Kindheit führten. Er konnte sich plötzlich daran erinnern, dass ihn seine Mutter gezwungen hatte, alles aufzuessen, was auf seinem Teller lag. Diese Erkenntnis half ihm, den Drang zu überwinden, immer alles aufessen zu müssen. Ein Jahr nach Abschluss der Therapie berichtete er, dass sein Gewichtsproblem nicht wieder aufgetreten sei.

Bemerkenswert an diesem Fall ist die Tatsache, dass das Gewichtskontrollprogramm erst erfolgreich war, als der Patient durch die ultradiane Heilreaktion allmählich in die Lage versetzt wurde, die verborgene Ursache seines zwanghaften Hungers zu erkennen. Wie so viele Menschen, die sich mit Gewichtsproblemen herumschlagen und nicht in der Lage sind, die seelischen Ursachen ihrer Esssucht zu erkennen, erlebte er, dass ihm die ultradiane Heilreaktion in entscheidender Weise helfen konnte, eine Lösung dieser tief sitzenden Probleme zu finden.

Die Sicherheit, die uns die über den Tag verteilten ultradianen Pausen vermitteln, bietet uns, kombiniert mit einer angemessenen Kalorienzufuhr, optimale Bedingungen, um viele psychische Probleme dieser Art zu lösen.

Weitere Einflüsse von Körperrhythmen auf die Gewichtskontrolle

Unsere ultradianen Rhythmen sind Bestandteil eines komplexen Gefüges, zu dem auch zirkadiane und infradiane Rhythmen gehören. Im Folgenden möchte ich auf diese Tages-, Monats- und jahreszeitlichen Rhythmen eingehen und untersuchen, welchen Einfluss sie auf unsere Essgewohnheiten haben und auf unsere Möglichkeiten, ein gesundes Gewicht zu halten.

Tagesrhythmen und Gewichtskontrolle

Aktuelle Forschungsergebnisse scheinen die Hypothese zu stützen, dass auch die zirkadianen Rhythmen bei der Gewichtskontrolle eine große Rolle spielen. Untersuchungen zeigen, dass eine Gewichtszunahme von der Tageszeit abhängt, zu der dem Körper Nahrung zugeführt wird, und dass eine Nahrungsaufnahme früh am Tag zu einer geringeren Gewichtszunahme führt und somit gesünder ist.

Hierzu gibt es eine sorgfältig durchgeführte Untersuchung von Dr. Bellisle, die 1988 in der Zeitschrift *Appetite* veröffentlicht wurde und die bestätigt, dass es einen Zusammenhang zwischen zirkadianen Rhythmen und Gewichtszunahme gibt. Kinder im Alter zwischen sieben und zwölf Jahren wurden nach einer Gewichts- und Größentabelle in fünf Gewichtsklassen eingeteilt: mager, schlank, durchschnittlich, dick und fettleibig. Die Kinder nahmen täglich etwa die gleiche Kalorienmenge zu sich, nur die Verteilung der Kalorienaufnahme über den Tag wurde variiert. Die Forscher stellten fest, dass »fettleibige und dicke Kinder beim Frühstück weniger und beim Abendessen mehr aßen als die mageren und schlanken gleichaltrigen Kinder. Die in der Regel reichhaltigeren Mahlzeiten (Mittag- und Abendessen) machten bei den dicken und fettleibigen Kindern einen größeren Teil der täglichen Nahrungsaufnahme aus: Der

Energiewert des Frühstücks und der kleinen Mahlzeit am Nachmittag stand im umgekehrten Verhältnis zur Korpulenz«. Die Forscher kamen zu dem Schluss, dass »die Ergebnisse darauf hinweisen, dass Störungen des Stoffwechsels und/oder der durch das Verhalten bestimmten Tageszyklen bei der Entwicklung von Übergewicht eine Rolle spielen. Aus dieser Hypothese, die noch weiterer Überprüfungen bedarf, lassen sich Präventivmaßnahmen ableiten«.

Andere in der Behandlung von Übergewichtigen sehr erfahrene Kliniker bestätigen ebenfalls, dass es ein typisches Merkmal übergewichtiger Menschen sei, dass sie abends zu viel äßen. Die zirkadiane Methode verlangt angemessene Aktivitäten am Spätnachmittag und in den Abendstunden sowie Unterstützung durch das soziale Umfeld.

So konnte zum Beispiel Jan, eine junge Frau, mit der ich gearbeitet habe, ihr Essbedürfnis um mindestens 2000 Kalorien reduzieren, als sie zweimal die Woche an einer Schauspielklasse teilnahm, eine sinnvolle Aktivität, durch die sie mehr Selbstbewusstsein erlangte und mehr Geschick im Umgang mit anderen Menschen. Sie lernte, sich von der Klasse und von den neuen Freunden, die sie bei den zusätzlichen Proben im Laufe der Woche gewonnen hatte, helfen zu lassen. Nach nur einem Semester stellte sie fest, dass sie, ohne auch nur an eine Diät zu denken, beinahe schon ihr Idealgewicht erreicht hatte.

Von der kanadischen Therapeutin Rosemary Liburd stammt ein gutes Beispiel für die Vorteile eines zirkadian strukturierten Essverhaltens, das mit der ultradianen Heilreaktion gekoppelt ist. Es folgt ein Auszug aus dem ultradianen Tagebuch einer ihrer Klientinnen, die chronische Gewichtsprobleme hatte.

> Zwischen 16.00 und 17.00 Uhr war ich immer schrecklich müde. Ich ging nach einem langen Arbeitstag nach Hause und machte mir routinemäßig etwas zu essen. Ich ging direkt zum Kühlschrank und sagte mir: »Ich will nur eine Kleinigkeit essen.« Aber es kam meistens anders. Sehr oft fing ich an zu essen und hörte dann den ganzen Nachmittag und Abend nicht mehr auf.

Früher am Tag litt Debra nicht unter einem derart unkontrollierten Esszwang. Das brachte sie auf den Gedanken, dass es sich um eine Reaktion auf den Stress und die psychischen Überforderungen des Arbeitstages handeln könnte. In einem Gespräch zeigte sich, dass Debra ihr ganzes Leben lang Essen als Mittel gegen Angst eingesetzt hatte. Das hatte angefangen, als sie als Säugling nach einem festen Plan genährt worden war und hatte sie während ihrer ganzen Collegezeit und bis ins Erwachsenenalter begleitet. Die Therapeutin verordnete ihr regelmäßige ultradiane Erholungsperioden, um die Spannungen abzubauen, die Debra immer wieder zum Kühlschrank trieben.

Sechs Monate später stand der Therapeutin plötzlich eine um 20 Pfund leichtere, begeisterte Debra gegenüber. In ihr Tagebuch hatte sie geschrieben:

Ich gönne mir seit sechs Monaten etwa zweimal täglich meine ultradiane Erholung. Wenn ich spüre, dass der Stresspegel bei mir ansteigt oder meine Energie nachlässt, nutze ich die ultradiane Regeneration als Energiespender. Sie ist vor allem nach den Morgenterminen hilfreich, wenn meine Energie verbraucht ist und ich neuen Auftrieb brauche.

Wenn sie am Spätnachmittag eine ultradiane Pause machte, kam es noch zu wesentlich tief greifenderen Auswirkungen.

Wenn ich ungefähr um 16.00 oder 17.00 Uhr nach Hause komme, gehe ich nicht gleich zum Kühlschrank, sondern gönne mir zuerst eine ultradiane Pause. Ich frage mein Unbewusstes, ob es bereit ist, eine tiefe, entspannende, komplette ultradiane Ruhepause zu machen. Häufig arbeite ich mit der nasalen Verlagerung, um die ultradiane Erholung zu unterstützen.

Seit ich die ultradiane Methode anwende, habe ich das Gefühl, mich selbst bedeutend besser im Griff zu haben. Mein Bedürfnis, zu viel zu essen, ist seitdem völlig verschwunden. Ich stelle fest, dass ich jetzt warten kann, bis ich zu Abend esse, und ich muss auch nicht mehr den ganzen Abend essen. Außerdem bleibe ich jetzt länger auf, weil ich mehr Energie habe. Ich habe absolut das Gefühl, dass die ultradianen Pausen für diese tief greifenden Veränderungen verantwortlich sind.

Wenn Sie nicht wissen, wie Sie sich von Ihren destruktiven Essgewohnheiten befreien können, kann Ihnen die ultradiane Heilreaktion dabei helfen, sich wieder so zu regenerieren, dass Sie in der Lage sind, Veränderungen herbeizuführen, die Ihr Verhältnis zum Essen wieder normalisieren.

Essen Sie zwei Wochen lang nach der ultradianen Methode: wenig, aber oft und immer dann, wenn Sie durch die entsprechenden Signale dazu aufgefordert werden. Es bedarf einer gewissen Gewöhnung, denn es ist nicht leicht, lebenslange Essgewohnheiten aufzugeben. Außerdem werden Sie von Ihrer Umgebung wenig Unterstützung erfahren, wenn Sie plötzlich sechsmal am Tag eine kleine Mahlzeit zu sich nehmen wollen. Sobald Sie jedoch Ihre Essgewohnheiten in der beschriebenen Weise verändern, werden Sie spüren, dass Sie mehr Energie haben, seelisch und körperlich weniger anfällig sind und sich besser konzentrieren können. Vor allem aber wird es Ihnen helfen, jenes destruktive Verhalten zu vermeiden, dass Sie erst essen, wenn Sie sich halb verhungert fühlen, was dann zu Übergewicht führt und Ihrer Gesundheit schadet. Sie können schon bei Ihrer nächsten Mahlzeit in etwa 90 Minuten damit beginnen, sich so zu ernähren, dass Sie etwas für Ihren Körper tun und nicht gegen ihn – Sie brauchen nur nach der ultradianen Methode zu essen.

Monatsrhythmen und Gewichtskontrolle

Sowohl bei Männern als auch bei Frauen variiert das Gewicht auch in einem infradianen Rhythmus, auch wenn dieses Phänomen bei Frauen stärker ausgeprägt ist. Mittlerweile wissen wir mehr über die seelischen und körperlichen Ursachen, da mehr über die typischen Rhythmen der hormonellen Botenstoffe des Menstruationszyklus bekannt ist.

Mindestens drei Botenstoffe wirken auf das Zusammenspiel von Appetit und Menstruationsrhythmus wesentlich ein: Östrogen, Progesteron und Insulin. Dr. Henrietta Spencer aus Beverly Hills hat untersucht, welche Rolle diese Hormone während der Entwicklung in der Pubertät, beim Monatszyklus und in der Schwangerschaft spielen. Das Folgende stellt eine Zusammenfassung ihrer Gedanken dar.

Östrogen: Möglicherweise werden Frauen im wahrsten Sinne des Wortes durch ihre Geschlechtshormone geformt, da zwischen dem Östrogen, der Menstruation und den Fettablagerungen ein Zusammenhang besteht. Östrogen, das vor allem in den Eierstöcken produziert wird, setzt beim Mädchen die Pubertät in Gang. Die Brüste entwickeln sich, das Becken wächst und wird breiter und auf den Hüften, dem Po und den Oberschenkeln lagert sich Fett ab.

Östrogen ernährt die Fettzellen dieser Körperzonen, indem es sie zur vermehrten Bildung eines Enzyms, der Lipoprotein-Lipase (LPL) anregt. Eine Erhöhung des LPL führt dann zu einer Ablagerung des Fetts aus dem Blutkreislauf in den Fettzellen.

Frauen können ihren Östrogenspiegel bis zu einem gewissen Grad steuern, indem sie die tägliche Fettzufuhr verringern und mehr ballaststoffreiche Nahrung zu sich nehmen. Solche Ballaststoffe können den Östrogenspiegel senken, weil sie das Östrogen im Darm binden, sodass es ausgeschieden wird.

Progesteron: Die Rolle, die Progesteron im Menstruationszyklus und in der Schwangerschaft spielt, lässt darauf schließen, dass es auch etwas mit der Gewichtszunahme zu tun hat. Bei Männern und bei Frauen gibt es einen Zusammenhang mit der Insulinproduktion, nur stellt das bei Frauen ein größeres Problem dar. Wenn der Progesteronspiegel hoch ist, neigen die Rezeptoren der Zellen dazu, Insulin zu binden, das seinerseits dann die Speicherung von Fett begünstigt.

In der Schwangerschaft steigt die Produktion von Progesteron an und bleibt neun Monate lang auf demselben Niveau. In dieser Zeit ist die Versuchung groß, zu viel zu essen. Die Natur versucht auf diese Weise, der Mutter mitzuteilen, dass sie für zwei essen soll. Aber selbst wenn eine Frau nicht schwanger ist, erreicht ihr Progesteronspiegel ungefähr in der Mitte des Menstruationszyklus seinen monatlichen Höhepunkt. Um diese Zeit neigen Frauen dazu, zu viel zu essen, vor allem zu viele Kohlehydrate.

Wollen Frauen diesen Heißhunger auf Kohlehydrate unter Kontrolle bringen, so könnten sie in den zwei Wochen vor ihrer Periode mehr komplexe Kohlehydrate zu sich nehmen. Pro Tag reichen ungefähr 150 zusätzliche Kalorien in Form von komplexen Kohlehydraten, um den Teufelskreis zu vermeiden, der durch ein Übermaß an

Zucker und einfachen Kohlehydraten entsteht. Schwangere können die doppelte Tagesmenge zu sich nehmen.

Insulin: Es gibt einige praktische Methoden, wie man mit dem Insulinfaktor bei der Gewichtskontrolle umgehen kann. Vermeiden Sie Zucker und einfache Kohlehydrate, wie sie zum Beispiel in Süßigkeiten, Speiseeis und Kuchen enthalten sind, weil sonst zu viel Insulin an das Blut abgegeben wird. Essen Sie lieber sechs kleinere Mahlzeiten als drei große. Hüten Sie sich vor koffeinhaltigen Getränken wie Kaffee, Tee, Schokolade und Cola, denn Koffein setzt in der Leber gespeicherten Zucker frei, der ins Blut gelangt und den bereits erwähnten Teufelskreis in Gang setzen kann.

Ein Beispiel, wie man Heißhunger auf Einfachzucker mit der ultradianen Methode unter Kontrolle bringen kann, hat Arlene Rainis, eine Psychotherapeutin aus North Carolina, beschrieben.

> Eine 37 Jahre alte Klientin bat mich, ihr bei ihrer »Zuckersucht« zu helfen. Sie veranstaltete regelmäßig wahre Fressorgien mit Süßigkeiten. Vor allem der Zuckerguss, mit dem Torten dekoriert werden, hatte es ihr angetan. Die Klientin war in zwei Monaten siebenmal bei mir und ich brachte ihr in dieser Zeit bei, täglich vier- bis sechsmal die ultradiane Heilreaktion zu nutzen. Sie konnte pro Tag nur zwei ultradiane 20-Minuten-Pausen machen, befolgte aber die Anweisungen für die ultradiane Heilreaktion.
>
> Die Klientin berichtete anschließend, dass sie seit viereinhalb Monaten keinen Zucker mehr gegessen habe. Sie war in dieser Zeit auf drei Geburtstagsfeiern gewesen und genau mit dem Kuchen konfrontiert worden, dem sie vorher nicht hatte widerstehen können, aber sie hatte kein Stück angerührt. Wenn man ihr bei Einladungen Tee und Kuchen anbietet, lehnt sie den Kuchen ab. Die größte Veränderung für sie ist, dass sie körperlich keinen Heißhunger mehr auf Zucker verspürt. Sie spürt zwar ein psychisch/emotionales Verlangen, kann es aber durch die ultradiane Heilreaktion kontrollieren.
>
> Sie sagt, sie sei jetzt »innerlich motiviert« – ein ganz neues Gefühl für sie.

Die einfache Methode, im entscheidenden Moment Nein zu sagen, spielt sicher bei jeder Schlankheitskur eine große Rolle. Entscheidend dabei ist, dass man sich mit der ultradianen Heilreaktion auf gesunde Weise dafür belohnen kann, auf das illusionäre Wohlbefinden verzichtet zu haben, das ein plötzlicher Zuckeranstieg im Blut auslöst.

Jahreszeitliche Rhythmen und Gewichtskontrolle

Weitere Belege für die vielen Verbindungen zwischen den auf vielen Ebenen ablaufenden Rhythmen der Seele und des Körpers stammen aus neueren Untersuchungen über jahreszeitlich bedingte affektive Störungen (SAD = *seasonal affective disorders*). Wenn es in den Wintermonaten weniger Tageslicht gibt, verbrauchen einige Tiere enorme Mengen an Stärke, die als Fettreserve für den Winterschlaf gespeichert wird und zu einer Gewichtszunahme führt. Manche Menschen haben außerdem in den

Wintermonaten die Angewohnheit, sich wenig zu bewegen, und neigen zu Depressionen, vor allem diejenigen, die unter SAD leiden.

Obwohl Untersuchungen gezeigt haben, dass sowohl die Tendenz zur Gewichtszunahme als auch Depressionen durch einfache therapeutische Maßnahmen und Gymnastik verringert werden können, entdeckten Dr. Norman Rosenthal und seine Mitarbeiter am National Institute of Mental Health, dass vor allem kohlehydratreiche Nahrung auf SAD-Patienten eine belebende Wirkung hat, obwohl die gleiche Ernährungsweise normale Menschen müde macht. Da Depressionen, die dem Menschen ein Gefühl der Kraftlosigkeit vermitteln, typisch für SAD-Patienten sind, schlägt er eine Erhöhung der Kohlehydratzufuhr vor, um den Energiezuwachs zu steigern und den Stoffwechsel anzuregen.

Abgesehen von dem speziellen Programm, das zu einer Verbesserung der Stimmung am frühen Morgen führen soll, sind uns viele der Lösungen, die die Rosenthal-Gruppe anbietet, bereits bekannt: komplexe statt einfache Kohlehydrate, ballaststoffreichere Nahrung, Stressreduzierung, mehr Bewegung, Psychotherapie bei seelischen Problemen und neue Aktivitäten, die das Leben sinnvoller erscheinen lassen.

Ultradiane Methoden gegen verschiedene Formen von Sucht

Über die Gewichtsprobleme kommen wir nun zu einem wichtigen verwandten Thema, der Sucht. In den letzten Jahren konnten wir eine Zunahme verschiedener Formen der Sucht beobachten. Glücksspiel, Arbeit, Sport, Sex, ja sogar die Computermanie können als Spielarten der Sucht bezeichnet werden.

Die psychologischen Faktoren, die sich hinter diesen verschiedenen Suchtformen verbergen, sind zwar komplexer Natur und von Mensch zu Mensch verschieden, aber alles, was wir inzwischen über das ultradiane Stresssyndrom wissen, weist darauf hin, dass bestimmte Verhaltensweisen dann zur Sucht werden, wenn sie mit unseren normalen ultradianen und zirkadianen Rhythmen in Konflikt geraten. Bei all diesen verschiedenen Formen der Sucht werden die natürlichen Botenstoffe unserer Einheit von Körper und Seele missbraucht und im Übermaß freigesetzt. Wenn wir unsere normalen ultradianen-zirkadianen Ruheperioden ständig ignorieren, werden wir süchtig nach dem Hochgefühl, das unsere eigenen, durch den Stress freigesetzten hormonellen Botenstoffe in uns auslösen.

Viele Erkenntnisse aus der Suchtforschung sind so neu, dass sie bis jetzt noch nicht in praktische Behandlungsmethoden umgesetzt werden konnten. Viele mit der ultradianen Heilreaktion vertraute Therapeuten prüfen, ob sich diese auch für die Suchtbehandlung eignet. Da sie wissen, dass alle Suchtkrankheiten mit einer Störung der natürlichen ultradianen Rhythmen zusammenhängen, empfehlen sie ultradiane Methoden und betrachten sie als ein wertvolles Werkzeug, mit dem man den Teufelskreis von Stress und Sucht durchbrechen kann.

Es gibt drei Möglichkeiten, wie uns die ultradiane Heilreaktion helfen kann, Sucht zu vermeiden oder davon loszukommen. Erstens steigern ultradiane Pausen unsere Sensibilität für die natürlichen Signale unserer Seele und unseres Körpers, die uns anzeigen wollen, dass wir Ruhe und Erholung brauchen. So werden wir weniger anfällig für das ultradiane Stresssyndrom, das ein Vorläufer der Sucht ist. Zweitens bieten solche Pausen Menschen, die sich von einer Suchtkrankheit erholen, eine gute Gelegenheit, etwas für sich zu tun und den alltäglichen Stress nicht überhand nehmen zu lassen, sodass es zu einem Rückfall kommt. Drittens kann eine während der Entzugsperiode und danach konsequent wahrgenommene ultradiane Heilreaktion auch die Heilung von seelischen Verstimmungen (Depression) und Antriebslosigkeit fördern.

Wenn Sie das Gefühl haben, süchtig zu sein, sei es nach Nikotin, Alkohol, Drogen, Glücksspiel oder nach irgendeiner anderen Substanz oder Angewohnheit, sollten Sie die folgenden ultradianen Tipps zur Heilung beachten:

1. Das Verlangen nach einer Droge – ob es nun eine Tasse Kaffee, ein harter Drink, ein Bier, eine entspannende Zigarette oder eine Prise Kokain ist – ist ein primärer Hinweis darauf, dass Sie auf dem besten Wege in das ultradiane Stresssyndrom sind.
2. Am besten legen Sie in einem solchen Augenblick eine Verschnaufpause ein, damit Sie wieder zu sich selbst kommen können.
3. Sie erkennen, dass Sie unter Stress stehen und sich dringend entspannen und erholen müssen. Anstatt Ihrer vertrauten Sucht zu frönen, sollten Sie dies als Gelegenheit betrachten, die Spannungen zu beseitigen, die Sie sonst mit dem Suchtmittel betäubt hätten.
4. Setzen oder legen Sie sich hin und geben Sie der ultradianen Heilreaktion eine Chance.

Es ist immer besser, sich eine ultradiane Erholungspause zu gönnen, als nach einem Suchtmittel zu greifen. Die ultradiane Heilreaktion kann die Freisetzung der natürlichen Botenstoffe fördern, nach denen Ihr Körper so gierig verlangt. Ihr Suchtmittel war nur ein gefährlicher Ersatz für das, was die Natur Ihnen freiwillig gibt, wenn Sie nur dem ultradianen Ruf folgen.

8 Die ultradiane Familie

Das Leben einer jeden Familie verläuft rhythmisch. Viele Rhythmen hängen von den Jahreszeiten ab, von der Religion oder von Feiertagen. Auch Sommerferien oder im Winter ruhigere Aktivitäten im Haus prägen den Lebensrhythmus. Familien sind auch Tageszyklen unterworfen: Wachsein und Schlafen, Arbeitstag, Schultag und der gemeinsame Feierabend. Viele Rhythmen innerhalb der Familie sind ultradianer Natur: Ein, zwei Stunden lang beschäftigen wir uns mit irgendeiner Sache, wir spielen, erledigen die Hausarbeit oder sitzen vor dem Fernseher. Dazu kommt, dass viele Familien oft aus mehreren Generationen bestehen, von denen jede einzelne ihre eigenen Rhythmen hat: Da gibt es den schnellen Rhythmus des Neugeborenen, der aus Essen und Schlafen besteht, die Spiel- und Schulrhythmen der älteren Kinder, die Arbeits- und Ruhezyklen der Mutter und des Vaters und das ruhigere Tempo der Großeltern.

Auch wenn wir die Familie meist als Einheit sehen, wäre es besser, sie als eine Gruppe von Individuen zu begreifen, die miteinander in Interaktion stehen, wobei sich jeder Einzelne in seinem spezifischen Rhythmus bewegt und sich entweder synchron oder asynchron zur Familiengruppe verhält. Die Dynamik unserer Familie – das heißt, die Art, wie wir miteinander umgehen – spiegelt ein komplexes Mandala dieser individuellen Rhythmen und der mit ihnen verbundenen Verhaltens- und Bewusstseinsänderungen wider. Da uns die rhythmischen Veränderungen in unserem Inneren nicht bewusst sind, können unsere Fähigkeit, mit den anderen Familienmitgliedern mitzuschwingen, und unser harmonisches Verhältnis zu ihnen gestört werden.

Wenn so etwas passiert, fühlen sich alle Familienmitglieder irritiert, unter Druck gesetzt, ausgenutzt, isoliert – nicht mehr mit den anderen verbunden. Wird das zum Dauerzustand, kann der Familienverband sogar zerstört werden. Liebe und gegenseitige Unterstützung gehen dann in einem Strudel von Stressgefühlen unter.

Bislang hat man diesen jahreszeitlich bedingten, täglichen und ultradianen Rhythmen keine besondere Beachtung geschenkt. Doch in solch einer »Symphonie« gelingt es den Familienmitgliedern entweder, harmonisch miteinander umzugehen, oder die Gruppe zerfällt in Dissonanzen. In diesen natürlichen Familienrhythmen kann man viele allgemeine dynamische Aspekte der Familie erkennen und lernen, wie man mit ihnen umgehen muss, um

···⟩ die Bindung zwischen den kleinen und größeren Kindern und den Eltern zu verbessern,

...⋗ eine ruhigere, liebevollere häusliche Atmosphäre zu schaffen,

...⋗ den Heranwachsenden zu helfen, damit sie besser mit wichtigen Veränderungen in dieser Lebensphase fertig werden können,

...⋗ das Leben der älteren Familienmitglieder zu verschönern.

Wir werden solche und ähnliche Fragen in diesem Kapitel behandeln. Die beiden ultradianen Wege zu einem harmonischen Familienleben lassen sich folgendermaßen zusammenfassen:

...⋗ *Wenn die ultradianen Rhythmen der einzelnen Familienmitglieder synchron verlaufen, wird die Einheit und Harmonie der Familie gefördert.* Je größer unser Respekt vor den ultradianen Rhythmen der Menschen ist, mit denen wir zusammenleben, und je mehr unsere eigenen Rhythmen mit ihren Rhythmen im Einklang stehen, umso harmonischer und stabiler wird die häusliche Atmosphäre sein.

...⋗ *Ultradianen Stress bei jedem einzelnen Mitglied zu reduzieren ist eine wesentliche Voraussetzung für die Heilung einer gestörten Familie.* Genauso wie die ultradiane Entspannung uns dabei hilft, unsere Leistungsfähigkeit wieder zu steigern, hilft sie uns auch, bessere und sensiblere Mütter, Väter, Söhne, Töchter usw. zu werden.

Neue Familienrhythmen

In jungen Familien – in denen das erste Kind erwartet oder aufgezogen wird – kann ein Wissen um die ultradianen Grundlagen der Familiendynamik und der Familienbeziehungen zu einem gesünderen, glücklicheren und harmonischeren Miteinander führen. In diesem Abschnitt wollen wir folgende Aspekte untersuchen:

...⋗ ultradiane Rhythmen beim ungeborenen Kind

...⋗ ultradiane Rhythmen und die stillende Mutter

...⋗ ultradiane Rhythmen und die Bindung zwischen Eltern und Säugling

Ultradiane Rhythmen beim ungeborenen Kind

Man geht davon aus, dass die ultradianen Rhythmen der Mutter und des Kindes in der ersten Zeit der Schwangerschaft in etwa synchron verlaufen. Da der Fötus ein Teil des Körpers der Mutter ist und über die gleichen Botenstoffe und Nährstoffe verfügt, unterliegt er auch den gleichen Veränderungen, die der Körper der Mutter im ultradianen Rhythmus von 90 bis 120 Minuten durchmacht.

Mit Beginn des zweiten Drittels der Schwangerschaft entwickelt der Fötus allerdings seine eigenen Rhythmen, sowohl für Schlaf und Wachsein als auch was Puls, Hirnstromwellen und Körperbewegungen betrifft. Schon nach 23 Wochen lassen sich beim Fötus deutliche ultradiane REM-Rhythmen und ultradiane Herzrhythmen beobachten. Die Mütter kennen offensichtlich diese Rhythmen, denn sie spüren, wie das Kind sich bewegt und um sich tritt. Wahrscheinlich geschieht dies während der Spitzen der ultradianen Aktivität des Fötus, die mit den Aktivitätsspitzen der Mutter zusammenfallen können, aber nicht müssen.

Bei der Geburt laufen die zahlreichen ultradianen Rhythmen des Kindes sehr schnell ab, etwa alle 40 bis 60 Minuten. Im Alter von ungefähr acht Monaten haben sich die meisten Körpersysteme des Kindes – Urinausscheidung, Temperatur, Puls, die Zusammensetzung des Blutes und sogar die Hirnfunktionen – auf einen Rhythmus von etwa 90 bis 120 Minuten eingepegelt, der dann das ganze Leben lang beibehalten wird. Viele Forscher sind inzwischen der Meinung, dass diese 90- bis 120-minütigen ultradianen Rhythmen der Grundrhythmus für unsere längeren Tagesrhythmen (zirkadian) und jahreszeitlich bedingten Rhythmen (infradian) sind. Lernen wir also diese ultradianen Rhythmen zu erkennen, sind wir in der Lage, von der Schwangerschaft an viele Aspekte des Familienlebens entscheidend zu verbessern.

Vor allem während der Schwangerschaft ist es wichtig, die ultradiane Heilreaktion als Mittel gegen das ultradiane Stresssyndrom einzusetzen, da die Mutter in diesen Monaten für zwei verantwortlich ist. Sie braucht dann eine zusätzliche Erholungsperiode, um den zusätzlichen Stress auszugleichen, den ihr Körper durch die Existenz des Fötus erlebt. Da während der Schwangerschaft Stresshormone wie Hydrocortison und Adrenalin durch die Plazenta laufen und die Entwicklung des Fötus negativ beeinflussen können, ist Erholung besonders wichtig. Die werdende Mutter muss also ganz besonders auf die Signale ihrer Einheit von Körper und Seele achten. Finden sich Anzeichen, dass sie eine ultradiane Ruheperiode braucht, dann geht es nicht nur um ihr eigenes Wohlergehen, sondern auch um das des Kindes, das in ihr heranwächst.

Die folgenden Signale zeigen einer schwangeren Frau an, dass es Zeit für sie ist, ihre ultradianen Bedürfnisse zu befriedigen:
···} ein gesteigertes Bedürfnis nach Schlaf und Ruhe
···} eine Veränderung der Rhythmen von Essen, Verdauung und Harnausscheidung
···} Persönlichkeitsveränderungen und Verlagerung der Interessen
···} getrübte Sinneswahrnehmungen, Gleichgewichtsstörungen und ein verändertes Aktivitätsniveau.

Wenn Sie schwanger sind, bedeuten diese Symptome, dass Sie sich mithilfe der ultradianen Heilreaktion regenerieren müssen.

Arlene Rainis beschreibt, wie die ultradiane Regeneration einer 36-jährigen Musikerin geholfen hat, mit körperlichen und seelischen Problemen während der Schwangerschaft fertig zu werden:

Die Klientin lernte die ultradiane Heilreaktion einzusetzen um Erschöpfungszustände und Stimmungsschwankungen zu überwinden, die im Zusammenhang mit den hormonellen Veränderungen in der Schwangerschaft auftraten. Außerdem gewann sie ganz allgemein eine positivere Lebenseinstellung. Sie wusste zu berichten: »Ich war erstaunt, wie einfach das war. Ich bin überzeugt, dass alle meine positiven Veränderungen darauf zurückzuführen sind.«

Im Idealfall kann die ultradiane Heilreaktion auch schwangeren Frauen helfen, die alkohol- oder drogensüchtig sind. Man schätzt, dass das fötale Alkoholsyndrom (FAS) die Ursache dafür ist, dass jährlich etwa 50 000 Kinder geboren werden, die unter irgendeiner Form von Behinderung leiden oder einen Geburtsfehler haben, der auf den Alkoholkonsum der Mutter zurückzuführen ist. Da der größte Teil des Alkohols, den die Mutter während der Schwangerschaft trinkt, durch die Plazenta in das den Embryo umgebende Fruchtwasser fließt, wird der Fötus direkt in Mitleidenschaft gezogen. Zum Glück hat die Natur den schwangeren Müttern in Form der ultradianen Heilreaktion ein drogenfreies, natürliches und sicheres Mittel an die Hand gegeben, mit dessen Hilfe sie Stress reduzieren und die Gesundheit ihres ungeborenen Kindes schützen können.

Ultradiane Rhythmen und stillende Mütter

Die Körperwärme der stillenden Mutter und ihre Berührung sind starke »Entrainer«, die Mutter und Kind in einen natürlichen synchronen ultradianen Zustand versetzen. Das Stillen dauert tatsächlich auch etwa zehn bis 20 Minuten – genauso lang wie eine ultradiane Heilreaktion.

Jüngste Untersuchungen haben gezeigt, dass die ultradiane Entspannung auch der stillenden Mutter helfen kann. Ärzte der University of New Mexico untersuchten eine Gruppe von Müttern von Frühchen, die im Brutkasten versorgt wurden. Diese Mütter hatten Schwierigkeiten, Milch zu produzieren, weil sie durch die Geburt und die damit verbundenen Umstände erschöpft und verängstigt waren. Eine Gruppe machte eine 20-minütige Ruhepause und hörte sich währenddesssen Entspannungsmusik an. Im Gegensatz zur Kontrollgruppe steigerten diese Frauen ihre Milchproduktion um 63 %.

Brian Lippincott, ein Psychologe aus Kalifornien, berichtet über eine Patientin, die unter extremen Still-Ängsten litt und bei der die ultradiane Heilreaktion die Milchproduktion förderte:

> Lucy, eine 21-jährige Frau, war nach der Geburt ihres ersten Kindes in die Eheberatung gekommen. Kurz nach der Entbindung rief sie mich an und sagte, sie habe enorme Angst, weil sie nicht in der Lage sei, ihr Kind zu stillen. Sie erklärte, dass sie sich mit dem Gesicht zu ihrer Tochter legen würde, um sie zu stillen, dass die Milch aber einfach nicht kommen würde. Dann würde das Baby schreien, wodurch sie in einen Teufelskreis aus Schuldgefühlen und Angst geriete.

Vor dem Anruf hatten Lucy und Jack, ihr Mann, die Grundlagen der ultradianen Erholung, einschließlich der Atemtechnik zur Aktivierung der anderen Gehirnhälfte, gelernt. Ich hatte ihnen das ursprünglich beigebracht, damit sie eine Eskalation ihrer Streitereien verhindern konnten.

Am Telefon forderte ich Lucy auf festzustellen, welches Nasenloch zurzeit dominiere (also offen war), und sie sagte, es sei das rechte. Sie berichtete außerdem, sie habe auf der linken Seite gelegen und versucht zu schlafen und das Baby zu stillen. Ich forderte sie auf, sich auf die rechte Seite zu drehen und eine 20-minütige ultradiane Pause zu machen. Dann sollte ihr Mann ihr das Baby bringen, damit sie es, auf der rechten Seite liegend, stillen könne. Am nächsten Morgen berichtete Lucy, dass die ultradiane Heilreaktion tatsächlich die Milch zum Fließen gebracht habe.

Auch wenn diese Anekdote aus der Praxis nicht ausreicht, um einen Zusammenhang zwischen der Dominanz der Hirnhälften und dem Stillvorgang zu beweisen, so eröffnet sie doch neue Forschungsmöglichkeiten, mit denen wir vielleicht jungen Müttern helfen können, die Schwierigkeiten beim Stillen haben.

Vertiefung der Bindung zwischen Eltern und Kind

Warum haben manche jungen Mütter und Väter in den ersten Monaten nach der Geburt ihres Kindes überhaupt keine Schwierigkeiten, während andere völlig erschöpft, reizbar und gestresst sind? Und warum sind manche Kinder von Geburt an zufrieden, freundlich und gutmütig, während andere Koliken haben, schwierig sind und ihre Mütter frustrieren? Da sie keine Erklärung dafür haben, schreiben die meisten Eltern achselzuckend solche Unterschiede der Persönlichkeit des Kindes zu. Die Ursache kann jedoch auch darin liegen, dass die ultradianen Rhythmen der Eltern mit denen des Kindes synchron bzw. asynchron verlaufen.

Stellen wir uns zum Beispiel ein Baby vor, dass normalerweise einen stabilen Rhythmus hat, in dem es wach ist und gefüttert werden will. Hier können Mutter und Vater sich mit ihren eigenen ultradianen Rhythmen leichter an das Schema des Kindes anpassen. Wenn die Rhythmen synchron laufen, fallen die Stillzeiten des Babys vor allem nachts mit dem 90-minütigen REM-Traumzyklus der Eltern, nach dem sie leicht aufzuwecken sind, zusammen. Vater und Mutter verlieren dann verhältnismäßig wenig von ihrem lebenswichtigen Tiefschlaf, wachen am nächsten Morgen ausgeruht und ohne Stress auf und können deshalb ihr Kind tagsüber liebevoller versorgen.

Hat das Kind jedoch einen scheinbar völlig unberechenbaren Rhythmus, können Mutter und Vater sich nicht darauf einstellen. In solchen Fällen werden die Schlafzyklen der Erwachsenen auseinandergerissen. Da sie ständig aus dem tiefsten Schlaf gerissen werden, geraten sie in einen Teufelskreis von Depression und Stress. Hat man mehrere, vom Alter her dicht beieinander liegende Kinder, kann der Prozess der Anpassung der eigenen ultradianen Rhythmen an die der anderen Familienmitglieder außerordentlich aufreibend sein.

Obwohl es unmöglich ist, das Stillschema eines Babys vorauszusagen, sollten Sie immer an ein ultradianes Grundprinzip denken: Mutter und Vater sollten sich am Anfang darum bemühen, ihre ultradianen Rhythmen an die des Kindes anzupassen. Das lässt sich erreichen, indem man dem Baby bestimmte Signale gibt – man wiegt es, hält es im Arm, spielt Musik oder dimmt das Licht – um ihm die Umstellung auf ein Schema zu erleichtern, das dem eigenen ähnlicher ist. Zuerst nehmen die Eltern den Kontakt auf, indem sie synchron mit dem Kind werden. Dann verändern sie seinen Rhythmus und passen ihn an den eigenen an. Dazu müssen Eltern allerdings in der Lage sein, die Rhythmen des Kindes zu erkennen.

Deshalb ist es wichtig, sich beim Stillen nicht nach einem starren Plan zu richten, sondern die natürlichen ultradianen Signale und Rhythmen des Kindes zu beachten.

Nach und nach kann man so alle ultradianen Rhythmen in harmonische Übereinstimmung bringen. Wer ein Gespür für die rhythmische Natur seines Kindes innerhalb der ersten Lebensmonate entwickelt, legt den Grundstein für ein familiäres Zusammengehörigkeitsgefühl, das ein Leben lang hält.

Ultradiane Rhythmen und die etablierte Familie

In einer etablierten Familie gibt es ein komplexes Netz ultradianer Rhythmen. Mit zunehmendem Alter werden die Kinder selbstständiger und bringen ihre eigenen Zeitpläne und Rhythmen in das Konzert der Familie ein, was dazu führen kann, dass es innerhalb der Familie zu Disharmonie und Stress kommt, da die einzelnen Mitglieder zu den unterschiedlichsten Zeiten zur Arbeit oder zur Schule gehen und wieder nach Hause kommen. Familiäre Aktivitäten wie die Mahlzeiten oder bestimmte Arbeiten im Haus lassen sich oft nur unter großen Anstrengungen koordinieren, weil sie den unterschiedlichen Ansprüchen der Ehepartner und der Kinder gerecht werden müssen.

Mangelnde ultradiane Synchronizität führt in einer Familie also häufig zu Streitereien und Problemen. Kommen am Ende eines langen Tages die einzelnen Familienmitglieder zusammen, haben sie mit großer Wahrscheinlichkeit ihre eigenen ultradianen Bedürfnisse den ganzen Tag über vernachlässigt und stecken tief im ultradianen Stress. Dass es dann zu Konflikten kommt, kann kaum überraschen. Die Familienmitglieder sind durch die Tagesereignisse gestresst und mussten sich bei der Arbeit nach den Terminerfordernissen der Außenwelt richten statt nach ihren eigenen ultradianen Rhythmen. Deshalb haben sie zu Hause den Kopf noch voll von unerledigten

Dingen, die Körper und Seele belasten. Im Laufe des Tages haben sich unbefriedigte Bedürfnisse nach Unterstützung und fürsorglicher Liebe angestaut und verursachen jetzt einen gehörigen Leidensdruck.

Es gibt drei Schlüsselelemente für glücklichere, positivere familiäre Beziehungen:

···> Man muss die eigenen zirkadianen und ultradianen Rhythmen an die der anderen Familienmitglieder anpassen.
···> Man muss lernen, bei den anderen die Signale der Seele und des Körpers zu erkennen, die ultradianen Stress anzeigen.
···> Man muss erkennen, wann man selbst einen toten Punkt erreicht hat.

Wie eine synchrone Beziehung zwischen Eltern und Kind entstehen kann

Es gibt viele Möglichkeiten, wie Eltern von Kleinkindern oder Schulkindern die ultradianen Prinzipien im Tagesablauf nutzen können, um die ganze Familie besser zu synchronisieren und Verhaltensstörungen zu vermeiden, die sich bei vielen Familien unbewusst einstellen.

Gemeinsame Aktivitäten: Gemeinsames Aufstehen bietet einer Familie eine gute, natürliche Möglichkeit, den Tag in einem synchronen Rhythmus zu beginnen. Selbst wenn das nicht möglich ist, sollten Sie zumindest eine oder zwei gemeinsame aktive Perioden von mindestens 20 Minuten einplanen. Sie können miteinander spielen oder sich jeder für sich allein mit Projekten beschäftigen, die ein hohes Maß an Aktivität erfordern.

Gemeinsame Mahlzeiten: Auch über das gemeinsame Essen können Kinder und Eltern die ultradiane Synchronizität wiederherstellen. Sie sollten nicht den Kindern zuerst etwas zu essen geben und anschließend mit Ihrem Ehepartner essen, sondern jede Mahlzeit dazu nutzen, gemeinsam mit den Kindern ihre Rhythmen wieder zu harmonisieren.

Gemeinsame Ruhepausen: Wenn Sie mehrere Kinder unterschiedlichen Alters haben, regen Sie jedes Kind dazu an, sich einer erholsamen ultradianen Tätigkeit wie zum Beispiel Lesen oder Musikhören zu widmen. Auf diese Weise helfen Sie ihnen, ihr inneres Gleichgewicht wiederzufinden. So kann sehr oft der übliche Zank und Streit zwischen Geschwistern vermieden werden.

Schaukelstuhl: Ein bis zwei Kinder passen bequem zusammen mit einem Erwachsenen in einen Schaukelstuhl. Das Schaukeln trägt dazu bei, sowohl den Erwachsenen als auch die Kinder gemeinsam in eine entspannende ultradiane Heilreaktion gleiten zu lassen.

Geschichten erzählen: Wenn man sich mit einem Buch aneinanderkuschelt, löst das sowohl beim Erwachsenen als auch beim Kind die ultradiane Heilreaktion aus. Der Sprachrhythmus, die Bilder und Geschichten können den Familienmitgliedern dabei helfen, aufgestaute Gefühle zu befreien und Konflikte zu lösen.

Weitere ultradiane Einstimungsmöglichkeiten zwischen Eltern und Kindern: Zur Harmonisierung der ultradianen Rhythmen von Eltern und Kindern und zur notwendigen ultradianen Erholung können außerdem gemeinsame Hobbys, Schlaflieder und ein gemeinsames warmes Bad dienen.

Selbst wenn beide Elternteile den größten Teil des Tages nicht zu Hause sind, sollten sie dennoch täglich mindestens einen Zyklus von Ruhe und Aktivität gemeinsam mit den Kindern verbringen.

Wie man sich das ultradiane Stresssyndrom bewusst macht

Wenn die Familie oder einzelne Familienmitglieder ihr Bedürfnis nach einer ultradianen Ruhepause ignorieren, werden sie Opfer einer kollektiven Version des ultradianen Stresssyndroms. Diese Ursache vieler Familienprobleme wird jedoch meistens nicht erkannt und äußert sich sehr oft in Form von Konflikten. Ohne dass es den Betroffenen bewusst wird, führen solche Konflikte häufig dazu, dass die Familienmitglieder zueinander auf Distanz gehen, damit jeder schließlich seine Ruhe hat und einen Platz findet, an dem er seine ultradianen Erholungsbedürfnisse befriedigen kann. Zu den Signalen, die ein derartiges Rückzugsverhalten ankündigen, zählen:

⋯⇥ Reizbarkeit, Emotionalität, Ungeduld, Feindseligkeit.
⋯⇥ Man bricht einen Streit vom Zaun, damit man in der Ruhephase seiner ultradianen Rhythmen allein sein kann.
⋯⇥ Man versteckt sich hinter der Zeitung, setzt sich vor den Fernseher, verschwindet in seinem Zimmer oder im Hobbyraum.

Alle diese Rückzugssignale signalisieren, dass jetzt nicht der richtige Zeitpunkt ist, die Familienmitglieder mit Problemen zu konfrontieren. Und was dabei auch nicht vergessen werden sollte: Während des ultradianen Stresssyndroms verfügen Menschen nicht über ihre normalen kognitiven und sprachlichen Fähigkeiten, nicht über genügend Geduld und die Fähigkeit, andere emotional zu unterstützen. Was wie ein Mangel an Respekt oder Liebe aussehen kann, ist in Wirklichkeit nur ein ultradianes Defizit, das sich auf die sozialen Kompetenz auswirkt.

Wenn Sie bei sich selbst diese Warnzeichen für ein ultradianes Stresssyndrom erkennen, sollten Sie das die anderen sofort wissen lassen: »Ich muss mich jetzt erst einmal ausruhen. Ich werde mich 20 Minuten hinlegen, bitte stört mich jetzt nicht.« Auf diese Weise geraten Sie nicht in die Versuchung, Ihre Stressgefühle an den anderen auszulassen, und diese wiederum werden Ihren Wunsch nach einer ultradianen Heilreaktion respektieren und Sie dabei unterstützen.

Familienmitglieder können, wenn sie das Bedürfnis nach einer 20-minütigen Erholungspause haben, auch verletzlich und anlehnungsbedürftig wirken: Ihr Verhalten signalisiert dann eine unbewusste Abhängigkeit, ein besonderes Ruhebedürfnis und eine Sehnsucht nach Harmonie und Unterstützung. Dieses Anlehnungsbedürfnis kann auf folgende Weise zum Ausdruck kommen:

···⟩ Man möchte reden oder sich ankuscheln.
···⟩ Auch bei Kleinigkeiten bittet man die anderen um Hilfe und emotionale Unterstützung.
···⟩ Man reagiert empfindlicher auf die Launen der anderen.
···⟩ Man ist abhängiger von der Zustimmung und den Reaktionen der anderen.

Viele Kinder werden häufig anlehnungsbedürftig und quengelig, wenn sie übermüdet sind und die Ruhephase ihrer ultradianen Rhythmen beginnt. Nehmen Sie solche Warnzeichen des ultradianen Stresssyndroms wahr, dann wissen Sie, dass die Kinder eine natürliche ultradiane Verschiebung durchmachen. Sie sind nicht absichtlich so lästig oder anlehnungsbedürftig und ihr regressives Verhalten ist nicht die äußere Manifestation eines seelischen Problems, sondern signalisiert nur das natürliche ultradiane Bedürfnis nach einer kurzen Erholungspause.

Bieten Sie den Kindern eine ruhige Beschäftigung an, damit sie Gelegenheit haben, die ultradiane Heilreaktion zu erleben, die sie so dringend brauchen. Die Kinder könnten sich eine Geschichte vorlesen lassen, ein Nickerchen machen oder einfach etwas tun, was keine besonderen Ansprüche an sie stellt und entspannt. Lehnen die Kinder Ihre Vorschläge ab, überlassen Sie es ihnen selbst, einen Weg zu finden, wie sie sich auf ihre eigene Art ultradian regenerieren können.

Wenn Ihr Partner, Ihr Kind oder ein Elternteil sich in einer ultradianen Ruhe- und Erholungsphase befindet, ist das für ihn eine wichtige Zeit, um sich innerlich zu erneuern. Gehen Sie also behutsam mit diesem Menschen um und stören Sie ihn nicht dabei, denn Störungen können eine Periode der potenziellen Heilung in ein ultradianes Stresssyndrom verwandeln.

Wie man seinen toten Punkt erkennt

Wer unter dem ultradianen Stresssyndrom leidet, läuft Gefahr, erschöpft, wie er ist, seinen Ärger an den Menschen auslassen, die ihm am nächsten stehen. Vor allem in der Zeit zwischen 15.00 und 16.00 Uhr sind wir offenbar am anfälligsten für häusliche Streitereien, die mitunter schlimme Formen annehmen können. Um diese Zeit erreichen wir unseren toten Punkt, denn das Tief der ultradianen Rhythmen fällt mit dem Tief der zirkadianen Rhythmen zusammen und ist verantwortlich dafür, dass unsere Energie, unsere Wachheit und unsere sozialen Fähigkeiten ihren niedrigsten Level erreichen. Wurden im Laufe des Tages die ultradianen Bedürfnisse nicht regelmäßig befriedigt, kann es zu Aussetzern kommen und der Körper könnte rebellieren. Im Interesse des Familienfriedens sollte deshalb jeder zu diesem Zeitpunkt unbedingt 20 Minuten Pause machen.

Ist also die Familie den ganzen Tag über zusammen, wie z.B. am Wochende, empfiehlt es sich, die Zeit zwischen 15.00 und 16.00 Uhr mit angenehmen und erbaulichen Dingen zu verbringen, indem man zum Beispiel ...

⋯⟩ ruhige Spiele spielt oder Geschichten vorliest,
⋯⟩ den anderen Familienmitgliedern erzählt, was man am Tag alles erlebt hat,
⋯⟩ sich einer Lieblingsbeschäftigung widmet, die keine hohen Ansprüche stellt,
⋯⟩ den Kindern bei den Hausaufgaben hilft,
⋯⟩ sich unbeschwerter Geselligkeit hingibt,
⋯⟩ liest, näht oder strickt,
⋯⟩ im Garten arbeitet oder Blumenarrangements macht,
⋯⟩ Musik hört oder selbst musiziert,
⋯⟩ meditiert oder spazieren geht,
⋯⟩ fernsieht, vorausgesetzt das Programm ist entspannend und förderlich,
⋯⟩ mit Haustieren spielt.

Ultradiane Rhythmen und Heranwachsende

Auch Probleme mit pubertierenden Kindern sind häufig auf ultradianen Stress, aber auch auf Veränderungen innerhalb der Familie zurückzuführen. In der Pubertät sind Jugendliche auf der Suche nach ihrer Identität. Es kommt zu großen körperlichen und seelischen Veränderungen, die zu einem Gefühlschaos führen. Deshalb brauchen Pubertierende eine Zuflucht, einen ruhigen Ort. Hier kann die ultradiane Heilreaktion zu mehr Selbsterkenntnis und innerem Frieden beitragen, was gerade in den Entwicklungsjahren außerordentlich wichtig ist.

Gerade die zirkadianen und ultradianen Rhythmen verändern sich während der Pubertät gravierend. Die Heranwachsenden haben mitunter das Bedürfnis, nachts wach zu bleiben und tagsüber zu schlafen oder sich nachmittags zurückzuziehen. Das ist keine Opposition gegen die elterliche Ordnung, denn einige dieser Verschiebungen der Schlaf-, Aktivitäts- und Ruheperioden und des Essrhythmus sind auf die hormonellen Veränderungen der Pubertät zurückzuführen, an die die jungen Menschen sich auf natürliche Weise anpassen wollen. Die Eltern tun gut daran, ihre Kinder in dieser Zeit darin zu unterstützen, innerhalb vernünftiger Grenzen ihren eigenen Rhythmus zu finden. So kann eine gelegentlich durchgefeierte Nacht für das Ansehen bei Gleichaltrigen wichtig sein; regelmäßiger Nachtschlaf und einige ultradiane Erholungspausen tagsüber sind für die Teenager jedoch genauso wichtig, da sie mit den enormen Veränderungen fertig werden müssen, die sich in ihrem Inneren abspielen.

Man sollte die Heranwachsenden dazu ermuntern, auf die Rhythmen ihrer Seele und ihres Körpers zu achten und sich nach ihnen zu richten. Bei Hausaufgaben oder häuslichen Pflichten muss man ihnen unter Umständen helfen, die Hoch- und Tiefphasen ihres ultradianen Zyklus zu finden. Sie selbst sollten sich also nicht darauf versteifen, dass der Rasen gerade dann gemäht werden muss, wenn sich Ihr Kind in einer ultradianen Erholungsphase befindet. Der Rasen kann sicher bis zur nächsten Hochphase warten.

Genauso wichtig ist es, dass Sie dem Heranwachsenden Ihre Aufmerksamkeit schenken, wenn er Sie braucht. Kommt Ihr Kind mit seinen Fragen oder Sorgen zu Ihnen, dann bedeutet das, dass es sich in einer Phase seines ultradianen Rhythmus befindet, in der es seelisch besonders zugänglich ist. Das ist eine günstige Zeit für konstruktive Verhaltensveränderungen, Ratschläge und ernste Gespräche über seelische Probleme. Bemerken Eltern diese fruchtbaren ultradianen Momente nicht, sagen sie vielleicht: »Nicht jetzt, ich habe zu tun« und bringen sich um eine kostbare Gelegenheit, Kontakt zu ihrem Kind zu bekommen und etwas von ihm zu erfahren.

Als Erwachsener sind Sie im Hinblick auf Ihre eigenen ultradianen Rhythmen wahrscheinlich anpassungsfähiger als Ihr heranwachsendes Kind. Selbst wenn Sie sich in dem Augenblick, in dem Ihr Kind Sie braucht, an der Schwelle Ihrer ultradianen Heilreaktion befinden, wird es Ihnen leichter fallen, den Rhythmus kurz zu verschieben, um mit dem Kind zu reden. Teenager sind noch nicht ganz so geübt darin, diese Augenblicke der Offenheit und Selbstheilung zu nutzen. Sie sollten also die Gelegenheit wahrnehmen, denn es kann für die Kinder ein ganz wichtiger Moment der Öffnung und Veränderungsbereitschaft sein.

Ultradiane Rhythmen und ältere Menschen

20-Minuten-Pausen sind zwar für jedes Familienmitglied wichtig, für ältere Menschen aber absolut lebensnotwendig. Eine richtige ultradiane Erholung kann darüber entscheiden, ob jemand gebrechlich und senil wird oder im Alter ein glückliches und erfülltes Leben hat.

In unserer Kultur gibt es leider viele negative Klischeevorstellungen im Hinblick auf das Erholungs- und Ruhebedürfnis älterer Menschen. Die natürlichen Veränderungen des Alterns werden häufig nur als Zeichen für schwindende Kräfte betrachtet. Vitalität ist alles und Langsamkeit ist etwas, dessen man sich schämen muss. Das Bedürfnis, sich auszuruhen, wird als Versagen betrachtet und in keinem Fall geduldet oder gar gefördert.

Solche Einstellungen tragen dazu bei, dass ältere Menschen unter Druck geraten. Sie bemühen sich, einen vitalen Eindruck zu machen und leistungsfähig zu erscheinen, wodurch sie nur allzu oft geradewegs auf das ultradiane Stresssyndrom zusteuern. Die Tatsache, dass sie öfter eine ultradiane Heilreaktion brauchen, um sich wieder zu regenerieren, verursacht Schuldgefühle. Ohne angemessene Pausen geraten ältere Menschen jedoch mit hoher Wahrscheinlichkeit in einen Zustand der Dysrhythmie, der durch niedrige Amplituden gekennzeichnet ist. So sind sie nie ganz wach und können sich auch nie richtig ausruhen oder fest schlafen. Sie sind im Niemandsland des ultradianen Stresssyndroms gefangen, wollen etwas tun, bringen aber nicht die notwendige Energie auf, und das wiederum wird von ihrer Umgebung als weiteres Zeichen für ihr Altwerden gedeutet.

Nicht zufällig ähneln alle typischen Beschwerden alter Menschen denen von jüngeren Menschen, wenn diese unter dem ultradianen Stresssyndrom leiden: ein kurzer Spannungsbogen, Zerstreutheit, Tagträumen, Reizbarkeit, Vergesslichkeit, Erschöpfung und Desorientierung. Je älter wir werden, umso wichtiger wird die ultradiane Erholung. Älteren Menschen vermittelt sie das Gefühl, jünger und leistungsfähiger zu sein.

Wollen ältere Menschen – und die Menschen, die mit alten Menschen zusammenleben – ein Bewusstsein für die ultradianen Rhythmen erlangen, besteht der erste Schritt darin, wieder ein Gefühl für die Signale von Seele und Körper zu entwickeln. Untersuchungen des Nationalen Französischen Instituts für Gesundheit und Medizinische Forschung haben gezeigt, dass sich im Alter Frequenz und Stärke der ultradianen Rhythmen stark verändern. Seelisch-körperliche Rhythmen, die vorher synchron waren, sind nicht mehr koordiniert. Ähnlich wie Pubertierende erleben auch ältere Menschen natürliche Verschiebungen ihrer ultradianen und zirkadianen Rhythmen. Sie müssen daher lernen, die Hochs und Tiefs ihrer ultradianen Rhythmen optimal zu nutzen. Hierzu einige Vorschläge:

Bleiben Sie in den Hochphasen aktiv: Es ist wichtig, während einer ultradianen Hochphase etwas zu tun, das Gehirn und Körper fordert: spazieren gehen, Sport treiben, eine interessante Arbeit tun oder anregenden gesellschaftlichen Kontakt pflegen. Derartige Aktivitäten helfen Ihnen, die chronische Passivität zu vermeiden, die zu weiteren Erschöpfungszuständen und Depressionen führt. Die Leistungsspitzen, die früher in der Arbeitswelt Ihr Überleben gesichert haben, dienen jetzt dem Erhalt Ihrer Gesundheit.

Lassen Sie sich bei der Planung der Aktivitätsperioden und der Ruhepausen immer einen gewissen Spielraum. Wenn sich irgendetwas Interessantes ereignet, machen Sie sich keine Sorgen, dass Sie dadurch möglicherweise eine ultradiane Erholungsperiode verpassen. Die belebende Wirkung eines interessanten Ereignisses kann dazu beitragen, dass eine Leistungsspitze noch weiter intensiviert wird.

Achten Sie auf Ihre ultradiane Heilreaktion: Es ist aber genauso wichtig, dass Sie Ihre ultradiane Heilreaktion nutzen, um sich wirklich auszuruhen und zu erholen. Verschiedene Forschungsarbeiten haben den Wert eines Nickerchens oder einer ultradianen Pause, wie sie in diesem Buch empfohlen werden, nachgewiesen.

Die Bedeutung des morgendlichen Nickerchens: Untersuchungsergebnisse haben gezeigt, dass ein morgendliches Nickerchen mehr REM-Phasen enthält als Perioden mit langsamen Augenbewegungen. Es eignet sich daher besonders gut für den Traumschlaf, der im Alter abnimmt. Das morgendliche Nickerchen ist die beste Zeit, um sich in der Tiefe der Seele auf die Sinnsuche und die Betrachtung des eigenen Lebens einzustimmen, wie sie im Traum stattfinden. Diese Suche nach dem Sinn des Lebens hat für die seelische Gesundheit älterer Menschen die gleiche Bedeutung, die die Identitätsfindung für Heranwachsende hat.

Die häufig zu beobachtende Neigung älterer Menschen, in Erinnerungen zu schwelgen und über Ereignisse ihres Lebens zu reden, ist kein Zeichen von Senilität, auch wenn das ein beliebtes Klischee ist. Der Psychologe C. G. Jung vertrat die Auffassung, dass die meisten Menschen im Alltag unter so großem Leistungsdruck stehen, dass sie in der ersten Hälfte ihres Lebens überhaupt nicht dazu kommen, einen Sinn in ihrem Leben zu suchen. In der zweiten Hälfte, vor allem vor dem Tode, kommt eine Periode, in der man nach dem höheren Sinn des Ganzen sucht. Jung nannte das Individuation und Sinnsuche. Wenn Sie auf Ihre alten Tage Ihre Erinnerungen Revue passieren lassen, so ist das ein Zeichen dafür, dass Sie in eine neue Phase des Individuationsprozesses eintreten, in der Sie versuchen, Ihrem Leben als Ganzes einen Sinn zu geben.

Mittagsschlaf und Jugendlichkeit: Vor Kurzem wurde untersucht, ob die Injektion von Wachstumshormonen auf Menschen zwischen 70 und 80 eine verjüngende Wirkung hat. Die Versuchspersonen gaben an, sich nach dem Versuch um zehn bis 20 Jahre jünger zu fühlen, sich auch entsprechend zu verhalten und jünger auszusehen. Leider befindet sich diese Behandlung noch im Experimentalstadium und kann nur unter ärztlicher Aufsicht durchgeführt werden. Außerdem kosten die drei Injektionen pro Woche ungefähr 12 000 Dollar im Jahr und man weiß auch noch nichts über mögliche Nebenwirkungen.

Neuere Forschungsergebnisse weisen jedoch darauf hin, dass auch während eines Mittagsschlafs von mindestens einer Stunde bedeutende Mengen an Wachstumshormonen freigesetzt werden. Wenn wir alt werden, schlafen wir nachts nicht mehr so tief. Ein Mittagsschlaf kann bei manchen Menschen den dringend benötigten Tiefschlaf ersetzen, eine Ausschüttung des Wachstumshormons bewirken und ist somit der sicherste und zuverlässigste Jungbrunnen, den wir zurzeit kennen.

Ultradiane Pausen und Gedächtnis: Eine ultradiane Regeneration verbessert außerdem das Gedächtnis älterer Menschen. An der Stanford University ergab eine psychiatrische Untersuchung, dass eine kurze Erholungspause die Gedächtnisleistung älterer Menschen steigert. Die Versuchspersonen im Alter von 62 bis 83 Jahren verloren außerdem bei diesem Versuch ihre Angst vor solchen Leistungen, was sich ebenfalls positiv auf die Ergebnisse auswirkte. In der vierten Phase der ultradianen Heilreaktion gaben die Teilnehmer an, sich an Dinge zu erinnern, die ihnen vor der 20-minütigen ultradianen Erholungspause nicht zugänglich gewesen seien.

Während eines psychologischen Symposiums erlebte ich eine eindrucksvolle Demonstration der Vorteile, die die ultradiane Regeneration älteren Menschen bietet. Edna, eine weißhaarige Frau in den Achtzigern, berichtete mir, sie habe verschiedene Vorträge über ultradiane Heilung gehört:

> Als ich das alles hörte, fühlte ich mich ermutigt, mir die Zeit für Erholung zu nehmen, die ich brauchte. Mir ging es so schlecht. Ich wusste genau, dass ich müde war und eine Erholungspause brauchte, aber ich hatte immer dagegen angekämpft, weil ich wusste, dass alle sich Sorgen um mich machten, mich beobachteten und befürchteten, ich würde senil. Ich versuchte, immer aktiv und wach zu sein. Das führte dazu, dass ich nie wirklich wach war. Ich hatte ständig ein Gefühl der Benommenheit. Meine Kinder verhielten sich so, als glaubten sie, ich bekäme die Alzheimersche Krankheit oder etwas Ähnliches – und ich selbst machte mir Gedanken, ob sie vielleicht recht damit hätten.
>
> Wenn ich jetzt wieder dieses benommene Gefühl bekomme, lasse ich es ganz einfach geschehen. Ich gehe in mein Zimmer, lege mich hin und mache eine ultradiane Erholungspause. Anschließend fühle ich mich wie neugeboren. Ich freue mich, so wach zu sein, und sitze nicht mehr nur herum und tue so, als ginge es mir gut. Wenn ich jetzt wach bin, bin ich wirklich wach. Ich bin wieder in einer Weise für meine Familie da, wie ich es schon seit langer Zeit nicht mehr sein konnte. Ich kann jetzt mit meinen Enkelkindern spielen und mich über sie freuen.

Ednas Geschichte hat für alle älteren Menschen Gültigkeit: Man kann einfach nicht auf die Vorteile der ultradianen Heilreaktion verzichten.

Ultradiane Pausen und Schlafstörungen: Die ultradiane Heilreaktion kann auch bei den Schlafstörungen helfen, unter denen ältere Menschen häufig leiden und die ihren Ursprung in den natürlichen mit dem Alterungsprozess einhergehenden Veränderungen der Körperrhythmen haben. Brian Lippincott, ein Therapeut aus Hollister in Kalifornien, berichtet über den Fall einer älteren Frau, der es mithilfe der ultradianen Heilreaktion gelungen war, ihr Leben grundlegend zu verändern:

Millie, eine 68-jährige Frau, litt unter chronischer Schlaflosigkeit und hatte seit neun Monaten jede Nacht weniger als viereinhalb Stunden geschlafen. Sie war völlig erschöpft, deprimiert und reizbar. Millies Mann, mit dem sie seit 38 Jahren verheiratet war, riet ihr, sich zu »entspannen«, und warf ihr vor, sie »bilde sich das alles nur ein«. Er behauptete sogar, sie schliefe in Wirklichkeit mehr, als sie zugeben würde. Der Arzt verschrieb Millie verschiedene Medikamente: Benzodiazepin, Antidepressiva und sogar Barbiturate, aber Millie hatte etwas gegen die mit diesen Mitteln verbundenen Nebenwirkungen.

Seit sie und ihr Mann Rentner waren und die Kinder aus dem Haus waren, hatte Millie das Gefühl, »nichts Sinnvolles mehr zu tun zu haben«, und blieb morgens oft lange im Bett. Sie aß auch nicht regelmäßig, traf keine Freunde mehr und hörte auf, ihre alltäglichen Arbeiten zu verrichten. Sie klagte ständig über Angstzustände. Als sie schließlich zu mir kam, war die Beziehung zu ihrem Mann durch ihre Launen so sehr gestört, dass beide in getrennten Schlafzimmern schliefen und mit einer baldigen Scheidung zu rechnen war.

Ich erklärte ihr das Wesen der ultradianen Rhythmen und des 90-minütigen Zyklus von Ruhe und Aktivität. Dann brachte ich ihr bei, wie man die natürliche 20-minütige Trance der ultradianen Heilreaktion erreicht: »Wenn Ihnen die Augen zufallen, ist das ein Signal, dass Ihre Seele bereit ist, Ihr Schlafproblem zu lösen. Richten Sie die Aufmerksamkeit Ihrer Seele auf eine Zeit, in der Sie noch gut schlafen konnten; lassen Sie sich von Ihrem Unbewussten zeigen, was Sie tun müssen, um fest einzuschlafen ...« Nach 13 Minuten schlug Millie die Augen wieder auf, reckte sich und berichtete, sie habe Farben gesehen und sei sehr entspannt.

Eine Woche lang probierte sie einen neuen Zeitplan aus und machte zwischen 11.00 und 11.30 Uhr und zwischen 14.30 und 15.00 Uhr jeweils eine ultradiane Pause. Sie kam wieder und berichtete, dass sie bedeutend weniger reizbar sei, tagsüber mehr Energie habe, aber nur ein bisschen besser schlafen könne.

In der zweiten Woche sagte sie: »Tagsüber habe ich jetzt so viel Energie, dass ich meinen Mann dazu überredet habe, auch ultradiane Erholungspausen einzulegen. Unser Tag bekommt dadurch eine gewisse Ordnung und ich esse jetzt auch regelmäßig und fahre jeden Tag Rad.« Ihre Stimmung und ihr Energiehaushalt hatten sich normalisiert, aber sie litt immer noch unter Einschlafstörungen.

In der dritten Woche machte sie täglich drei ultradiane Erholungspausen: eine zwischen 9.00 und 9.30 Uhr, eine nach dem Mittagessen zwischen 12.30 und 13.30 Uhr und eine zwischen 16.30 und 17.30 Uhr, bevor sie das Abendessen richtete.

Millie kam begeistert in meine Praxis. Sie war innerhalb von 15-30 Minuten eingeschlafen und hatte jede Nacht bis 6.30 Uhr durchgeschlafen. Sie sagte: »Seit ich diese Pausen mache, bin ich nicht mehr müde. Ich brauche nur noch sechs Stunden Schlaf.« Sie sagte, die erste Pause dauere etwa 15, die übrigen ca. 20-30 Minuten. Sie lege sich einfach hin, entspanne sich und stünde wieder auf, wenn sie das Gefühl habe, genug geruht zu haben.

Ihr ganzes Leben verläuft inzwischen regelmäßiger, und sie ist jetzt in der Lage, an zwei Abenden in der Woche auf ihre Enkelkinder aufzupassen.

Nach dem erfolgreichen Abschluss schrieb Lippincott in seinen klinischen Aufzeichnungen: »Millie folgte den Rhythmen der ultradianen Heilreaktion und konnte ihren Basiszyklus von Ruhe und Aktivität wieder stabilisieren, sodass ihr das Einschlafen keine Schwierigkeiten mehr bereitete. Psychologisch betrachtet führte die Energie, die durch diese Pausen gewonnen wurde, zu einer Steigerung ihres Selbstbewusstseins, wodurch sie in die Lage versetzt wurde, ihr Leben neu zu gestalten. Ihre ultradiane Heilreaktion bewies ihr selbst und ihrem Mann, dass sie sich die Störungen weder eingebildet hatte noch ihn damit hatte ärgern wollen. Sie bekam ihr Leben wieder in den Griff, weil sie sich an den natürlichen Rhythmen orientierte.«

Das heilende, regenerative Potenzial, das durch die Beachtung der ultradianen Rhythmen entsteht, kann bei älteren Menschen – aber auch bei allen anderen – zu mehr Energie, Flexibilität, geistiger und körperlicher Spannkraft und zu einer Entwicklung des Selbst führen.

9 Die synchrone Liebe
Der Zusammenhang zwischen ultra-dianen Rhythmen und Sexualität

Schon im Altertum spiegelte sich in Frühlingsritualen das jahreszeitlich bedingte Erwachen einer gesteigerten sexuellen Aktivität wider. Wir wissen inzwischen, dass es monatliche, tägliche und stündliche Rhythmen gibt, die das Interesse an der Sexualität beeinflussen und die sich auf ganz unterschiedliche Weise zeigen. Sind wir mit unserer eigenen Sexualität im Einklang, befinden wir uns gleichzeitig im Einklang mit den elementarsten kosmischen Prägungen in unserem Inneren.

Es mutet seltsam an, dass ausgerechnet die Sexualität – die lustvollste menschliche Interaktion – so oft durch Konflikte und Spannungen beeinträchtigt wird. Wie oft kommt es vor, dass ein Partner mehr oder weniger Lust auf Sex hat als der andere, dass sich beide auf verschiedenen Ebenen der Erregung und Entspannung befinden, dass sie asynchron sind. Wenn solche sexuellen Probleme nicht gelöst werden, können schwere Konflikte zwischen den Partnern entstehen, die zu Unzufriedenheit und Untreue führen.

Wissen wir mehr über die rhythmischen Grundlagen der Sexualität, kann das nicht nur unsere Beziehungen verbessern, sondern es eröffnen sich auch neue Möglichkeiten, wie wir Körper und Seele im Interesse unserer Gesundheit und unseres Wohlbefindens sensibel einstimmen können. In diesem Kapitel möchte ich zunächst die rhythmischen Grundlagen der Sexualität untersuchen und Ihnen dann neue Methoden vorstellen, mit deren Hilfe Sie Ihre Intimbeziehungen und Ihr Sexualleben in vielerlei Hinsicht verbessern können.

Lebensrhythmen der Sexualität: die Jahreszeiten

Wir können die sich ständig verändernden Lebensrhythmen der Sexualität auch in den Lebensrhythmen der Natur beobachten. Vor allem bei den Tieren, die jahreszeitabhängige Brutzyklen haben, lassen sich diese Einflüsse auf eindrucksvolle Weise nachweisen. Wenn die Tage länger werden, werden Ströme von Botenstoffen aktiviert, die die Sexualität anregen.

Dass auch die menschliche Sexualität von infradianen Veränderungen beeinflusst wird, wurde inzwischen hinreichend bewiesen. Es handelt sich dabei um die sogenannten Frühlingsgefühle.

Jüngste Untersuchungen bestätigen, dass es im Frühling und Sommer zu einer regeren Aktivität und Sexualität kommt. Durch das längere Tageslicht wird die Epiphyse (das dritte Auge der antiken Sagen) stimuliert, die nachts den hormonellen Botenstoff Melatonin freisetzt. Diese jahreszeitlich bedingte Veränderung des Melatoninspiegels führt im Frühling zu einer Vergrößerung der Hoden des Mannes, wodurch der Testosteronspiegel ansteigt. Das wiederum führt zu einer Steigerung der sexuellen Aktivität und in den letzten Wintermonaten zur höchsten menschlichen Geburtenrate. (Es gibt im Herbst noch einen zweiten Gipfel, der zur zweithöchsten Geburtenrate im Frühling führt.) Das lässt auf einen entwicklungsgeschichtlichen Ursprung schließen, denn so werden die Überlebenschancen des Neugeborenen verbessert. Kinder, die in den letzten Wintermonaten geboren werden, durchlaufen die kritischste Phase ihrer Säuglingszeit im Frühling und Sommer, also in Jahreszeiten, in denen am ehesten Nahrung vorhanden ist.

Der Zusammenhang zwischen infradianen Rhythmen und Sexualität lässt sich besonders gut bei Frauen beobachten, denn im weiblichen Körper kommt es wegen des Menstruationszyklus zu zahlreichen hormonellen Veränderungen. Das folgende Beispiel aus dem Tagebuch einer Patientin von Donna Spencer, einer Psychologin aus St. Louis, zeigt, wie bewusst manche Frauen ihre infradianen Rhythmen erleben.

> Im vergangenen Monat hatte ich mir an einem Abend fest vorgenommen, das letzte Kapitel eines Buches zu lesen, in dem ich seit acht Uhr morgens gelesen hatte, aber die Augen fielen mir zu und ich konnte mich einfach nicht mehr konzentrieren. Ich zwang mich, weiterzulesen, spürte aber, dass ich kurz vor einer ultradianen Phase stand. Also hielt ich es für das Beste, die Augen für einen Moment zu schließen. Im gleichen Augenblick, als ich seufzte und die Augen schloss, spürte ich eine schleimige Substanz in meinem Eileiter und hatte gleichzeitig das vertraute Gefühl von Sensibilität und Empfängnisbereitschaft. »Das muss mein Eisprung sein«, dachte ich. Als ich mich weiter entspannte, wurde dieses intensive Gefühl der Wärme in meiner Genitalsphäre noch deutlicher und ich spürte die Sekretion der Gleitflüssigkeit. Wenn ich 26 wäre, wäre das genau der Zeitpunkt gewesen, um schwanger zu werden.

Dies dürfte eines der besten Beispiele dafür sein, wie eine gesteigerte Sensibilität, verursacht durch zyklusbedingte hormonelle Veränderungen im Körper einer Frau, das Bewusstsein für die Rhythmen der Seele-Körper-Einheit erhöht. Wieder einmal ist erkennbar, dass die ultradiane Heilreaktion ein Fenster sein kann, um einen Zugang zu den Botschaften der Seele und des Körpers zu gewinnen.

Doch jeder rhythmische Aspekt des Lebens kann sich auch an veränderte Bedingungen anpassen, sodass Menschen – im Gegensatz zu den Tieren – über eine größere Variabilität im Hinblick auf die Periodizität der hormonellen Botenstoffe und ihr Sexualverhalten verfügen. In unserer Kultur reagieren wir eher auf psychologische Signale und Sitten als auf die Lichtmenge und warme Temperaturen.

Zirkadiane und ultradiane Rhythmen der Sexualität

Während die jahreszeitlich bedingten Rhythmen der Sexualität schon seit Jahrhunderten bekannt sind, haben wir erst vor Kurzem erkannt, wie sich die zirkadianen und ultradianen Rhythmen auf die Sexualität auswirken. Untersuchungsergebnisse weisen darauf hin, dass die Empfängnisbereitschaft bei Frauen in der Zeit von 22.00 bis 0.00 Uhr am größten ist. Männer haben andere sexuelle Rhythmen; der Gipfel der Ausschüttung des männlichen Geschlechtshormons Testosteron liegt morgens zwischen 8.00 und 9.00 Uhr. Um diese Zeit ist der Testosteronspiegel des Blutes etwa 40 % höher als um Mitternacht. Im Verlauf des Tages lassen sich durch Veränderungen im Hormonhaushalt und im zentralen Nervensystem, die durch die ultradianen Rhythmen ausgelöst werden, etwa ein halbes Dutzend Perioden ausmachen, in denen das sexuelle Interesse, die Erregung, die Fantasie und die Energie ein erhöhtes Niveau erreichen.

Wie viele andere Rhythmen wurde auch unser 90-minütiger Sexualrhythmus ursprünglich in Verbindung mit den REM-Traumphasen des Schlafs entdeckt. Während dieser REM-Phasen haben Männer eine Erektion und Frauen eine analoge Schwellung ihrer Sexualorgane und Sekretion der Gleitsubstanz. Das sind die äußeren Zeichen für die ultradiane Koordination der Hormone, der Hirnaktivität und des Sexualverhaltens.

Im Wachzustand manifestiert sich dieser gleiche Rhythmus in Form von Fantasien, vor allem sexueller Art, die etwa alle 90 Minuten auftreten. Sigmund Freud erkannte, dass sich sexuelle Fantasien gewöhnlich während der hypnoseähnlichen Zustände einstellen, die wir erleben, wenn wir geistesabwesend sind – in einem Zustand also, von dem wir inzwischen wissen, dass er die Veränderungen der Seele-Körper-Einheit widerspiegelt, die durch die ultradianen Rhythmen ausgelöst werden. Diese sexuelle Erregung ist bei Heranwachsenden klar zu erkennen, weil junge Menschen solche im Tageslauf periodisch wiederkehrenden sexuellen Gefühle ganz deutlich erleben. Ausgelöst werden diese Reaktionen durch die ultradianen Rhythmen, die Veränderungen des Hormonspiegels (Östrogen bei den Frauen, Testosteron bei den Männern) und eine Aktivierung der Seele und des Körpers verursachen.

Erwachsene nehmen ihre sexuellen Gefühle und Gedanken vor allem beim Eintritt in die ultradiane Heilreaktion wahr. Das ist die Zeit, in der wir hauptsächlich die Dominanz unserer Hirnhälften wechseln und uns der eher ganzheitlichen, fantasievolleren rechten Hemisphäre zuwenden. Das ist möglicherweise auch die Zeit, in der wir die Faszination und Harmonie erleben, die wir Verlieben nennen, denn am tiefsten Punkt der Kurve unseres ultradianen Rhythmus sind wir ganz offen und leicht mitzureißen.

Der Zusammenhang zwischen ultradianer Sexualität und Stress

Außerdem wissen wir heute, dass auch zwischen ultradianer Sexualität und Stress ein bedeutsamer Zusammenhang besteht, dessen Folgen wir erst jetzt zu begreifen beginnen. Während die meisten sexuellen Ratgeber betonen, dass jede Art von Stress und Angst das sexuelle Interesse und die Potenz beeinträchtigen, hat man die ultradiane Dynamik, die diesem Prozess zugrunde liegt, im Wesentlichen nicht verstanden.

Robert Sampolsky von der Stanford University untersuchte die Art und Weise, wie Stress, sozialer Status und Einstellung den Testosteronspiegel von Pavianen beeinflussen. Es stellte sich heraus, dass der durchschnittliche Testosteronspiegel bei dominanten und untergeordneten Pavianen, wenn sie ruhen, gleich ist. Erst wenn sie unter Stress geraten, kommt es zu einer dramatischen Veränderung. In diesem Fall bestand der Stress darin, dass die Tiere in freier Wildbahn gefangen wurden und eine Betäubungsspritze bekamen, damit die Tests durchgeführt werden konnten. Bei den dominanten Männchen stieg das Testosteron signifikant an, während es bei den untergeordneten Tieren abnahm. Diese Auswirkung zeigte sich in der Regel innerhalb eines Zeitraums von 90 bis 120 Minuten.

Besonders faszinierend an dieser Untersuchung ist, dass sowohl die soziale Dominanz der Tiere (die sich darin ausdrückt, dass sie entweder Kämpfe mit Rivalen aufnehmen oder ihre Aggression verdrängen, wenn sie einen Kampf verloren haben) als auch ihr Sexualverhalten eng mit dem Verhalten gekoppelt sind, das sie zur Stressbewältigung einsetzen. Das bestätigt neue Ansätze in der Humanpsychologie, wonach es wichtiger ist, wie wir auf Stress reagieren, als wie häufig wir Stress ausgesetzt sind.

Ultradiane Wege zu einer besseren Sexualität

Aus der Tatsache, dass zwischen unserer sexuellen Erregung und unserem sexuellen Verhalten ein eindeutiger rhythmischer Zusammenhang besteht, lässt sich der Schluss ableiten, dass eine Vertrautheit mit unseren ultradianen Rhythmen sowohl unsere Sexualität als auch unser allgemeines Wohlbefinden verbessern kann. Wir leben jedoch in einer in weiten Teilen sexualfeindlichen Kultur. In Familie, Kirche, Schule und anderen gesellschaftlichen Institutionen wird vermittelt, dass wir uns wegen der natürlichen Bedürfnisse und Triebe unseres Körpers schämen müssen, und wir werden dazu erzogen, den größten Teil unserer natürlichen sexuellen Erregung und unseres Verlangens zu unterdrücken, aus Angst, wir könnten sonst davon überwältigt werden. Unsere Sozialisation ist so stark, dass wir häufig Botschaften unserer Seele überhaupt nicht mehr wahrnehmen.

Die Unterdrückung der Sexualität ist für viele Menschen eine der Hauptursachen für Stress und setzt einen Teufelskreis in Gang, der aus schuldbewusster Sexualität und immer größer werdendem Stress besteht. Wenn wir uns auf unsere Libido einstimmen und sie bewusst erleben, können wir lernen, sie zu akzeptieren und in angemessener Weise zu kanalisieren, wodurch die Wahrscheinlichkeit, von ihr beherrscht zu werden oder sie zwanghaft ausleben zu müssen, sinkt. Werden wir uns jedoch unserer ultradianen Rhythmen bewusst, stellen wir auch die Verbindung zu den natürlichen sexuellen Botschaften und unserer Sexualität wieder her. Das offene Fenster während der ultradianen Heilreaktion hilft uns nämlich, einen Zugang zu unseren sexuellen Interessen und Reaktionen zu gewinnen.

Im Folgenden geht es um zwei Bereiche, auf die ein Bewusstsein für die ultradianen Rhythmen unseres Sexuallebens sich positv auswirken kann: um die Intimität zwischen den Partnern und um die sexuelle Vereinigung.

Die Anwendung der ultradianen Rhythmen zur Steigerung der Intimität

Als erste Konsequenz aus unseren bisherigen Erkenntnissen ergibt sich, dass ein Paar die ultradiane Heilreaktion einsetzen kann, um die geistig-seelische Intimität zu steigern.

Untersuchungen haben gezeigt, dass Ehepartner, deren Zeitabläufe sich wesentlich voneinander unterscheiden, sich überdurchschnittlich oft streiten, weil sie einen großen Teil der Zeit, die sie miteinander verbringen, ultradian nicht synchron sind. Der eine Partner befindet sich beispielsweise gerade in einem Tief, braucht Zuspruch und muss sich erholen, während der andere ein Hoch hat und unternehmungslustig ist.

Klinische Beobachtungen weisen darauf hin, dass Paare mit großer Intimität eher ihre ultradianen Rhythmen aneinander anpassen und zu diesem Zweck ihre eigenen Rezepte entwickelt haben. Das allgemeine Niveau der Aktivität, der Appetit, das Bedürfnis nach Zerstreuung und die Rhythmen der Sexualität laufen bei ihnen synchron ab. Unglückliche Paare berichten immer wieder, dass sie auf diesen Gebieten Konflikte haben und keine Harmonie erreichen können.

Im Folgenden untebreiten wir einige Vorschläge, wie Ehepartner oder Liebespaare ihr Wissen um die ultradianen Rhythmen einsetzen können, um ihre Intimität zu verstärken.

Die morgendliche Synchronisation

Man kann den Tag auf eine angenehme Art beginnen, indem man seinen Partner an den eigenen morgendlichen ultradianen Rhythmen teilhaben lässt. Wenn Sie wach werden, kehren Sie von einer wunderbaren Reise aus nächtlichen Träumen und unbewussten Aktivitäten zurück. Erzählen Sie Ihrem Partner, was sich in Ihren Träumen und in Ihrem Seelenleben zugetragen hat, kann er sich auf Sie einstimmen, sodass Ihre Seele-Körper-Einheit und die Ihres Partners in einen rhythmischen Gleichklang kommen, der sich günstig auf das Miteinander auswirkt. Beginnen Sie damit, Ihrem Partner offene Fragen zu stellen, wie zum Beispiel:

···> Was hast du geträumt?
···> Was hast du als Erstes gefühlt und gedacht, als du wach wurdest?
···> Worauf freust du dich heute?
···> Was glaubst du, was du heute erreichen kannst?

Wenn Sie nach der nächtlichen Konzentration auf Ihr Innenleben den Kontakt zu Ihrem Partner auf diese Weise wiederherstellen, festigen Sie in einer angenehmen und effektiven Weise das Gefühl der Zusammengehörigkeit für den Tag. Und ganz wichtig: Indem Sie sich klarmachen, was der Tag Ihnen bringen soll, setzen Sie eine sich selbst erfüllende Prophezeiung in Gang.

Die abendliche Synchronisation

Vor vielen Jahren konnte man am Ende eines Tages in fast jeder Stadt oder auf jedem Bauernhof die Paare auf der Veranda im Schaukelstuhl sitzen und auf die Felder blicken sehen. Unbewusst stimmten sie sich aufeinander ein und brachten ihre zirkadianen und ultradianen Rhythmen wieder in Einklang. Der gemeinsame, ruhige Schaukelrhythmus senkte außerdem den Stresspegel und verringerte so die Wahrscheinlichkeit, dass etwas davon auf den Partner projiziert werden konnte.

Wenn heute Feierabend ist, eilen die meisten Paare nach Hause, machen schnell das Abendessen fertig, essen und setzen sich dann für ein paar Stunden vor den Fernseher, um sich zu entspannen und sich von einem Tag voller Stress zu erholen. Sie verpassen jedoch den entscheidenden Augenblick, in dem sie sich auf die natürlichen Rhythmen des Partners und dessen Gefühle einstimmen könnten. Hier sind einige Möglichkeiten, wie Sie abends einen gewissen harmonischen Einklang herstellen können, der Ihre ultradianen Rhythmen wieder synchron werden lässt.

⋯⟩ Begrüßen Sie sich mit einer Umarmung und einem Kuss, denn durch die Körperberührung stimmen Sie sich aufeinander ein.
⋯⟩ Essen Sie mit Genuss zu Abend und genießen Sie gemeinsam Musik.
⋯⟩ Legen Sie sich hin und genießen Sie gemeinsam eine ultradiane Heilreaktion.
⋯⟩ Genießen Sie gemeinsam ein heißes Bad oder eine Massage.
⋯⟩ Machen Sie gemeinsam einen ruhigen Spaziergang.
⋯⟩ Arbeiten Sie gemeinsam ein bisschen im Garten oder im Haus.

Bei all diesen Aktivitäten dienen verbale und nonverbale Signale dazu, Ihre ultradianen Rhythmen zu synchronisieren und nach dem Arbeitstag, den Sie voneinander getrennt verbracht haben, Ihre intime Bindung zu erneuern. Das mögen Ihrer Meinung nach einfache gesellige Aktivitäten sein – und das ist auch so –, aber sie fördern auf natürliche Weise die ultradiane Heilreaktion.

Ultradiane Entdeckungswochenenden

Für viel beschäftigte Paare können Wochenenden wie Ferien sein. Diese verhältnismäßig wenig verplanten Tage bieten uns Gelegenheit, unsere natürlichen ultradianen und zirkadianen Rhythmen wieder aufeinander abzustimmen. Sie hätten womöglich nie gedacht, dass Sie sich ultradian erholen, wenn Sie faul in einer Hängematte oder am Strand herumliegen oder sich mit Ihrer Familie beschäftigen. In solchen Augenblicken tun Sie genau das, was Sie brauchen, um die Systeme Ihrer Seele und Ihres Körpers wieder aufzufrischen und ins Gleichgewicht zu bringen.

Da die Wochenenden eine so wichtige Zeit für die ultradianen Rhythmen sind, kann man ihren Einstimmungseffekt noch steigern, indem man hin und wieder ein ultradianes Entdeckungswochenende einlegt, um sich als Paare die Zeit für viele verschiedene ultradiane Möglichkeiten zu nehmen. Durch Aktivitäten wie gemeinsames Essen, Massagen, Baden, sexuelle Spiele und Entspannung können Sie sich aufeinander einstimmen. Ob man diese gemeinsame Zeit zu Hause oder woanders verbringt, ist gleich, in jedem Fall kann ein Paar auf diese Weise, weit weg von jeglichem Stress des Alltags, seine Rhythmen wieder harmonisieren.

Eine Warnung muss man allerdings im Hinblick auf ein solches ultradianes Entdeckungswochenende aussprechen: Unsere natürlichen zirkadianen (täglichen) Rhythmen, die unsere Schlaf- und Wachperioden regulieren, sind 25 Stunden lang und stimmen nicht genau mit dem 24-Stunden-Zyklus unseres Planeten überein. Viele Forscher sind der Ansicht, dass uns diese zusätzliche Stunde von der Natur geschenkt wurde, um unsere Flexibilität zu erhöhen. Es ist also nicht schlimm, wenn man am Wochenende einmal länger aufbleibt. Man sollte diese Zeit aber nicht über mehrere Stunden ausdehnen, weil sonst die zirkadianen Rhythmen aus dem Gleichgewicht geraten. Unbesorgt können wir etwa zwei Stunden länger aufbleiben. Wenn Sie normalerweise um 23.00 Uhr zu Bett gehen, ist es ratsam, nicht länger als bis 1.00 Uhr aufzubleiben. Es gibt natürlich Menschen, die im Hinblick auf ihre zirkadianen Rhythmen flexibler sind und die deshalb problemlos länger aufbleiben können. Die empfindlicheren hingegen erleben möglicherweise am Montagmorgen ein stärkeres Tief als sonst, weil sie ihre zirkadiane Uhr um mehr als zwei Stunden verstellt haben.

Verbesserung der Sexualität mithilfe der ultradianen Rhythmen

Eines der größten Probleme, mit dem Sexualpartner oft konfrontiert werden, besteht darin, dass der eine bereit ist und Lust hat und der andere nicht. Wenn eine derart asynchrone Stimmungslage häufiger auftritt, kann das die sexuelle Beziehung erheblich beeinträchtigen und zu einem unglücklichen Sexualleben führen, bei dem die Partner sich gegenseitig verletzen und kein gemeinsames Erleben mehr möglich ist. Letzten Endes kann diese Problematik sogar zur Vermeidung jeder sexuellen Begegnung führen.

Sexuelle Asynchronizität kann verschiedene Gründe haben.

Schlecht angepasste Phasen des zirkadianen Zyklus: Mitunter hat der eine Partner zu einer bestimmten Tageszeit überhaupt keine Lust auf Sex, während es beim anderen umgekehrt ist. Die daraus resultierende Spannung ist ein Beispiel dafür, wie asynchrone Sexualität den Genuss für beide Partner trüben kann.

Schlecht angepasste Phasen des ultradianen Rhythmus: Bei einer derartigen Asynchronizität sucht der eine Partner Zärtlichkeit und Geborgenheit, während der andere das Verlangen nach erregendem, aggressivem Sex verspürt.

Ultradianer Stress: Der gestresste Partner ist zu müde, angegriffen oder seelisch verletzlich, um beim Sexualakt ganz bei der Sache zu sein und Lust zu empfinden.

In all diesen Fällen kann Ihnen Ihr Wissen um die ultradianen Rhythmen einen Weg zur sexuellen Harmonisierung weisen und Ihr Sexualleben verbessern, indem es

⋯⋗ Ihnen hilft, die seelischen Signale zu erkennen, die anzeigen, dass Sie und Ihr Partner sich in einer ähnlich rezeptiven Phase der natürlichen ultradianen Heilreaktion befinden;

⋯⋗ Ihnen Mittel an die Hand gibt, mit deren Hilfe Sie Ihre Rhythmen synchronisieren oder sich aufeinander einstimmen können, damit Sie beide einen Zustand erreichen, in dem Sie offen für eine sexuelle Begegnung sind und sie genießen können;

⋯⋗ Ihnen Türen zu Ihrem eigenen sexuellen Bewusstsein öffnet und Ihnen im Verlauf der ultradianen Heilreaktion einen Zugang zu Ihrer Einheit von Körper und Seele schafft;

⋯⋗ Stress und Angst, die im Zusammenhang mit Sexualität stehen, verringert. Sie erhalten einen Zugang zu sexuellen Traumata der Vergangenheit und dadurch die Möglichkeit, diese neu zu interpretieren.

Empfindsamkeit für die ultradianen Rhythmen hilft Ihnen, das natürliche Zusammenwirken zu erleben, das entsteht, wenn beide Partner in gleicher Weise für die sexuelle Begegnung bereit sind. Bei solchen Gelegenheiten genießen wir die sexuelle und seelische Verbindung zu unserem Partner am meisten. Je mehr wir unsere gemeinsame Rezeptivität kultivieren, umso größer werden unsere Chancen, eine für beide Teile befriedigende, leidenschaftliche Intimität zu erleben – und das ist das höchste Ziel, das man in der Sexualität erreichen kann.

Es gibt viele Möglichkeiten, wie beide Partner den Synchronisationsprozess fördern können. Im Anschluss an die Empfehlungen zur Förderung der Intimität bietet der folgende Abschnitt Vorschläge an, wie Sie Ihre sexuelle Vereinigung verbessern können.

Berücksichtigen Sie Ihre ultradianen Rhythmen, wenn Sie miteinander ausgehen

Sexuelle Übereinstimmung hat eine so große Bedeutung, dass unsere Kultur eine Reihe von komplexen Ritualen entwickelt hat, damit zwei Menschen miteinander in Kontakt kommen können. Bei den Tieren nennen wir so etwas Paarungsrituale. Die Menschen haben ein freundlicheres Wort dafür: Man geht miteinander aus.

Ein gemeinsam verbrachter, interessanter und anregender Abend ist ein komplexer Prozess, in dessen Verlauf die ultradianen Rhythmen zweier Menschen nach und nach synchronisiert werden. Vom ersten Telefongespräch bis zur nächtlichen Verabschiedung senden und empfangen wir eine Vielzahl von sozialen Signalen, die unsere Rhythmen und die unseres Partners synchronisieren, Harmonie und Kontakt herstellen und schließlich zu einer befriedigenden seelischen und sexuellen Intimität führen.

Nehmen wir einmal an, Sie und eine andere Person haben sich für Freitagabend verabredet. Durch völlig unterschiedlich verlaufende Arbeitstage kann es passieren, dass Sie völlig asynchron sind, und zwar sowohl mit Ihren eigenen ultradianen Rhythmen als auch mit denen der Person, mit der Sie sich verabredet haben. Das Ganze beginnt schon lange, bevor Sie sich treffen, in dem Augenblick, in dem Sie nach Hause gehen, um sich frisch zu machen. Die heiße Dusche und die vertraute, ruhige Umgebung gestatten es Ihnen, in den Genuss der ultradianen Heilreaktion zu kommen, um sich vom Stress des Tages zu erholen.

Dann treffen Sie sich irgendwo und trinken etwas. Alkohol ist ein künstliches Mittel, mit dem man eine Veränderung des Botenstoffpegels bewirken kann, wodurch eine ultradiane Erholung vorgetäuscht wird. Obwohl wir Alkohol durchaus nicht empfehlen wollen, ist er doch ein fester Bestandteil des Lebens vieler Menschen. Sie hören Musik, reden miteinander und stimmen so Ihre ultradianen Rhythmen aufeinander ein, um ein Maximum an Harmonie zu erreichen.

Dann kommt das Abendessen, eine sehr wirksame Möglichkeit, auf natürliche Weise die wachsende ultradiane Harmonie noch weiter zu steigern. Da der Hungerrhythmus – Appetit, orale Bedürfnisse und Magenknurren – alle 90 bis 120 Minuten einen Durchlauf hat, eignet sich die gemeinsame Befriedigung dieses Bedürfnisses sehr gut dazu, unseren Rhythmus mit dem einer anderen Person gleichzuschalten. Es ist kein Zufall, dass gesellige Mahlzeiten etwa anderthalb Stunden dauern, genauso lang wie eine ultradiane Phase.

Nach dem Essen folgen weitere Aktivitäten, die der Einstimmung dienen – ein Kino- oder Theaterbesuch oder ein Konzert – und ebenfalls anderthalb bis zwei Stunden dauern, ein Zeitraum, der genau einer ultradianen Phase entspricht. Hollywood hat durch Versuch und Irrtum gelernt, sich nach unseren 90- bis 120-minütigen ultradianen Rhythmen zu richten. Wenn ein Film zu lang ist, werden die Zuschauer unruhig und langweilen sich. Alfred Hitchcock, der scharfsinnige Meister der Spannung, schrieb einmal: »Die Länge eines Films sollte in direkter Beziehung zum Durchhaltevermögen der menschlichen Blase stehen.« Der große Regisseur wusste wahrscheinlich nicht einmal, dass diese Regel auf den Erkenntnissen der ultradianen Biologie basiert: Die Urinausscheidung folgt einem Rhythmus von 90 Minuten.

Wenn eine Unterhaltungsveranstaltung länger als zwei Stunden dauert, gibt es in der Regel eine Pause von ungefähr 20 Minuten Länge, was in etwa einer ultradianen Erholungsphase entspricht. Auch beim Baseball oder Football beobachten wir eine Berücksichtigung dieser ultradianen Bedürfnisse. Nach dem 7. Inning oder in der Halbzeitpause können die Fans aufstehen und sich die Beine vertreten.

Am Ende eines solchen Abends haben Sie ein komplexes, langwieriges Werbungsritual hinter sich gebracht, das aus einer Reihe von Einstimmungsprozessen besteht. Ihre

Rhythmen laufen jetzt synchron mit denen Ihres Partners, Ihr Rapport hat sich verbessert und Sie sind jetzt so gut aufeinander eingestimmt wie nie zuvor. Wenn Ihre seelischen und körperlichen Rhythmen dann eine noch größere Übereinstimmung erreichen, haben Sie das angenehme Gefühl einer wachsenden Intimität, und das signalisiert Ihnen, dass Sie synchron miteinander sind. Gibt es einen natürlicheren Weg zur sexuellen Intimität?

Sex, Wohlbefinden und das Zusammenspiel von Atmung und den beiden Hirnhälften

Wenn Sie abends nicht gern ausgehen, können Sie sich stattdessen gemeinsam in einer ruhigen Umgebung entspannen, in der es wenig Ablenkungen gibt, und sich auf diese Weise tiefer auf Ihre ultradianen Rhythmen einstimmen. Wenn beide Partner einen anstrengenden Tag hinter sich haben, sollten sie sich am Abend gegenseitig verwöhnen und drei oder vier Stunden mit gemeinsamen Aktivitäten verbringen – zum Beispiel mit Musikhören –, um ihre Rhythmen aufeinander einzustimmen.

Als man am Anfang des 20. Jahrhunderts noch nichts von den biologischen Wurzeln der ultradianen Rhythmen wusste, stießen Sexualforscher durch Zufall auf die ultradiane Heilreaktion zur Steigerung der Intimität. Dr. Rudolf Urban, ein Wegbereiter der Sexualforschung in Amerika, wies nach, dass »zwischen den Energiefeldern eines Liebespaars, das sich gemeinsam voll und ganz entspannt, ein Resonanzeffekt entsteht, der beiden eine tief greifende Erholung bringt«. Partner, die eine solche Erholung gemeinsam erleben, »können einen lang andauernden Orgasmus erleben, der sich über den ganzen Körper ausbreitet«. Eine solche Periode des gemeinsamen Wohlbefindens, die zehn bis 20 Minuten andauert, ist ganz offensichtlich ein Synonym für die ultradiane Heilreaktion.

Man kann diese sexuelle Gemeinsamkeit intensivieren, wenn man das Zusammenspiel zwischen der Atmung und den beiden Hirnhälften nutzt, indem man sich in der typischen Löffelchen-Position auf der rechten Seite liegend aneinanderkuschelt. Das warme, angenehme Gefühl, das eine solche Umarmung auslöst, führt zu einer Synchronisation der beiden rechten Hemisphären und erhöht so die Intimität. Wenn Atmung und Hirnhälftendominanz synchron laufen, wird das Gleichgewicht des vegetativen Nervensystems und der hormonellen Botenstoffe gefördert, wodurch die seelische Gemeinsamkeit auf vielen Ebenen verstärkt wird.

Die gleiche Körperlage kann auch der Initiation des sozialen Prozesses des Entrainments dienen. Sie haben vielleicht schon einmal ein Paar beim Flirten beobachtet. Während der eine redet, hört der andere mit leicht zur Seite geneigtem Kopf zu. Wir betrachten eine solche Neigung des Kopfes als eine freundliche, aufmerksame Pose, die Interesse anzeigt und weitere Intimität nahelegt. Sie ist ein Zeichen für einen beginnenden Rapport, ein Signal, die Intimität zu intensivieren.

Dieses Signal der Neigung des Kopfes ist vermutlich darin begründet, dass wir die Dominanz unserer Hirnhälften mithilfe der nasalen Methode verändern wollen. Dadurch gewinnen wir auf eine subtile Weise einen Zugang zu anderen Teilen unseres Selbst, vermutlich zum emotionaleren, sinnlicheren Teil unserer Persönlichkeit. Was ursprünglich nur ein äußerlich sichtbares Zeichen für die Verlagerung der Hirnhälftendominanz gewesen ist, wurde innerhalb des gesellschaftlichen Kodex zu einem Zeichen, das wir heute als Flirten oder eine diskrete Einladung zur Intimität betrachten.

Sich aufeinander konzentrieren und gemeinsam fantasieren

Eine weitere Möglichkeit, wie Paare die ultradiane Methode zur Verbesserung der Intimität einsetzen können besteht darin, dass sie vor dem Eintritt in die ultradiane Heilreaktion einige ruhige Augenblicke miteinander verbringen. Schauen Sie sich in dieser Zeit Ihren Partner an und fragen Sie sich: »Auf welche Weise könnte ich unsere Intimität verbessern?« Achten Sie darauf, was Ihnen einfällt, wenn Sie Ihren Partner so ansehen und über ihn nachdenken.

Wenn Sie sich so aufeinander konzentrieren, programmieren Sie Ihr Unbewusstes, damit es Ihnen einen Einblick in die seelischen Probleme gestattet. Genießen Sie anschließend gemeinsam Ihre ultradiane Heilreaktion. Hinterher können Sie mit Ihrem Partner über Ihre Gedanken und Gefühle reden und darüber, wie Sie Ihr Sexualleben verbessern wollen.

Sie können die ultradiane Heilreaktion aber auch gemeinsam dazu nutzen, sich auf die erotischen Signale Ihres Partners und auf Ihre eigenen einzustimmen. In den Momenten der ultradianen Heilreaktion wird Ihnen womöglich eine besondere Fantasievorstellung bewusst. Nach dem entspannenden ultradianen Intermezzo können Sie Ihrem Partner dann diese Vorstellung mitteilen und Ihre sexuellen Begegnungen in Zukunft noch mehr genießen.

Es gibt nichts Verbotenes an solchen Fantasievorstellungen. Auch wenn sie sich von dem unterscheiden, was Sie tatsächlich in der Realität ausleben wollen, brauchen Sie keine Angst zu haben. Das Unbewusste hat die Aufgabe, uns viele verschiedene Möglichkeiten anzubieten, aus denen das Bewusstsein dann auswählt. Aber damit Sie Ihre sexuellen Möglichkeiten erforschen können, dürfen Sie diese Botschaften aus dem Unbewussten nicht willkürlich unterdrücken oder durch Regeln und Verbote eingrenzen, die uns vorschreiben wollen, was wir denken oder fühlen sollen. Während der ultradianen Heilreaktion kommen diese unterdrückten Gefühle und Sehnsüchte natürlich wieder an die Oberfläche, weil unsere Abwehrmechanismen dann ausgeschaltet sind.

Manche Menschen haben Angst vor solchen Gefühlen und sind überrascht, welche sexuellen Fantasien zum Vorschein kommen können. Es hängt mit der negativen sexuellen Prägung durch die Gesellschaft zusammen, dass manche Menschen von sexuellen Gedanken geplagt werden und sich von ihnen verfolgt fühlen. Sie geraten in einen Konflikt, schämen sich oder haben große Angst vor ihren sexuellen Gefühlen und halten sie womöglich sogar für unnatürlich.

Das Ausleben einer sexuellen Fantasie ist jedoch immer eine Sache des persönlichen Geschmacks. Es ist sehr wichtig zu wissen, was wir tun können, ohne in Widerspruch zu unseren persönlichen ethischen Normen zu geraten, ganz gleich, welche Informationen während der ultradianen Heilreaktion auftauchen. Es kann sogar hilfreich sein, wenn man sich selbst auf folgende Weise daran erinnert: »Diese sexuellen Gedanken/Vorstellungen/Gefühle sind womöglich das Ergebnis des angeborenen Rhythmus, den die Natur mir mitgegeben hat. Die Tatsache, dass ich hin und wieder sexuelle Fantasien habe, besagt nicht, dass ich ein sexuelles Problem habe, sondern weist eher darauf hin, dass ich eine natürliche sexuelle Komponente meiner angeborenen ultradianen Rhythmen erlebe.« Und als solches dürfen diese Gedanken nicht unterdrückt oder gefürchtet werden, sondern sollten akzeptiert und meditativ betrachtet werden, so wie jede andere seelisch-körperliche Botschaft auch. Sie müssen nicht den Boten töten; Sie haben alles unter Kontrolle. Sie können sich so viel Zeit nehmen, wie Sie brauchen, um die Botschaft auszuwerten, und sich dann entscheiden, was Sie damit anfangen wollen.

Ultradiane Fantasien sind ein Experimentaltheater Ihrer Seele, auf dessen Bühne Sie neue Ideen und Vorstellungen im Hinblick auf Ihre sexuellen Möglichkeiten ausprobieren können – ganz sicher und nur für Sie bestimmt, in Ihren Tagträumen. Alles, was in dieser Periode geschieht, geht nur Sie etwas an – kein anderer Mensch braucht jemals etwas davon zu erfahren. Ihr Bewusstsein kann später darüber entscheiden, ob, wann, wie und mit wem Sie diese Fantasien in angemessener Weise ausleben können. Die Möglichkeit, uns unsere sexuellen Fantasien und Empfindungen bewusst zu machen, ist ein Geschenk, das uns unsere sinnliche Seele anbietet. Sie sollten es kultivieren, bedeutet es doch, dass Sie einen Zugang zu Ihrem Innersten gefunden und seine schier unerschöpflichen Hilfsquellen angezapft haben, um als sexuelles Wesen mehr Befriedigung und intensivere Lust zu erleben.

Berührung und Vorspiel

Berührungen sind wahrscheinlich das stärkste soziobiologische Signal, das es gibt. Wenn wir sanft und rhythmisch berührt werden, sendet unser Gehirn die Botenstoffe aus, die uns signalisieren, dass wir uns wohlfühlen, die sogenannten Beta-Endorphine. Dadurch gleiten wir in den seelisch rezeptiven Zustand der ultradianen Heilreaktion.

Wir öffnen uns für eine gesteigerte Intimität. Es ist daher nicht weiter verwunderlich, dass wir zu den Menschen, von denen wir uns berühren lassen – Masseure und Physiotherapeuten, Friseure, Krankenschwestern und Ärzte –, sehr oft großes Vertrauen haben.

In unserer Kultur beginnt die Sexualität gewöhnlich mit Berührungen oder mit Petting. Wenn wir uns umarmen, küssen und streicheln, nutzen wir die weitläufigen sensorischen Kanäle des Gefühls, um uns mithilfe der ultradianen Verbindung unserer Seelen und unserer Körper so aufeinander einzustimmen, dass wir uns mit unserem Partner auf einem gemeinsamen Niveau der sexuellen Reaktionsbereitschaft befinden.

Aus ultradianer Sicht ist das Vorspiel eine weitere Möglichkeit, ultradiane Übereinstimmung zu erreichen. Sexuelle Harmonie dient außerdem dem Fortbestehen der Art, denn in diesem Zustand ist die Wahrscheinlichkeit einer Befruchtung größer. Berücksichtigt man, dass der Ursprung der ultradianen Rhythmen in den menschlichen Chromosomen liegt, könnte man sagen, dass die Instruktionen für das Vorspiel in unseren Genen enthalten sind.

Die Erkenntnisse über die ultradianen Rhythmen erklären einige schon lang bekannte Phänomene des Vorspiels. In Büchern über Sexualität steht, dass wir mindestens zehn bis 20 Minuten brauchen, um den Gleichklang zu erreichen, der eine Voraussetzung für guten Sex ist. Ultradian ausgedrückt heißt das, dass wir diese Zeit brauchen, um uns aufeinander einzustimmen und unsere Rhythmen zu synchronisieren; es ist kein Zufall, dass dieser Zeitraum genau der Länge der ultradianen Heilreaktion entspricht.

Menschen, die sich genügend Zeit nehmen, um durch das Vorspiel einen Gleichklang zu erreichen, verhelfen sich selbst und ihrem Partner damit zu einer befriedigenderen sexuellen Begegnung. Sexuelle Störungen wie Impotenz, vorzeitiger Samenerguss und Dyspareunie (Schmerzen beim Geschlechtsverkehr bei Frauen) können zumindest teilweise dadurch entstehen, dass dieser wichtige Schritt der Synchronisation der sexuellen Rhythmen beider Partner zu wenig beachtet wird.

Wenn Sie miteinander schlafen wollen, aber nicht genügend erregt sind (bei Frauen ungenügende Sekretion der Gleitflüssigkeit, bei Männern fehlende Erektion), ist das ein seelisch-körperliches Signal, das Ihnen anzeigt, dass Sie sich um eine intensivere ultradiane Harmonie bemühen und sich erst in den Rhythmus Ihres Partners einstimmen sollten. Betrachten Sie diese Signale Ihres Körpers als eine freundliche Erinnerung daran, das Vorspiel noch etwas länger zu genießen, damit sich Ihre sexuellen Rhythmen bis zu einem natürlichen Höhepunkt aufbauen können.

Sexualität über 60

Der ultradiane Ansatz eignet sich auch in besonderer Weise für ältere Ehepaare, deren ultradiane Rhythmen eine erhebliche Veränderung durchmachen und die sich in einem Umstellungsprozess befinden. So mangelt es Frauen zum Beispiel mit zunehmendem Alter an vaginaler Gleitflüssigkeit. Bei älteren Männern lässt die Erektionsfähigkeit zwar nicht unbedingt nach, aber es dauert länger, eine Erektion zu erreichen. Und sowohl Frauen als auch Männer brauchen mehr Zeit, um zum Orgasmus zu kommen. Warum sollten Sie diese verlängerte Periode der Intimität nicht als einen besonderen Vorteil des Altwerdens genießen? Hier einige Tips, mit denen ältere Menschen ihr Sexualleben verbessern können:

···➤ Gönnen Sie sich mehr Zeit für die Vorbereitung.
···➤ Genießen Sie die Aspekte der Sexualität, die nichts mit dem Orgasmus zu tun haben. Konzentrieren Sie sich auf die kinästhetischen Gefühle und die allgemeinen Lustgefühle.
···➤ Genießen Sie ein gemeinsames heißes Bad und/oder ein Bad in einem Whirlpool.
···➤ Erinnern Sie sich gemeinsam an die schönsten Zeiten in Ihrem Leben. Turnen Sie sich gegenseitig an, indem Sie sich an vergangene sexuelle Erlebnisse erinnern.

Unabhängig vom Alter bietet die 20-minütige ultradiane Heilreaktion uns allen eine fantastische neue Möglichkeit, den seelischen Rapport zu verbessern und das sexuelle Erleben zu intensivieren. Haben Sie einmal Ihren Kontakt mithilfe der ultradianen Synchronizität verbessert, werden Sie mir zustimmen: Paare, die in ultradianer Harmonie leben und auf die Signale ihrer eigenen Einheit von Körper und Seele und die ihres Partners achten, können ihre Intimität vertiefen und ihre Sexualität besser genießen als je zuvor.

10 Viele Wege, ein Ziel

Mein fünfzigstes Jahr kam und ging.
Ich saß da, ein einsamer Mann
in einem Londoner Geschäft voller Menschen.
Ein aufgeschlagenes Buch und eine leere Tasse
auf dem Marmortischchen vor mir,
so blickte ich in den Laden und auf die Straße.
Da war mein Körper plötzlich entflammt;
und etwa 20 Minuten lang erfasste mich ein
Gefühl der Glückseligkeit, sodass ich glücklich war
und andere glücklich machen konnte.
William Butler Yeats

Die ultradiane Heilreaktion weist wie eine Kompassnadel auf ein geheimnisvolles Etwas, das sich hinter den vielen jahrtausendealten faszinierenden Geheimnissen des menschlichen Bewusstseins verbirgt. In allen Kulturen haben die Menschen überall auf der Welt Wege zu innerer Harmonie, Heilung und zu einem höheren Bewusstsein gesucht. In sogenannten transpersonalen Disziplinen wird versucht, die Grenzen des alltäglichen Erlebens zu überschreiten. Dazu zählen Meditation, Yoga, Zen, Körpermassage, Akupunktur, Gebete, Geistheilung und schamanische Praktiken; Millionen von Menschen sind Anhänger einer dieser Disziplinen, und über die letzte Jahre haben westliche Forscher diesen alten Praktiken zahlreiche neue Techniken hinzugefügt: zum Beispiel die Entspannungsreaktion (Relaxation Response), die Dr. Herbert Benson von der Harvard University populär gemacht hat, Biofeedback und viele Methoden der sogenannten Bewusstseinskontrolle, außerdem progressive Entspannung, Autogenes Training, Hypnose und Bildvorstellungen. Dazu kommen noch die mehr als 300 verschiedenen Schulen der Psychotherapie. Jede dieser alten oder neuen therapeutischen Methoden hat ihre eigenen Glaubenssätze entwickelt – medizinische, spirituelle, religiöse oder philosophische – und alle haben sich zu offensichtlich völlig unterschiedlichen, zum Teil gegensätzlichen Methoden zur Heilung oder Förderung eines höheren Bewusstseins entwickelt und jede hat ihren besonderen Genius und ihren besonderen Wert.

Wenn wir jedoch die Glaubensbekenntnisse, Lehrmeinungen und Rituale hinterfragen und den dahinter verborgenen Kommunikationsprozess zwischen Seele und Körper betrachten, ergibt sich ein gemeinsamer Nenner: Alle diese Methoden schaffen einen Zugang zu einer der vielen Facetten unserer natürlichen 20-minütigen ultradianen Heilreaktion. Der Zen-Mönch in seiner meditativen Stille, der Patient, der auf der Couch des Analytikers liegt, der tief religiöse Mensch, der inbrünstig betet, der viel beschäftigte Manager, der ein Nickerchen macht, der Anhänger der Körpermassage, das New-Age-Paar, das unter Anleitung ein katathymes Bilderleben genießt – wie unterschiedlich die einzelnen Methoden auch zu sein scheinen, alle haben weit mehr gemeinsam, als ihren Vertretern bewusst ist. Sie stellen verschiedene Wege dar, die alle zum gleichen Ziel führen: einem Zugang zu unseren natürlichen ultradianen Rhythmen der Heilung der Seele und des Körpers und den damit verbundenen Bewusstseinszuständen. Unsere natürlichen Rhythmen und die ultradiane Heilreaktion haben sich als das wissenschaftliche Substrat all dieser Methoden erwiesen.

Bei vielen schamanischen Heilmethoden lassen sich ultradiane Phänomene beobachten. Wenn ein Schamane versucht, einen Menschen zu heilen, lenkt er den Kranken als Erstes von einer stressbeladenen Aktivität oder einem Symptom ab. Ein Medizinmann oder eine Medizinfrau sorgen durch bestimmte Aktivitäten dafür, dass der Kranke eine passive Rolle einnimmt, damit der angebliche Zauber wirken kann. Ein großer Teil dieses Zaubers beruht auf der einfachen, natürlichen Regeneration, die durch die ultradiane Heilreaktion ausgelöst wird und die ganz von selbst abläuft, wenn wir uns nur hinlegen und uns entspannen.

Entrainment und Synchronisation der Rhythmen unserer Seele und unseres Körpers spielen bei den Heilmethoden der Schamanen eine entscheidende Rolle. Der Schamane beeinflusst die seelisch-körperlichen Rhythmen durch Berührung, Trommeln, Tanzen, Singen, durch Rauch, besondere Nahrung und Drogen. Veränderte äußere Bedingungen (z.B. Helligkeit und Dunkelheit) und die Isolation von den üblichen Zeitgebern des Alltags werden bei solch archaischen Heilungsritualen eingesetzt, wenn der Patient unbewusst in ein ultradianes Stresssyndrom geraten ist. Mithilfe natürlicher zirkadianer und ultradianer Rhythmen von Aktivität, Ruhe und Erholung wird der Stresszyklus durchbrochen. Es gibt auch heutzutage noch eine Anzahl von ganzheitlich orientierten Heilungsritualen, die diesen alten Methoden entsprechen.

Seit Jahrtausenden schon setzen viele Heilmethoden in aller Welt auf Entrainment und auf die Synchronisation der Rhythmen der Seele und des Körpers. Doch warum solche Methoden oft zum Erfolg führen, lag lange Zeit im Dunkeln. In der modernen Medizin spricht man im Falle einer derartigen Heilung von einem *Placeboeffekt*. Erst seit Kurzem wissen wir, dass der Placeboeffekt die vielen psychologischen Signale nutzt, um die natürlichen Rhythmen des Körpers und der Seele in Gang zu setzen, die wir inzwischen als *ultradiane Heilreaktion* kennengelernt haben.

Ultradiane Psychotherapie

Nicht nur in volkstümlichen Heilmethoden, auch in zahlreichen modernen Psycho-
therapiemethoden ist die ultradiane Methode von Bedeutung. Sigmund Freud, der
Vater der Psychoanalyse, wusste, dass die Patienten in einen traumähnlichen Zustand
geraten, wenn sie auf der Couch liegen. Dort schaffen sie sich dann mithilfe von freien
Assoziationen über ihre Kindheit, ihre Gefühle, über Träume und Bildvorstellungen
einen Zugang zur Ursache ihrer Probleme. Heute wissen wir, dass viele dieser psycho-
analytischen Phänomene – Kindheitserinnerungen, Bildvorstellungen, sexuelle Fantasien, seelische Offenheit und Suggestibilität – Merkmale einer völlig natürlichen,
seelisch-körperlichen Veränderung der Hirnhälftendominanz sind, die in der Regel
ungefähr alle anderthalb Stunden stattfindet und etwa 20 Minuten dauert: die ultradiane Heilreaktion.

Eine typische Psychotherapiesitzung besteht aus vier ultradianen Phasen, die sich
deutlich voneinander unterscheiden lassen:

1. Die aktive Anfangsphase, in der der Klient ein gewisses Maß an Stress erlebt, wäh-
    rend er über seine gegenwärtigen Schwierigkeiten redet.
2. Anschließend folgt eine Pause, in der der Klient den Therapeuten fragend an-
    schaut. Diese Pause und der fragende Blick sind ein Signal dafür, dass der Klient in
    die zweite Phase der Therapiesitzung eintritt, in die natürliche Periode der Rezep-
    tivität – die der 20-minütigen ultradianen Heilreaktion.
3. In den 20 Minuten, in denen ihm das ultradiane Fenster einen Zugang zu seinem
    Innersten ermöglicht, gewinnt der Klient häufig einige neue Einsichten und/oder
    erlebt eine Besserung seines Zustandes.
4. Dann kehren Therapeut und Klient gemeinsam in die Realität des Hier und Jetzt
    zurück und bestätigen die neu gewonnenen therapeutischen Einsichten.

Viele Therapeuten unterschiedlichster Schulen betrachten diese vier Stufen als typisch
für eine gute Therapiesitzung.

Ultradiane Rhythmen und Hypnose

Nirgendwo ist der Nutzen der ultradianen Heilreaktion so klar zu erkennen wie auf dem
Gebiet der Hypnotherapie. Viele professionelle Hypnotherapeuten sind inzwischen der
Ansicht, dass die therapeutische Hypnose gar kein Zustand sui generis ist. Sie glauben,
dass die sogenannte Hypnose ein tiefer natürlicher seelisch-körperlicher Zustand der Erholung und Entspannung ist, der auch spontan im Alltag auftreten kann.

Es gibt offenbar während der Hypnose kein einziges Phänomen, das nicht ganz von selbst während der ultradianen Heilreaktion auftritt. In beiden Fällen sind die Betroffenen wahrscheinlich suggestibler und berichten häufig, dass Schmerzen spontan verschwinden (Analgesie), dass Gefühlserlebnisse und Wahrnehmung sich verändern (Illusionen und Halluzinationen), ferner über Gedächtnisstörungen (Amnesie und Hypermnesie), ein angenehmes, entspanntes Gefühl, Zeitverzerrungen und viele andere Phänomene, die typisch für die Hypnose sind.

Näher betrachtet sieht es so aus, als seien die Phänomene der ultradianen Heilreaktion und die der klinischen Hypnose nur zwei Seiten derselben therapeutischen Münze. Demnach wären wir alle in der Lage, Selbsthypnose zu lernen, vorausgesetzt wir kultivieren unsere angeborene ultradiane Heilreaktion.

Ultradiane Rhythmen und Meditation

Was in der einen Kultur Meditation genannt wird, wird in anderen Ritual und Gebet genannt. Ganz gleich, wie man es nennt, lassen sich auch hier ganz deutlich ultradiane Prozesse erkennen. Die Lehren des Pir Vilayat Khan, des spirituellen Führers des Sufi-Ordens des Westens, fordern beispielsweise den Novizen auf, sich zuerst 20 Minuten lang hinzusetzen und sich etwas vorzustellen oder zu meditieren. Auch die Lehrer der buddhistischen Zazen-Meditation leiten ihre Schüler, wenn diese einen ganzen Tag lang meditieren wollen, dazu an, neunzig Minuten lang still zu sitzen und dann jeweils 20 Minuten lang im Gehen zu meditieren. Diese Übungen gehen auf die Lehren der alten Meister zurück, nach deren Erfahrung es den Novizen leichtfiel, einen natürlichen meditativen Zustand von 20 Minuten Länge zu erleben, um dann mit der Zeit zu lernen, ihren gesamten Tag in einen meditativen 90- bis 120-minütigen synchronen Aktivitäts-Ruhe-Rhythmus zu bringen. Zwischen den Heilungsritualen der Schamanen, der Zen-Meditation und der modernen klinischen Hypnotherapie scheint ein weiter Weg zu liegen. Aus ultradianer Sicht nutzen diese Praktiken jedoch dieselbe natürliche Tür zur Kommunikation zwischen Seele und Körper – eine ultradiane Tür, die sich den ganzen Tag über periodisch öffnet. Im Laufe der Jahrhunderte hat jede einzelne dieser Traditionen ihr eigenes Idiom und ihre eigenen Metaphern entwickelt, um die Heilungserlebnisse der Menschen und ihr Wohlbefinden zu erklären. Die Theorie der ultradianen Rhythmen bietet eine Einheit stiftende, wissenschaftliche Orientierung an, mit deren Hilfe sich die unterschiedlichen Traditionen der Heilung und der Bewusstseinsentwicklung vereinen lassen.

Hat man den gemeinsamen Nenner der alten und neuen Praktiken erkannt, bedeutet das keineswegs, dass man damit den besonderen Wert eines speziellen Glaubenssystems oder einer speziellen Art der Heilung mindern will. Selbst wenn viele Traditionen und Praktiken letzten Endes zum gleichen oder zu einem ähnlichen Ziel führen, so gehören doch zu jedem einzelnen dieser vielen Wege einzigartige Wunder und Offenbarungen, die Teil seiner jeweils besonderen Erkenntnisse und Praktiken sind.

Die ultradiane Heilreaktion ist unser gemeinsames menschliches Erbe. Alle Kulturen der Welt haben das gleiche periodische Bedürfnis nach einer ultradianen Regeneration und Heilung erkannt. Dieses Wissen, dass sich in der Geschichte der Menschheit so viele große spirituelle Traditionen und Heilmethoden durch eine natürliche Weisheit (die unsere Wissenschaft jetzt zu begreifen beginnt) haben leiten lassen, sollte uns Inspiration sein.

Fragebogen für die ultradiane Heilreaktion

**Beantworten Sie die folgenden Fragen, indem Sie »richtig« oder »falsch« ein-
kreisen.**

1. Mein Gesundheitszustand hat sich verbessert, seit ich die ultradiane Heilreaktion
    nutze.   RICHTIG   FALSCH

2. Ein kleiner Imbiss von 200 Kalorien oder weniger hat meiner ultradianen Heil-
    reaktion gutgetan und meine Nerven beruhigt.
                                                    RICHTIG   FALSCH

3. Die ultradiane Diät spielt bei der Kontrolle meines Gewichts eine große Rolle.
                                                    RICHTIG   FALSCH

Bitte führen Sie das näher aus.

_____

_____

4. Ich bin ausgeglichener und und mein sexuelles Erleben hat sich verbessert, seit ich
    angefangen habe, die ultradiane Heilreaktion einzusetzen.
                                                    RICHTIG   FALSCH

5. Ich bin in der Lage, *bewusst zu träumen,* das heißt, ich weiß, dass ich träume und
    kann mitunter meine Träume und Fantasievorstellungen während der ultradia-
    nen Heilreaktion sogar verändern.
                                                    RICHTIG   FALSCH

6. Ultradiane Pausen haben mir geholfen, meine Arbeitsleistung zu verbessern.
   RICHTIG   FALSCH

Bitte führen Sie das näher aus.

_____

_____

7. Die ultradiane Heilreaktion, die ich mehrmals täglich einsetze, hat entscheidend dazu beigetragen, dass ich den Stress in meinem Leben abbauen konnte.
   RICHTIG   FALSCH

8. Seit ich die ultradiane Heilreaktion mehrmals täglich einsetze, habe ich weniger psychosomatische Störungen.
   RICHTIG   FALSCH

Bitte führen Sie das näher aus.

_____

_____

9. Meine Stimmungen und Gefühle haben sich verbessert, seit ich die ultradiane Heilreaktion anwende.
   RICHTIG   FALSCH

Bitte führen Sie das näher aus.

_____

_____

10. Mein Gedächtnis ist besser geworden, seit ich täglich einige ultradiane Pausen mache.
    RICHTIG   FALSCH

11. Seit ich die ultradiane Heilreaktion einsetze, ist meine Lernfähigkeit besser.
    RICHTIG   FALSCH

12. Wenn ich müde und gereizt bin, mache ich jetzt eine ultradiane Pause. Seither sind meine zwischenmenschlichen Beziehungen besser.

RICHTIG   FALSCH

13. Seit ich mithilfe der ultradianen Heilreaktion meine sportliche Leistungsfähigkeit optimiere, habe ich persönliche Bestleistungen erreicht.

RICHTIG   FALSCH

14. Ich spüre, wie ich im Laufe des Tages neue Kraft gewinne, wenn ich immer dann, wenn ich das Bedürfnis danach habe, eine ultradiane Pause einlege.

RICHTIG   FALSCH

15. Die Regeneration, die ich während der ultradianen Heilreaktion erlebe, hat dazu geführt, dass ich mich insgesamt, in meinem Denken, Fühlen und Verhalten, jünger fühle.   RICHTIG   FALSCH

Bitte führen Sie das näher aus.

_____

_____

16. Ich habe während der ultradianen Heilreaktion wichtige Einsichten gewinnen können, die mir im Leben weitergeholfen haben.

RICHTIG   FALSCH

17. Ich habe während oder direkt nach der ultradianen Heilreaktion kreative Erfahrungen gemacht, die mir viel gebracht haben.

RICHTIG   FALSCH

Bitte führen Sie das näher aus.

_____

_____

_____

_____

18. Ich habe während der ultradianen Heilreaktion Schmerzen und körperliche Symptome gespürt, von deren Existenz ich vorher nichts wusste.

RICHTIG   FALSCH

Bitte listen Sie alle Störungen oder Erkrankungen auf, die durch einen Arzt bestätigt wurden.

_____

_____

_____

_____

19. Ich hatte während der ultradianen Heilreaktion außergewöhnliche Erlebnisse und Körperempfindungen.

RICHTIG   FALSCH

Bitte führen Sie das näher aus.

_____

_____

_____

_____

20. Ich habe die ultradiane Heilreaktion genutzt, um mich von meiner Drogensucht zu befreien.

RICHTIG   FALSCH

Beschreiben Sie bitte, von welcher Sucht Sie sich befreit haben.

_____

_____

_____

_____

21. Die ultradianen Rhythmen haben mir geholfen, lästige Angewohnheiten loszuwerden.   RICHTIG   FALSCH

Bitte führen Sie das näher aus.

_____

_____

_____

_____

22. Mein Arzt hat festgestellt, dass sich mein Gesundheitszustand teilweise gebessert
hat, seit ich die ultradiane Heilreaktion anwende.
                                                           RICHTIG   FALSCH

Bitte führen Sie das näher aus.

_____

_____

_____

_____

23. Ich hatte bei dem Versuch, die ultradiane Heilreaktion anzuwenden, gewisse
Schwierigkeiten.   RICHTIG   FALSCH

Bitte führen Sie das näher aus.

_____

_____

_____

_____

24. Ich fühle mich am besten, wenn ich die ultradiane Heilreaktion ____-mal täglich
anwende.

25. Ich hatte während oder nach der ultradianen Heilreaktion spirituelle Erlebnisse.

RICHTIG   FALSCH

Bitte führen Sie das näher aus.

_____

_____

_____

_____

Das ultradiane Tagebuch Ihres Intensivkurses

Wir würden uns sehr freuen, wenn Sie uns eine Abschrift Ihres ultradianen Tagebuchs, wie es im vierten Kapitel beschrieben wird, zusenden würden. Sie brauchen sich dazu bloß eine Woche lang Folgendes zu notieren:

1. das Datum,
2. die Tageszeiten, zu denen Sie die ultradiane Heilreaktion anwenden,
3. einige Sätze, die beschreiben, was Sie bei jeder einzelnen ultradianen Heilreaktion erlebt haben.

Wir sind sehr daran interessiert, etwas über Ihr persönliches Verhaltensmuster, Ihre Gefühle und Ihre Heilerlebnisse zu erfahren, kurz über alles, das andere anregen und der Forschung bei detaillierteren Untersuchungen der ultradianen Heilreaktion helfen könnte.

Beruf: _____

Ausbildung: _____

Alter: _____

Geschlecht: _____

Wenn Sie wollen, Name, Adresse und Telefonnummer.

Name: _____

Adresse: _____

Telefon: _____

Bitte schicken Sie den ausgefüllten Fragebogen an:

Dr. Ernest Rossi
c/o Zeig, Tucker & Theisen
3618 North 24th Street
Phoenix, AZ 85016
USA
www.zeigtucker.com

Literatur

Kapitel 1 – Einem wissenschaftlichen Geheimnis auf der Spur

Eine allgemeine Einführung in die Geschichte der Tiefenpsychologie und Hypnose, die die Beiträge von Charcot, Janet, Freud und Jung behandelt, findet sich in:

Ellenberger, H. (1970) *The Discovery of the Unconscious.* New York: Basic Books.

Eine Einführung in die Werke Milton H. Ericksons:

Erickson, M. (1980) *The Collected Papers of Milton H. Erickson on Hypnosis (4 Bände),* E. Rossi, (Hrsg.). New York: Irvington.

Der neue informationstheoretische Ansatz der Seele-Körper-Heilung:

Rossi, E. (1986) *The Psychobiology of Mind-Body Healing: New Concepts of Therapeutic Hypnosis.* New York: W. W. Norton. Deutsche Übersetzung: Die Psychobiologie der Seele-Körper-Heilung. Synthesis Verlag, 1991.

Rossi, E. und Cheek, D. (1988) *Mind-Body Therapy: Ideodynamic Healing in Hypnosis.* New York: W. W. Norton.

Rossi, E. (1990) From Mind to Molecule: More than a metaphor, in J. Zeig und S. Gilligan (Hg.), *Brief Therapy: Myths, Methods and Metaphors.* New York: Brunner/Mazel.

Literatur über Beziehung zwischen ultradianen Rhythmen und Hypnose:

Rossi, E. (1981) Hypnotist describes natural rhythm of trance readiness. *Brain Mind Bulletin,* 6 (7), I.

Rossi, E. (1986) Altered states of consciousness in everyday life: The ultradian rhythms, in B. Wolman und M. Ullman (Hg.), *Handbook of Altered States of Consciousness* (S. 97-132). New York: Van Nostrand.

Rossi, E. (1986) Hypnosis and ultradian rhythms, in B. Zilbergeld, M. Edelstien und D. Araoz (Hg.), *Hypnosis: Questions and Answers* (S. 17-21). New York: W.W. Norton.

Rossi, E. (1990) The new yoga of the west: Natural rhythms of mind-body healing. *Psychological Perspectives,* 22, 146-161.

Rossi, E. (1990) The eternal quest. *Psychological Perspectives,* 22, 6-23.

Rossi, E. (1991) The wave nature of consciousness, *Psychological Perspectives,* 14, 1-6.

Kapitel 2 – Die seelisch-körperlichen Rhythmen der Selbstregulierung

Es gibt eine Anzahl von Büchern über jahreszeitlich bedingte zirkadiane und ultradiane Rhythmen, unter anderem:

Hughes, M. (1989) *Body Clock: The Effects of Time on Human Health.* New York: Facts on File.

Lloyd, D. und Rossi, E. (Hg.) (1992) *High Frequency Biological Rhythms: Function of the Ultradians*. New York: Springer Verlag.

Luce, G. (1970) *Biological Rhythms in Psychiatry and Medicine*. U.S. Dept. of Health, Education and Welfare, NIMH.

Rosenthal, N. (1989) *Seasons of the Mind: Why You Get the Winter Blues*. New York: Bantam.

Allgemeine Hinweise zu den Themen Schlaf, Träume und Kreativität:

Aserinsky und Kleitman (1953) Regularly occurring periods of eye motility & concomitant phenomena during sleep. *Science*, 118, 273-274.

Kleitman, N. (1963) *Sleep and Wakefulness as Alternating Phases in the Cycle of Existence*. Chicago: University of Chicago Press.

Kleitman, N. (1970) Implications of the rest-activity cycle: Implications for organizing activity, in E. Hartmann (Hg.), *Sleep and Dreaming*. Boston: Little, Brown.

LaBerge, S. und Rheingold, H. (1990) *Exploring the World of Lucid Dreaming*. New York: Ballantine.

Gehirn, Atmung und Bewusstsein:

Rossi, E. (1986) Altered states of consciousness in everyday life: The ultradian rhythms, in B. Wolman und M. Ullman (Hg.), *Handbook of Altered States of Consciousness* (S. 97-132). New York: Van Nostrand.

Werntz, D. (1981) Cerebral hemispheric activity and autonomic nervous function. Doctoral Thesis, University of California, San Diego.

Werntz, D., Bickford, R., Bloom, R. und Shannahoff-Khalsa, D. (1983) Alternating cerebral hemispheric activity and lateralization of autonomic nervous function. *Human Neurobiology*, 2, 39-43.

Gedächtnis, Lernen und Leistung:

Broughton, R. (1975) Biorhythmic variations in consciousness and psychological functions. *Canadian Psychological Review: Psychologie Canadienne*, 16 (4), 217-239.

Brown, F. und Graeber, R. (Hg.) (1982) Rhythmic Aspects of Behavior. Hillsdale, NJ: Lawrence Erlbaum.

Luce, G. (1970) *Biological Rhythms in Psychiatry and Medicine*. U.S. Dept. of Health, Education and Welfare, NIMH.

Schulz, H. und Lavie, P. (1985) *Ultradian Rhythms in Physiology and Behavior*. New York: Springer Verlag.

Die Verbindung zwischen der Seele und den Genen:

Kandel, E. (1989) Genes, nerve cells, and the remembrance of things past. *Journal of Neuropsychiatry*, 1 (2), 103-125.

Rossi, E. (1987) From mind to molecule: a state-dependent memory, learning, and behavior theory of mind-body healing. *Advances*, 4 (2), 46-60.

Rossi, E. (1990) Mind-molecular communication: Can we really talk to our genes? *Hypnos*, 17 (I), 3-14.

Rossi, E. (1990) The new yoga of the west: Natural rhythms of mind-body healing. *Psychological Perspectives*, 22, 146-161.

Kapitel 3 – Stress

Grundlagenforschung über die Beziehung zwischen Stress und ultradianen Rhythmen:

Friedman, S. (1978) A psychophysiological model for the chemo-therapy of psychosomatic illness. *The Journal of Nervous & Mental Diseases,* 166, I10-116.

Friedman, S., Kantor, L., Sobel, S. und Miller, R. (1978) On the treatment of neurodermatitis with a monomine oxidase inhibitor. *The Journal of Nervous & Mental Diseases,* 166, 117-125.

Iranmanesh, A., Lizarradle, G., Johnson, M. und Veldhuis, J. (1989) Circadian, ultradian, and episodic release of B-endorphin in men, and its temporal coupling with Cortisol. *The Journal of Clinical Endocrinology and Metabolism,* 68 (6), 1019-1025.

Iranmanesh, A., Veldhuis, J., Johnson, M. und Lizarradle, G. (1989) 24-hour pulsatile and circadian patterns of Cortisol secretion in alcoholic men. *J. Androl.,* 10, 54-63.

Rossi, E. und Cheek, D. (1988) *Mind-Body Therapy: Ideodynamic Healing in Hypnosis.* New York: W.W. Norton.

Selye, H. (1976) *The Stress of Life.* New York: McGraw-Hill. Deutsche Übersetzung: Stress – mein Leben. Erinnerungen eines Forschers. Frankfurt: Fischer, 1984, Fischer TB 5622.

Literatur zur Verbindung zwischen den ultradianen Rhythmen, dem Stress und der Sucht:

Goldstein, L., Shapiro, D., Hui, K. und Yu, J. (1990) Blood pressure response to the »second cup of coffee«. *Psychosomatic Medicine,* 52, 337-345.

Koob, G. und Bloom, F. (1988) Cellular and molecular mechanisms of drug dependence. *Science,* 242, 715.

Lane, J., Adcock, A., Williams, R. und Kuhn, C. (1990) Caffeine effects on cardiovascular and neuroendocrine responses to acute psychosocial stress and their relationship to level of habitual caffeine consumption. *Psychosomatic Medicine,* 52, 320-336.

Pert, C., Ruff, M., Weber, R. und Herkenham, M. (1985) Neuropeptides and their receptors: A psychosomatic network. *The Journal of Immunology,* 135 (2), 820s-826s.

Pert, C. und Ruff, M., Spencer, D. und Rossi, E. (1989) Selfreflective molecular psychology. *Psychohgical Perspectives,* 20 (I), 213-221.

Rossi, E. und Cheek, D. (1988) *Mind-Body Therapy: Ideodynamic Healing in Hypnosis.* New York: W.W. Norton.

Schaef, A. (1987) *When Society Becomes an Addict.* San Francisco: Harper & Row.

Schaef, A. und Fassel, D. (1988) *The Addictive Organization.* San Francisco: Harper & Row.

Torsvall, L. und Akerstedt, T. (1988) Disturbed sleep while being on-call: An EEG study of ships' engineers. *Sleep,* 11 (I), 35.

Kapitel 4 – Die 20-Minuten-Pause

Untersuchungen zur ultradianen Heilreaktion:

Broughton, R. (1975) *Biorhythmic variations in consciousness and psychological functions. Canadian Psychological Review: Psychologie Canadienne,* 16 (4), 217-239.

Dinges, D. and Broughton, R. (1989) *Sleep and Alertness.* New York: Raven Press.

Klein, R., Pilon, D., Prosser, S. und Shannahoff-Khalsa, D. (1986) Nasal airflow asymmetries and human performance. *Biological Psychology,* 23, 127-137.

Kleitman, N. (1969) Basic rest-activity cycle in relation to sleep and wakefulness, in A. Kales (Hg.), *Sleep: Physiology & Pathology* (S. 33-38). Philadelphia: Lippincott.

Kleitman, N. (1970) Implications of the rest-activity cycle: Implications for organizing activity, in E.H. Hartmann (Hg.), *Sleep and Dreaming.* Boston: Little Brown.

Kupfer, D., Monk, T. und Barchas, J. (1988) *Biological Rhythms and Mental Disorders.* New York: Guilford.

Libet, B. (1985) Unconscious cerebral initiative and the role of conscious will in voluntary action. *The Behavioral and Brain Sciences,* 8, 529-566.

Rossi, E. (1972/1985) *Dreams and the Growth of Personality.* New York: Brunner/Mazel.

Rossi, E. (1986) Altered states of consciousness in everyday life: The ultradian rhythms, in B. Wolman und M. Ullman (Hg.), *Handbook of Altered States of Consciousness* (S. 97-132). New York: Van Nostrand.

Rossi, E. (1986) Hypnosis and ultradian rhythms, in B. Zilbergeld, M. Edelstien und D. Araoz (Hg.), *Hypnosis: Questions and Answers* (S. 17-21). New York: W.W. Norton.

Kapitel 5 – Der ultradiane Werkzeugkasten

Viele ultradiane Werkzeuge, die in diesem Kapitel besprochen werden, stammen aus der Zeit meiner Zusammenarbeit mit Milton H. Erickson:

Erickson, M., Rossi, E. und Rossi, S. (1976) *Hypnotic Realities.* New-York: Irvington.

Erickson, M. und Rossi, E. (1979) *Hypnotherapy: An Exploratory Casebook.* New York: Irvington.

Erickson, M. und Rossi, E. (1981). *Experiencing Hypnosis: Therapeutic Approaches to Altered States.* New York: Irvington.

Erickson, M. und Rossi, E. (1989) *The February Man: Evolving Consciousness and Identity in Hypnotherapy.* New York: Brunner/Mazel. Deutsche Übersetzung: Der Februarmann. Paderborn: Junfermann Verlag, 1991.

Rossi, E. und Ryan, M. (Hg.) (1986) *Mind-Body Communication in Hypnosis. Band 3. The Seminars, Workshops, and Lectures of Milton H. Erickson.* New York: Irvington.

Rossi, E. und Ryan, M. (Hg.) (1990) *Creative Choice in Hypnosis. Band 1. The Seminars, Workshops, and Lectures of Milton H. Erickson,* New York: Irvington.

Rossi, E., Ryan, M. und Sharp, F. (Hg.) (1984) *Healing in Hypnosis. Band 1. The Seminars, Workshops, and Lectures of Milton H. Erickson.* New York: Irvington.

Rossi, E. und Ryan, M. (1991) *Creative Choice in Hypnosis. Band 4. The Seminars, Workshops, and Lectures of Milton H. Erickson.* New York: Irvington.

Allgemeines zu den ultradianen und zirkadianen Rhythmen und zum Jetlag:

Campbell, J. (1986) *Winston Churchill's Afternoon Nap.* New York: Touch-stone.

Coleman, R. (1986) *Wide Awake at 3 A.M.: By Choice or Chance.* New York: Freedman.

Literatur über den Zusammenhang zwischen der Atmung und den Hirnhälften wurde bereits in den Anmerkungen zum 2. Kapitel angegeben.

Literatur zur Bedeutung der psychosozialen Signale bei der Einstimmung der Rhythmen der Seele und des Körpers:

Rossi, E. (1991) The wave nature of Consciousness. *Psychological Perspectives,* 1-6.

Wever, R. (1979) *The Circadian System of Man.* New York: Springer Verlag.

Kapitel 6 – Maximierung der Leistungsfähigkeit

Eher technisch orientierte Literatur:

Akerstedt, T. (1988) Sleepiness as a consequence of shift work. *Sleep,* 11 (1), 17-34.

Klein, R. und Armitage, R. (1979) Rhythms in human Performance: I-1/2 hour oscillations in cognitive style. *Science,* 204, 1326-1328.

Mitler, M., et al. (1988) Catastrophes, sleep, and public policy: Consensus report. *Sleep,* II (I), 100-109.

National Transportation Safety Board. (1986) Annual Review of Aircraft Accident Data. U.S. Government report PB89-151-21.

Schulz, H. und Lavie, P. (1985) *Ultradian Rhythms in Physiology and Behavior.* New York: Springer Verlag.

Torsvall, L. und Akerstedt, T. (1988) Disturbed sleep while being on call: An EEG study of ship's engineers. *Sleep,* 11 (I), 35-38.

Webb, W. (1982) *Biological Rhythms, Sleep, and Performance.* New York: John Wiley & Sons.

Winget, DeRoshia und Holley: Circadian rhythms and athletic Performance. *Medicine and Science in Sports and Exercise,* 17 (5), 498-516.

Hintergrundinformationen über ultradiane Rhythmen und Stimmung, Gedächtnis und Leistung:

Pert, C., Ruff, M., Weber, R. und Herkenham, M. (1985) Neuropeptides and their receptors: A psychosomatic network. *The Journal of Immunology,* 135 (2) 820s-826s.

Rossi, E. (1990) From mind to molecule: More than a metaphor, in J. Zeig und S. Gilligan (Hg.), *Brief Therapy: Myths, Methods and Metaphors.* New York: Brunner/Mazel.

Rossi, E. und Ryan, M. (Hg.) (1986) *Mind-Body Communication in Hypnosis. Band 3. The Seminars, Workshops, and Lectures of Milton H. Erickson.* New York: Irvington.

Untersuchungen über ultradiane Rhythmen, Leistung und den toten Punkt:

Kaufmann, E. (1989) The new rhythms of fitness. *American Health,* Dezember 1989.

Toufexis, A. (1990) Drowsy America. *Time.* 17. Dezember 1990.

Tsuji, Y. und Kobayshi, T. (1988) Short and long ultradian EEG components in daytime arousal. *Electroencephalography and Clinical Neurophysiology,* 10, I10-117.

Kapitel 7 – Ultradiane Rhythmen, Ernährung, Gewichtskontrolle und Suchtverhalten

Hintergrundinformationen über die ultradiane Diät:

De Marinis, L., Folli, G., D'Amico, C., Mancini, A., Sambo, P., Tofani, A., Oradei, A. und Barbarino, A. (1988) Differential effects of feeding on the ultradian Variation of growth hormone (GH) response to GH-releasing hormone in normal subjects and patients with obesitiy and anorexia nervosa. *Journal of Clinical Endocrinology and Metabolism,* 66 (3), 598-604.1,5.

Jenkins, D. et al. (1989) Nibbling versus gorging: Metabolie advantages of increased meal frequency. *The New England Journal of Medicine,* 321 (14), 929-935.

Mejean, L., Bicakova-Rocher, A., Kolopp, M., Villaume, C., Levi, F., Debry, G., Reinberg, A. und Drouin, P. (1988) Circadian and ultradian rhythms in blood glucose and plasma insulin of healthy adults. *Chronobiology International,* 5 (3), 227-236.

Spencer, H. (1990) *The Women's Body-Rhythm Diet.* New York: Bantam.

Van Cauter, E., Desir, D., Decoster, C., Fery, F. und Baiasse, E. (1989) Nocturnal decrease in glucose tolerance during constant glucose infusion. *Journal of Clinical Endocrinology and Metabolism,* 69 (3), 604-611.

Wada, T. (1922) An experimental study of hunger and its relation to activity. *Archives of Psychological Monographs,* 8, I.

Kapitel 8 – Die ultradiane Familie

Technische Literatur über die ultradianen Rhythmen und die Familie:

Chiba, Y., Chiba, K., Halberg, F. und Cutkomp, L. (1977) Longitudinal evaluation of circadian rhythm characteristics and their circaspetan modulation in an apparently healthy couple, in J. McGovern, J. Smolensky und A. Reingerg (Hg.), *Chronobiology in allergy and immunology* (S. 17-35). Springfield, IL: Charles C. Thomas.

Dinges, D. und Broughton, R. (1989) *Sleep and Alertness.* New York: Raven Press.

Ellis, L. und Arnes, A. (1987) Neurohormonal functioning and sexual orientation: A theory of homosexuality-heterosexuality. *Psychological Bulletin,* 101 (2), 233-258.

Feher, S., Berger, L., Johnson, J. und Wilde, J. (1989) Increasing breast-milk production for premature infants with a relaxation/imagery audiotape. *Pediatrics,* 83, 57-60.

Olness, K. und Conroy, M. (1985) A pilot study of voluntary control of transcutaneous PO by children: A brief communication. *The International Journal of Clinical and Experimental Hypnosis,* 33 (15), 1-5.

Olness, K., Wain, H. und Ng, L. (1980) Pilot study of blood endorphin levels in children using self-hypnosis to control pain. *Developmental & Behavioral Pediatrics,* I (4), 187-188.

Rudman, D., Feller, A., Nagraj, H. et al. (1990) Effects of human growth hormone in men over 60 years old. *The New England Journal of Medicine,* 323, 1-6.

Kapitel 9 – Die synchrone Liebe

Wissenschaftliche Hintergrundinformationen über den Zusammenhang zwischen den ultradianen-zirkadianen Rhythmen und der Sexualität:

Kleitman, N. (1982) Basic rest-activity cycle – 22 years later. *Sleep,* 5, 311-315.

Kupfer, D., Monk, T. und Barchas, J. (1988) *Biological Rhythms and Mental Disorders.* New York: Guilford.

Rose, K. (1988) *The Body in Time.* New York: Wiley & Sons.

Rossi, E. und Cheek, D. (1988) *Mind-Body Therapy: Ideodynamic Healing in Hypnosis.* New York: W.W. Norton. (Einzelheiten über das Bewusstsein der Frau und ihre Sexualität.)

Sapolsky, R. (1990) Stress in the wild. *Scientific American,* Januar 116-123.

Sapolsky, R. und Ray, J. (1989) Styles of dominance and their endocrine correlates among wild olive baboons. *American Journal of Primatology,* I-13.

Veldhuis, J. und Johnson, M. (1988) Operating characteristics of the hypothalamo-pituitary-gonadal axis in men: Circadian, ultradian, and pulsatile release of prolactin and its temporal coupling with luteinizing hormone. *Journal of Clincal Endocrinology and Metabolism,* 67 (I), 116-123.

Veldhuis, J., King, J., Urban, R., Rogol, A., Evans, W., Kolp, L. und Johnson, M. (1987) Operating characteristics of the male hypothalamo-pituitary-gonadal axis: pulsatile release of testosteron and follicle-stimulating hormone and their temporal coupling with luteinizing hormone. *Journal of Clinical and Endocrinological Metabolism,* 65, 65-921.

Kapitel 10 – Viele Wege, ein Ziel

Allgemeine Aspekte einer einheitstiftenden Theorie des Bewusstseins und der Heilung:

Belenky, G., Sing, H., Thomas, M., Shepanek, N., Hall, D. und Zurer, J. (1991) Ultradian rhythms in cognitive performance.

Kleitman, N. (1963) *Sleep and Wakefulness as Alternating Phases in the Cycle of Existence.* Chicago, IL: University of Chicago Press.

LaBerge, S. und Rheingold, H. (1990) *Exploring the World of Lucid Dreaming.* New York: Ballantine.

Lavie, P. (1985) Ultradian rhythms: Gates of sleep and wakefulness, in H. Schulz und P. Lavie (Hg.), *Ultradian Rhythms in Physiohgy and Behavior.* New York: Springer Verlag.

Redmond, D., Sing, H. und Hegge, F. (1982) Biological time series analysis using complex demodulation, in F. Brown und R. Graeber (Hg.), *Rhythmic Aspects of Behavior* (S. 429-457).

Rossi, E. (1972/1985) *Dreams and the Growth of Personality.* New York: Brunner/Mazel.

Rossi, E. (1990) The eternal quest: Hidden rhythms of stress and healing in everyday life. *Psychological Perspectives, 22,* 6-23.

Rossi, E. (1990) The new yoga of the west: Natural rhythms of mind-body healing. *Psychological Perspectives, 22,* 146-161.

Rossi, E. (1990) Mind-Molecular Communication: Can We Really Talk to Our Genes? *Hypnos, 17* (1), 3-14.

Rossi, E. (1990) From Mind to molecule: More than a metaphor, in J. Zeig und S. Gilligan (Hg.), *Brief Therapy: Myths, Methods and Metaphors.* New York: Brunner/Mazel.

Rossi, E. (1990) The wave theory of consciousness: Creating a new mind-body therapy. Paper presented at Second International Evolution of Psychotherapy Conference, Anaheim, CA.

Rossi, E. (1991) The wave Nature of consciousness. *Psychological Perspectives, 24,* 1-10.

Schultz, H. und Lavie, P. (Hg.) (1985) *Ultradian Rhythms in Physiology and Behavior.* New York: Springer Verlag.

Wever, R. (1979) The circadian System of man. New York: Springer Verlag.

Wever, R. (1989) Light effects on human circadian rhythms: a review of recent Andechs experiments. *Journal of Biological Rhythms, 4,* 161-185.

White, L., Tursky, B. und Schwartz, G. (1985) *Placebo: Theory, Research and Mechanisms.* New York: Guilford.

Untersuchungen, die in Los Angeles durchgeführt wurden und bei denen Meditierende mit Versuchspersonen verglichen wurden, die besonders suggestibel sind:

Rossi, E. und Cheek, D. (1988) *Mind-Body Therapy: Ideodynamiy Healing in Hypnosis* (Seite 46). New York: W.W. Norton.

Wissenschaftliche Literatur über die Beziehungen zwischen den ultradianen Rhythmen, der Meditation und der Entspannungsreaktion:

Benson, H. (1975) *The Relaxation Response.* New York: Avon.

Benson, H. (1983) The relaxation response and norepinephrine: A new study illuminates mechanisms. *Integrative Psychiatry, 1,* 15-18.

Benson, H. (1983) The relaxation response: Its subjective and objective historical precedents and physiology. *Trends in Neuroscience,* July, 281-284.

Holmes, D. (1985) To meditate or simply rest, that is the question: A response to the comments of Shapiro. *American Psychologist,* 40, 722-725.

Holmes, D. (1987) The influence of meditation versus rest on physiological arousal: A second examination, in M. West (Hg.), *The Psychology of Meditation* (S. 61-103). Oxford: Clarendon Press.

Personen- und Sachwortregister

Auf den eigenen Körper hören

104 Seiten, kartoniert • € (D) 11,90 • ISBN 978-3-87387-639-2

REIHE ▪ AKTIVE LEBENSGESTALTUNG • Gewaltfreie Kommunikation & Ernährung

SYLVIA HASKVITZ

»Ins Gleichgewicht kommen«

Essen nach Wahl und nicht aus Gewohnheit

Gewaltfreie Kommunikation hilft beim Abnehmen? Wie geht das denn? Das wird sich der eine oder andere sicher fragen, wenn er dieses Buch zum ersten Mal in der Hand hält. Trotz aller Zweifel: Die GFK kann helfen, ein anderes Verhältnis zum eigenen Körper und zum Essen aufzubauen. Lernen Sie, die Gefühle hinter Ihrem Essverhalten zu erkennen und entwickeln Sie eine gesunde Beziehung zum Essen. Genießen Sie wieder Gerüche, Geschmäcker und Gefühle – dann schwinden auch überflüssige Pfunde ganz nebenbei!

Dieses Buch ist mit viel Humor geschrieben – und die meisten Leser werden sich an irgendeiner Stelle darin wiederfinden.

Sylvia Haskvitz ist Ernährungsberaterin und zertifizierte Trainerin vom Center for Nonviolent Communication, Produzentin einer wöchentlichen Radiosendung und Veranstalterin einer Fernsehshow.

Auf dem Weg zum Ziel

240 Seiten, kartoniert • € (D) 20,50 • ISBN 978-3-87387-631-6

CORA BESSER-SIEGMUND

»Mentales Selbst-Coaching«

Die Kraft der eigenen Gedanken positiv nutzen

Die Autorin präsentiert eine Fülle von praktischen Anleitungen für eine zielorientierte Lebensweise. So erfahren die Leser, wie sie Strategien zur Bewältigung von alltäglichen Problemen entwickeln können und wie sie auf diese Weise gleichzeitig lernen können, störende Verhaltensweisen schrittweise zu verändern. Ebenfalls vermittelt wird, wie sich übermäßige Stressbelastungen mit Hilfe von mentalen Methoden reduzieren lassen und wie durch Trancetechniken die Wahrnehmung vertieft und wichtige Lebensziele verinnerlicht werden können. Dieses Buch stellt die besten Techniken zur bewussten Selbstorganisation, wie z.B. Visualisieren, NLP und Selbsthypnose vor.

Cora Besser-Siegmund ist Psychotherapeutin, Lehrtrainerin und Supervisorin. Seit über 15 Jahren erarbeitet sie in ihrem Institut im Herzen Hamburgs maßgeschneiderte Interventionen für ihre Klienten.